学校の窓から見える近代日本

「協調」の起源と行方

中村牧子
NAKAMURA Makiko

keiso shobo

まえがき

本書は、社会学的な考察の試みである。そしてそこには、二つの焦点がある。

本書が直接的な分析の対象とするのは、明治期以降の日本に生きた小学校教員たちである。彼らのふるまいや考え方が、ある独特な性格――それは今日の学校のなかでも根強く生きているものなのだが――を帯びてしまうのはいったいなぜなのか。それを、この教員たちの職業経歴や出身、教育程度などの社会的属性と、教員組織のもつ特性を手掛かりに読み解くことが、本書でなされる第一の作業である。

教員たちのありようを問うこの作業は、背景をなす社会的要因について語ることによって、この社会の諸組織一般が帯びる「近代性」とは何であったのか、またこの社会が「日本的」であるとは何を意味するのかを解明する第二の作業へと、おのずとつながっていく。この「近代日本」の社会について一つの展望を示すことが、本書の最終的な目標となっている。

このように焦点を二つ持つ構成をあえてとったのは、社会学的な思考というものについての、著者なりの理解によるものである。たとえ個別の対象への問いから出発しても、最終的にはこの社会の特性の解明に行き着かなければ終わらないのが、社会学なのではないか。学校や教員といった身近な対象への問いを積み重ねることで、実はその対象を説明してくれる社会そのものの特性に接近していくのが、社会学の基本的な姿勢なのではないか。こうした理解に基づき、本書は、問題提起と方法論を扱う第Ⅰ部、学校と教員を論じる第Ⅱ部、目を転じてこの社会の特性を論じる第Ⅲ部の、三部構成としてまとめてある。そして本書のタイトルは、『学校の窓から見える近代日本』とした。真のゴールは「学校」の向こう側にある、という意味がここには込められている。

*

本書が学校と社会に迫る切り口は、「帰属と移動」である。

本書に先立ち、二年余り前に、一つの研究成果を公刊したことがある（『人の移動と近代化――「日本社会」を読み換える』有信堂、一九九九年）。これは本書と同様に、日本社会の近代化の過程を論じたものであるが、なかでも諸組織への人の帰属とその変更（＝移動）に、幾つかの重要な変化――人々の移動に対する見方の変化、移動と学歴の関連の緊密化など――が現れてくる過程として、近代化をとらえるものであった。それらを、いわゆる近代化仮説の再検討というスタイルで、したがってこの社会全体を包括するマクロな視点から論じたのである。

本書は、必ずしも前著の直接的な続編ではない。しかし、少なくとも次の二つの点において、この前著を継承し展開したものとして位置づけられる。第一に、前著で日本社会全体というマクロな視点でとらえられた帰属や移動の様態は、より絞り込んだフィールドではどのように現れてくるのかが見極められねばならなかった。よって本書では、特定地域の教員たちに関する連続的でかなり詳細な史料から、彼らの具体的なうごきを明らかにしようとした。第二に、近代化とともに生じる帰属や移動の変化は、最終的に、人と人との関係の特徴にどう対応し、これをどう変化させていきうるのかが示されねばならなかった。よって本書では、帰属や移動と人間関係を関連づける仕組みに関し、ある仮説を組んで、それに即して人々の具体的なふるまいを語れるように工夫した。

ところで「帰属・移動」へのアプローチには、多くの数字の統計的処理が必要である。これをなすのは、思いのほか手間もかかれば辛抱も要る。しかしこの地味な作業を通じて、様々な人々の思惑やふるまいが透視されてくるとき、また学校を論じつつ何時かこの社会そのものに向き合っているのを感じるときには、わくわくするものである。この感覚は、本書を書き進める上での原動力であり、右記の企図と併せて、読者の方々にぜひとも読み取っていただきたいものである。

この感覚をどれほど文中に織り込むことができたか、また右記の企図が全体として成功しているか否か、それを、まずは本書を読んで判断していただきたい。

学校の窓から見える近代日本
――「協調」の起源と行方

目次

目　次

Ⅲ

目　次

I

第一章　学校：その奇妙な論理

1　期待される「協調」

「児童飛び降り事件」という象徴的できごと

一九八五年二月、横浜市のある高層マンションから、市内の公立小学校に通う五年生の児童が飛び降りて自殺した。この事件は、人々がうすうす感づいていた学校という制度の問題性を、衝撃的に露見させたできごととして、多くの人々の関心を集めた。マスコミでも盛んに報道されたから、記憶されている方も多いだろう。その予想外の反響は、学校関係者の事件に対する対応を、二転三転させる始末ともなったのだった。果たしてこの事件のなかの何が、人々の関心をかくも強く引いたのだろうか。

　飛び降りた児童は、その直前に学校で、担任に強く叱られており、この担任を非難する言葉を書き残して飛び降りた。これを手掛かりに調べを進めるうちに、担任が児童を叱責したのはこの日が初めてではないこと、担任がこの児童を、以前から問題児として扱ってきたことが明らかになった。児童は、かなり早熟で独自な考えをもち、いわゆる「学校教育の枠にはめにくい子」であった。事件当日の叱責の原因となったのも、彼の「学校を破滅する」といった発言であった。このような発言をしたことについて、担任は児童をかなり強い調子で非難しているのである。つまりこの事件は、学校という場のなかで、学校という制度になじまない児童に対して教員の加えた圧力が一つの重要な背景となって、引き起こされたものだったわけである。

　しかしこれは、担任の女性教員が特異な、または問題のある教員であったからでは決してない。当時、学年主任を任せられていたことが示すように、周囲は彼女を、むしろ「しっかりした先生」の部類に入れてみていた。そして、このように責任を与えられ、教員という職務に忠実であろうとする姿勢がかえって、飛び降りた児童との間に絶えざる確執を生み出していたようにさえみえる。

　そこでまず考えてみたいのは、教員をある特定のふるまいへと駆り立てる、学校的な人間関係の特質とはいかなるものかということである。教育熱心でまじめな教員と、「枠にはめにくい子」とが出会った場合に顕在化し、ときに「事件」まで至らせてしまうこともある、学校的な人間関係。教員と児童・生徒との間にのみあるものではなく、教員と他の教員たち、教員たちと管理的教員たちとの間にもきっと張り巡らされている、学校的な人間関係。そういう人間関係が、いったいどのようなからくりによって、学校という場のなかにいる人々を絡め取っていくものなのかを、問うてみたいのである。

横浜市の飛び降り事件については、教育評論家など多くの人々が、論評した。そのなかには飛び降りた児童を、学校制度への異議申し立ての旗手のようにもち上げるものもあったし、逆にこの児童は一種の異常者だと極め付けるものもあった。しかし本書では、そのような「児童個人の性格づけゲーム」に加わるつもりはない。本書でまず考えたいのは、次のようなことである。この事件を起こした児童のような子どもが自分のクラスの一員となってしまったときに、教員が教員らしくあろうとすれば、どういう態度をとらなければいけないのか。学校にそのような児童がいる場合、あるいは飛び降り事件のようなことが起こってしまった場合、学校関係者はどのようにふるまうべきなのか。総じて学校教員としてのふるまいとは、どういうものであるべきとされているのか。

担任教員に期待されるふるまい

第一に、担任に期待されたのは、どんなふるまいだったのだろうか。児童が事件当日の午前中に、担任から叱られたのは、彼の級友が学校で液体石鹸を撒きちらすという行為をし、その原因が彼の発言にあると級友自身も言い担任も考えたためであった。事件後、両親らにより作成された記録（杉本治君問題を考える市民の会編「わたしたちの調査報告書」）から、事件当日の担任と児童のやりとりの一部を取り出してみよう（伊藤・青木・楠原編　1993　29-32　山本哲士執筆分）。なおここで「S君」と呼ばれているのが問題の児童である。

担任「学校を破壊しようと言ってるんだって」

……

担任「冗談でも言っていいことと悪いことがあるでしょう」

……

担任「あなたは冗談でも、T君はきのう、石けん液をひっくり返すようなことをして、S君が破滅しようと言ったからと言ってるでしょう。まに受ける子もいるんだよ」

……

担任「では、破滅ということは？」
児童「ガラスを割ったり、建物を壊すことだ」
担任「本当にそんなことできると思うの？」
児童「と思う」
担任「あなたは、そんなことするの？」
児童「ぼくはしない」
担任「ほかの人がするならいいの？」

児童「ほかの人がするなら構わない」

担任「ふつうの子は、そんなことは言わない。本当にそう思っているなら、気が狂ってるんじゃないの？」

……

担任「そんなこと考えるのは、ちょっとあなた心が曲がっているわよ。破滅したいような学校へ、どうして来るの？」

児童「将来のためです」

担任「そんなこと思う子に、将来があると思う？」

……

担任「学校を破滅させようなんて思う子に、将来なんてあるわけないじゃない。よくっても精神病院行きよ。気ちがいなんじゃないの？」

児童「ぼくは気ちがいじゃありません」

担任「そんなこと言う子は、もう学校に来る必要はない」

担任は作文を書いた児童を、クラスのなかの異分子とみなし、ふつうの子と違うふるまいをする限り、クラスから排除しようとしている。これは担任にとって、この児童がいるために「勉強をする」「石鹸液を撒いたりしない」といった共通了解が壊され、やりとりのなかの「T君」のような行動をとる者が現れることを、避けたかったからではなかろうか。

　もちろん、この担任個人の心理を厳密に知ることはできないが、このような異分子排除の志向が、教員たちの間に存在することを示す事例は、他にも挙げることができる。たとえば、子どもを「腐ったみかん」にたとえた中学校教員の例である。いわく「お宅の娘は腐ったみかんである。腐ったみかんが一個箱の中に入っていると、ほかのみかんはみんな腐ってしまう。だから、取り除くか、あるいは腐った部分を取らなくてはいけない」（伊藤・青木・楠原編 1993 78 村上義雄執筆分）というのである。この事例は、他と異なったふるまいをする児童・生徒の問題視が、この子ども自身への教育的配慮というよりは、「ふつうの子」に対する悪い影響への懸念に根ざす場合があることを、はっきりと示している。

　では、なぜ担任は、「T君」がなしたような行為を禁じなくてはいけないのだろうか。この問題を考える手掛かりとなるのは、クラスというのが本来、一定の学習目標を全員に揃って達成させる場だという事実である。また、今日の日本の初等教育制度において、担任はクラス内部のことがら一切を、責任をもって任されているという事実である。つまり担任には、その任されたクラスを、まさにばらつきや不一致のない状態で運営していくことが、期待されているのである。クラスの児童が勉強をしなくなったり、石鹸液を撒き始めたりすれば、「全員揃って」のクラス運営にとっては非常に不都合である。そんな状態を放置すれば、担任の指導力が疑われかねない。

　担任が周囲のこうした期待を意識するとき、この担任はしばしば、「クラス内のばらつき」をすべて自力で解決しようとする。これまでに起こった様々な学校事件においても、担任が、クラス内部の典型的な不一致の例であるけんかやいじめなどについて、同僚や上司に相談できず、その結果として、事態をかえって深刻化させてしまったケースは少なくない。近年騒がれる「学級崩壊」でも、クラス内の異常を察知した時点で学校全体の問題にすれば効果的な対応ができたかもしれないものを、担任が一人で問題を背負い込むことで、かえって完全な「崩壊」まで至らせてしまったケースがある。そうしたケースでは、教室を歩き回る児童がいたり、教室が騒がしくて全員が授業に集中できていない状態を、担任はひとえに自分の責任と考え、独力で解決しようとした。周囲もまた担任を非難するだけに留まった。これらの結果として、手遅れになるまで根本的な対策がなされなかったのである。飛び降り事件の場合の担任も、学校長にこの児童のことを相談してはいなかったようである。(1)

学校関係者に期待されるふるまい

では第二に、その他の学校関係者、つまり管理的教員や同僚教員たちの立場としては、どのようにふるまうことが期待されているのだろうか。まず管理的教員に期待されるのは、担任がクラスの児童に対するのとまさに同様に、任された学校の教員たちを「ばらつきなく」維持していくことである。学校は、ちょうど一つのクラスと同じように、児童のより良い教育といった目標に向け、不一致のない態度で教育に携わる教員たちのつどう場であり、校長は学校をそのような場として運営していく責任を負っているのだ。

「飛び降り事件の後で、校長によってなされた最初の説明は、担任教員のふるまいが逸脱していなかったという立場に終始していた。後の調査によって、担任が実際には、「先生、今日おこりすぎたから」と言って、別な児童二人に、叱責した児童を探しに行かせていたことが明らかになったが、そのようなことは、学校側の説明のなかでは、いっさい触れられていなかった（伊藤・青木・楠原編 1993 217 青木松則執筆分）。校長としてはおそらく、自分の学校で自分の選任した担任が、児童の教育において行き過ぎたふるまいをしたなどということを、認めたくはないのである。

そして管理的教員は、同校の教員たちに、さらなる「ばらつきのなさ」を実際に要求した。すなわち事件後に、担任教員に関し教員の一部に批判的な意見などはなかったこと、彼女の力量は評価されていたことを印象づけるために、教員たちに同じ態度――すなわち沈黙――をとらせたのである。それで教員たちは、一斉に口をつぐみ、教員間での不一致を示唆するような情報を外部にいっさい流そうとはしなかった。様々な取材の申し込みに対しても、同校の教員たちは、「事実を話せばよいのだが」と言いつつも、結局は何を語ることもなかった（伊藤・青木・楠原編 1993 216 青木松則執筆分）。しかも教員たちの一斉の沈黙は、保護者に対してさえ向けられた。同校のある保護者は、次のように書いている。「その後の学校の対処はひどいものでした。事件の報告も集会も、待てども待てども何もなく、不安なまま、毎日、テレビの無責任な報道から情報を得るしかなかったのですから。自分たちの子どもの学校で起こったことなのに」（伊藤・青木・楠原編 1993 150 二神敬子執筆分）。

また、飛び降りた児童の父親は、学校側のこうした態度を痛烈に批判している。「教育界という閉鎖社会……外部の者を排除しようとする教育界の力には、すさまじいものがある……。彼らはごく一部のハレンチ罪を除いては、隠しとおすことに専念する。根本的な解決よりも、沈静化にひたすら努力するだけ」（伊藤・青木・楠原編 1993 205 杉本邦平執筆分）。

学校のこうした風通しの悪さは、このときに始まったことではない。すでに一〇年以上も前に、朝日新聞連載記事「いま学校で」の取材記者であった村上義雄が、同様のことを感じていた（伊藤・青木・楠原編 1993 74-75 村上義雄執筆分）。村上によれば、一九七〇年代の初めにはもう、教員の取材で学校を訪問しても、取材したい教員の両脇に管理的教員がぴったりと寄り添っているため、聞きたいことも聞き出せない状態であったというのである。そのような場合には、喫茶店であたりをはばかりながらひそひそと話すことで、ようやく相手の本当の意見を聞き出すことができたという。

つまり教員たちは担任する児童ら（管理的教員の場合は管轄下の教員ら）に、ばらつきのないふるまいをさせることが期待されるとともに、自らも学校内の他者たちと不一致にならないふるまいをするよう期待されているのである。

「共同歩調」とその背景

このように、グループのなかで突出したふるまいを避ける、ないし避けさせる傾向を表す言葉を、学校関係者たちはちゃんと持っている。学校関係の報告書・記録等に頻繁に現れる、「共同歩調」という言葉がそれである。杉尾宏によれば、共同歩調とは、「『足並みを揃える』という考えに基づくものである。共同歩調は、みんなで歩けば恐くないという考えにみられるように、責任の共有化に基づく個々人の責任の回避をはらんでいるが、その根底には、個々人の独走は他人の利害を損なうという利害調停の思いが流れている。したがって、共同歩調を乱したものは、教師仲間から手ひどい制裁を受けることになる」（杉尾　1988　11-13）。

「共同歩調」への圧力はまず、学級間や学年間のばらつきを抑止する場合に現れてくる。たとえばあるクラスだけ授業が進みすぎているのは、仮にそれが教員のすぐれた授業方法のおかげだとしても、望ましいこととはみなされない。児童・生徒の服装に関する規制を、自分のクラスだけ緩めることなども、学校としては、やめてほしい行為である。さらに「足並みの乱れ」としてチェックされる対象は、いわゆる不祥事等の重大なものから、教員が髭を生やしてよいかどうかといった瑣末なものまで、あるいはどの教職員組合に入るかといった個人的選択に至るまで、多岐にわたる(2)（伊藤・青木・楠原編　1993　20　浜田謙一執筆分）。そしてさらに「共同歩調」への圧力は、学校に非常事態や問題的状況が発生し、様々な利害や立場の対立が尖鋭化した場面では、とりまとめられた統一見解を受け入れさせるための強制として現れるという。先の飛び降り事件で、事件の起きた学校の同僚教員たちが事実に関し一様に口をつぐんだのも、学校としてなされた「沈黙を守れ」といった決定に対し、彼らが「共同歩調」で従わなければいけないと意識していたことの結果であったに違いない。[3]

しかもこうした学校側の対応の背後には、教育委員会というもう一段上位の機関が関わっている。教育委員会は、ちょうど校長が担任の人選を行うように、各学校の校長の人選を行う立場にある機関だが、飛び降り事件の発生後、横浜市の教育委員会がただちに行ったのは、事件の起こった学校の対応いっさいを、自ら仕切ることであった。保護者側と担任との話し合いなどは、市教委が窓口となって行われ、両者が直接会うことはなかった（伊藤・青木・楠原編 1993 210 杉本邦平執筆分）。先述の校長のコメントも、おそらく市教委の検閲を受けたものであったのだろう。校長や担任の軽率な発言という「足並みの乱れ」をみせることのないようチェックする態勢が、学校の一段上の機関においてもとられ、それを教員たち自身も受け入れていったのである。

教員間に共有されているこうした考え方の前提には、組織をまとめるということ、ひいては組織とはどういうものかに関する、次のような理解がある。すなわち、組織とは、そのメンバーたちが、あくまで足並みを揃えて活動するべき単位なのであり、組織のリーダーとは、そういう活動が行われるように配慮をし、また責任をもつ者だという理解である。そうした理解が根底にあるからこそ、個々人は、そういう意味でのリーダーやメンバーにふさわしいふるまいを、選択する。学校という組織のなかで、児童同士がけんかをしたり物を盗んだり担任に逆らったりすると、クラス担任はこうした行動をする児童らを押さえ込もうとする一方で、外部に対しては、クラス内にけんかも窃盗も反抗もいっさい存在しないかのように報告する。自分のクラスに「いじめがある」ことも、なかなかはっきりとは言われない。同様に、教職員同士の紛争や、教職員の犯罪・不祥事については、ときには当人に辞職を促すなどして、足並みの揃った状態の復元に努めるとともに、外部に対しては、何事もないようにふるまうのである。教員たちが作り上げているのは、そうした「足並みの乱れ」がいっさい存在しないのだと、互いにみなしあうような人間関係といってもよいだろう。

このような、グループ内の他者たちのふるまいと足並みの揃ったふるまいをなすこと——つまり発言内容、生徒指導のやりかた、本人の服装など多様な意味合いにおいて、他者のふるまいと斉一性をもつ（と意識される）ふるまいをなすことを、「協調」と呼ぶことにしよう。学校教員の社会関係における一つの重要な特徴は、この「協調」が、生活の細部にわたり意識され、優先され、あるいは互いに要求されるという点にある。

日本的特性としての「協調」

「協調」は、実は学校だけにあるのではない。日本社会の様々な領域に、同様のふるまいをみることができる。その一例として、企業組織を取り上げてみよう。

企業内における日常的活動においては、同僚たちのふるまいに自分のふるまいを意識的に合わせることが、極めて重要とされている。その例としてよく引かれるのは、退社時刻に関するものである。人にはそれぞれ都合があり、午後五時になれば退社したい人もいる。しかし企業に勤務する人々は通常、そうした個人的な都合を口にすることなく、たいして仕事がない場合でさえも、同僚が残業していれば自分もすすんで遅くまで残業につきあう。とくに仕事があるわけでなく、「お茶を飲んでいるだけ」でも、あえて一人だけ先には退社しない風潮を嘆く投書を、かつて紙面で見かけたこともある。

企業組織における「協調」は、日々のスケジュール管理という場面だけに留まらない。他の諸局面にも、「協調」への期待は及ぶ。その最たるものが、組織的決定の場――企業組織としての方針を決定する場――という極めて重要な局面における「協調」への期待である。決定の場においては、自分としては別なやりかたのほうがよいと思っても、一人だけ違う意見を述べて全体の流れに竿さすようなことはひかえるべきだと考えられている。あえて賛同し「異議なし」という態度をとらなければいけないと、みなされている（日本企業における会議は、討論の場ではなく、満場一致で合意を確認しあう場である）。山田雄一はこの点に関し、印象的な事例を紹介している。すなわち、入社してまもないある社員が、自分一人で工夫して練り上げた案を会議の席で提案したところ、「机上のプランとしては良くできているが、実現はむずかしいね」と部長が一言述べたきり、後は全員が沈黙し、彼の提案は完全に無視されてしまったという事例である（山田　1985　8）。これは、提出された案自体に問題があるからではなく、この社員が、会議の場では「協調」をするべきだという期待（これは、討論や議論はもっと別な場でなされるべきだという期待も含んでいるが）に反するふるまいをしたためである。組織のメンバーは、そうしたふるまいを、決して許容することはないのである。

また、濱口惠俊は、次のような興味深い指摘を行っている（濱口　1982　48-49）。「まず集団のまとまりを確保したうえで、組織目標の達成をはかる、というのが日本人の常套手段だ。……西洋人の目からみれば、日本人のように、『人の和』がなければ仕事にならないとするのはどうも腑におちない事柄であるらしい。……しかし日本人は、やはりチームワークのほうを重視する」。ここで言われる「人の和」ないし「集団のまとまり」「チームワーク」とは、各人が相手の身になって考え、単独でつっ走ることなく協力し合いながら活動していくことであり、そこから個体の利害と全体の利害の調和を生み出していくものであるという。つまり各人が他者を、自分と互換的なものとしてとらえ、相互の距離が広がらないよう配慮しながら自分のふるまいを選択していくことであり、実質的に、先に定義した「協調」に極めて近いものである。

ここで「協調」が、日本社会に特徴的なものと考えられていることに注目したい。実は濱口は、一九八〇年前後からの日本人論・日本社会論ブームのきっかけを作った人の一人であり、ここにみられるような主張は、ブームのなかで拡大され、「協調」を日本人の一般的特性とみる、一つの常識にまで高められた。その常識は現在なお、かなりの影響力を持ち続けているのである。ここでは、「協調」を日本的なものとみるこの見方をひとまず受け入れて、議論を進めよう。

2　日本社会の人間関係の分析へ向けて

「協調」への問い：その今日的な意義

日本社会において「協調」があちこちにみられるのは、なぜなのだろうか。その背後にはどんな仕組みがあるのだろうか。みられるのは、極めて今日的な意義をもつものである。比較的近い過去にも、組織のなかの人々が「協調」を強く期待し、その軋轢が特定の者の上に集中してかかった場合に、いかに悲惨な結果がもたらされるかを示す諸事件が起こっている。学校に関するものとしては、冒頭にみた横浜市の飛び降り事件がその一例であるし、兵庫県では、生徒指導の方法という重要な決定事項に関し、教員の誰もはっきりとした反対を口にできず大勢に従ってしまった結果として、遅刻者を閉め出そうと勢いよく閉めた校門に生徒の頭を挟み、死亡させる事件まで起こった（朝日新聞神戸支局編　1991）。

近年の新聞紙上で大きく取り上げられた幾つかの事件――大企業や警察、大病院などの組織において生じた諸事件――の背後にも、同様の人間関係やふるまいへの圧力が深く関わっていそうである。これらの組織のなかでも、「協調」が続けられ、はっきりと反対する態度は回避されることによって不正が長期にわたり続けられてきた。二〇〇〇年夏に原料のずさんな取扱いによって大規模な食中毒事件を引き起こした雪印乳業のある従業員は「私が当日現場にいてまずいと思っても、やめるべきだとは言えなかっただろう。上司ににらまれたら、配転などがあり得るし……」と語っている（朝日新聞二〇〇〇年一二月一二日付）。組織のなかにあって組織のメンバー皆がやっているやりかたに逆らうような態度を示すことは自身の立場を危うくするものとして、怖れられてきたのである。

また組織の外部に対しては、不正など存在しないかのような装いが、続けられてきた。食中毒の主要原因を作った小組織や、重大な事故につながる欠陥に関するデータを改竄した小組織は、その上位組織にさえこの事実を伝えておらず、上位組織それ自体もまた、外部の警察やマスコミに対し、組織内部の問題をひたすら隠そうとした。事実究明のための委員会が設けられても、それが内部の人間によって構成されている限り、核心を突くような報告書は作られないのが通例であるという。おそらくはこれも、同僚のふるまいを公然と批判するというのが、組織のメンバーにとって容易なことではないからである。

だが諸組織に根ざすこのような志向が、結果的には児童・生徒を死に至らしめ、大量の食中毒をもたらし、あるいは事故を起こす危険のある自動車をあたかも安全な車であるかのように市場に出回らせた。また警察や病院といった最も信頼されるべき組織の信用をも、失墜させたのである。こうした組織の体質――問題が特定個人にではなく組織それ自体に根ざすものであることは、人々も感づいてきている――をいかに健全なものに転換させるかという課題は、当の組織内部の人々のみならず、被害を受けた組織外の人々にも、現在、強く意識されるに至っているといえよう。

だが、そのための確実な方法は、未だ見出されていない。事件のたびに、社長の交替などが行われるが、それによって組織の体質が変わるわけではない。むしろ責任者の辞任によって問題が解決されるという考え方そのものが、組織の体質に由来するものであるとさえ、いえるだろう。

ゆえに必要なのは、まずこの組織体質とはいかなるものであるのかを、知ることである。人々に、他者と違うふるまいをひたすら回避させ「協調」への圧力をかけてくる組織とは、いったいどういう条件のもとに成り立ち、どういうメカニズムをもっているのかを、明らかにすることである。つまり「協調」を育む組織まで視野に入れて、社会学的な分析を行うことが必要なのである。

めざされる社会学的一般理論

では、「協調」分析の手法はいかなるものとなるか。これまでに蓄積されてきた日本的人間関係研究の成果にも照らし合わせながら、その限界を克服する形で、本書のとる立場を明らかにしていくことにしよう。

第一に、本書のねらいが、この独特なふるまいの社会的な存立条件を明らかにすることにある以上、この対象は社会的要因との関連のなかに位置付けられなくてはいけない。つまり集団帰属、制度などといった項目に関連づけ、それらがいかにして具体的なこの現象をもたらしたかを説明することが必要となる。そしてそれが、社会学的な意味で「効果的な説明を与える」ということである。

従来行われてきた日本社会の人間関係に関する研究には、この点をあまり重視していないものが少なくない。たとえば土居健郎の有名な「甘え」に関する一連の研究（土居 1971 など）があるが、これは心理学的傾向が強いこともあって、日本人の性格という非社会的要因を説明項としている。また先の濱口のように、日本人には人と人との関係（「間柄」）を大切にする習慣があることに注目する研究があるが、この「間柄」は日本の社会的制度からではなく、むしろ「東洋人の文化的伝統」

（濱口　1982　6-9）である人間観からじかに由来するものと理解されている。またこの「人間観」から、折々の具体的なふるまいかたがどう導き出されるのかについての議論を欠いている。(4)

第二に、「協調」を日本的なものとして位置づけようというのであれば、対象が関係づけられる社会的要因は、複数の社会に一般的にみられるものでなくてはいけない。日本にしかない、日本固有のものを説明の起点としたのでは、「協調」分析は結局、いわば日本社会をよく知っている人にしか説得力をもたない分析となる。そして、そうした固有な要素を成り立たせる社会という枠の内側でしか、展望を示しえないこととなろう。

この点に関しても、従来の諸研究は、一般性が高いとは決していえない。たとえば先の「間柄」のように、欧米などとの違いを論じるというのに日本（あるいは東洋！）固有のものを用いて日本社会の諸現象を説明しているからである。(5)たしかに「間柄」による説明は日本人にとってよくわかるものであり、そのことが、諸現象を「間柄」によって説明するという論法を、一躍、人気の高いものにした。そして多くの日本人論・日本社会論を流行させた。だがその立場はこの一般性という点に関して、社会学的志向からは、ずれているのである。

第三に、そもそも社会学には、社会的諸現象を合理的な個人のふるまいとして理解しようとする、ウェーバー以来の伝統がある。なるほど今日ではそれは「唯一の」伝統ではないかもしれないが、少なくとも本書では、この伝統を踏襲したいと考えている。

これに対して「間柄」のような説明項を用いて対象に接近する方法は、合理的な個人を議論から完全にはずしている。日本社会の諸現象は、西欧起源の「個人主義」にはなじまないものであり、「個人主義」的枠組みによっては理解しえないものであるという論拠から、「間柄」を分析の起点に置くよう提案するこちらの方法が描き出すのは、（アトム的な個人に代わり）最初から関係のなかにある人の姿であり、この関係を離れた自分自身の（個人主義的な）利害などはもたない人の姿である。むしろ、日本社会の基本的構成要素は、人ではなくてこの関係そのものと理解されるといったほうが正確かもしれない。この観点からみれば、日本人の「協調」は、この独特な人間観をもち「間柄」のなかにある人々の、ごくあたりまえの態度である。彼らにとっては、「協調」することがそもそも個人的な利害と対立しないのであるから、ホッブス的秩序の問題が、ここには初めから存在しないのである。だがこれは、あの伝統的な意味での社会学的分析とは、別ものである。

たしかに、合理的個人のふるまいとして対象を理解する伝統的な方法がもはや不可能であるならば、別な方法——たとえば「間柄」から理解するという方法——を選ぶこともやむを得ない。仮にそれによって、社会的要因への関係づけが十分に行えず、一般性が低いために日本社会を十分に相対化することができないとしても。だが果たして、個人から出発する限り、日本社会における人のふるまいは理解し得ないのであろうか。合理的個人を基礎とする社会学的な分析は、不可能なのであろうか。そう結論づけるのは、性急すぎるように思われる。なぜなら、日本社会において「個人主義」という価値観が基調をなしてはいないということと、方法論的個人主義が不可能であるということとは、まったく別な事柄だからである。

たしかに、個人を基礎とする枠組みによって日本社会の人間関係を説明しようとした結果、「個人主義になりきれない日本社会」を描き出してしまった諸研究があることは、事実である。日本人は「集団主義的で自律性を欠く」といった結論を導く諸研究がそれである（濱口の主張は、こうしたやりかたへの一つのアンチテーゼとして出されている）。あるいは西欧的な法の観念によって日本社会を分析し、権利・義務・契約といった諸観念が「あるようなないような状態」を日本人の法意識として呈示した川島武宜の研究（川島 1967）にも、そうした傾向はみられる。しかしそうしたネガティブな把握がなされてしまったのは、個人を基礎とする枠組みそのものが悪いからではなく、個人というもののとらえかたに欠陥があったからではないのか。この点については、なお検討の余地が残されている。[6]

本書では、第二章において、「協調」の存立条件を、人間が共存するために最低限必要な条件という観点から考察する。これは、あえて合理的な個人の仮定から出発し、かつ社会的要因に関連づけた一般的な枠組みを構築するための、一つの提案である。

歴史的な分析の必要性

日本社会の人間関係を分析するためには、さらにもう一つ、必要なことがある。それは、歴史的な視点をもつということである。

従来の日本人論・日本社会論において、「間柄」のような要因が説明項としてもち出されてくるとき、それは「非歴史性」というもう一つの欠陥を、分析にもち込むことになる。「間柄」は既述のとおり、東洋人の文化的伝統として昔からあったものだからである。説明項の性質を、「昔からあったもの」「国民性・民族性として存在してきたもの」と断じる手法が用いられる結果として、分析される人間関係はしばしば、「伝統的な」人間関係であるという結論に導かれてしまう。

しかし今、分析対象として取り上げているのは、「現代の」日本社会の構成要素としての「現代の」人間関係である。つまり、「伝統」という言葉の指し示す近世やそれ以前から、近代への転換を経た後にある現代のなかの諸現象を問題としている。そのような対象が、まったく「伝統」的な姿で存在するなどということがあるだろうか。何かが、変わっているはずなのだ。それは何か。

この問題を解かねば、従来の日本社会分析を超えたことにはならない。いかに人間関係の論理的条件を導出してみせたところで、それが非歴史的なものとして示されている限り、何か重要な条件がまだ見出されていないのである。したがって、歴史を見直すことは、分析の欠かせない柱となってくる。「伝統的」とされる近世以前の社会から、近代以降の社会への転換を展望しうるような分析枠組みを組む（またそれにふさわしい分析のフィールドを選ぶ）ということが、必要なのである。

日本人としての常識を問い直す

ではいかなる方法をとれば、めざす「効果的な説明」は可能となるのだろうか。

日本人研究者として、日本社会における諸々の社会現象について論じるとき、そこには固有の困難が伴う。自らそこに内在しているために、分析対象から距離をとるのが非常に難しいということだ。この困難に対処するためには、この社会に生活するうえで日頃活用している「常識」——日本人としての常識——を徹底的に疑問視することから始めるしかない。

従来の日本人論、日本社会論の多くが、先に述べたとおり「一般化」の要求にこたえられていないのは、この「常識を問い直す」という点で不徹底であり、むしろ常識に訴えかけることによって読者を納得させようとしているためである。よってそこに動員されていた「間柄」などのキーワードは、説明項の位置から被説明項の位置に、移し変えられなくてはいけない。

また、諸現象を昔からあるものとみる——いわば「成り立ちに目をつぶる」——説明のしかたも、それ自体が日本人の一つの「常識」、つまりそこから距離を取って見直されるべき対象である。吉野耕作が指摘するように、ある社会に特徴的とみなされる諸現象に、その社会のメンバー自らが「歴史的な起源」による説明を与えるというのは、ナショナリズムの一つの典型的なパターンなのである（吉野 1997）。吉野は実際、そういうナショナリズムをもつ国の一つとして、日本を挙げている。

したがって、右に挙げた「一般的な社会的要因への関連づけ」「歴史の再検討」という二つの手法はともに、いわば自らの内なる常識を問い返すことから始められるべきものといえよう。

3 「近代」と「日本」──解かれるべき二つの謎

人間関係の近代性とは

以上の手法に即した分析において、最終的な課題は二つある。その第一は、歴史的な観点から、「近代性とは何であるのか」という謎を解くことである。

人間関係の日本的特性に関する研究には、すでにかなりな量の蓄積がある。なかでも、先に引用した濱口恵俊の『間人主義の社会日本』(濱口 1982)などは、いまや古典ともいうべき位置にある。また、それにやや先立って著された村上泰亮らの『文明としてのイエ社会』(村上ほか 1979)も、専門書の枠を超えて話題を呼んだが、本来は学問的関心に基づいて書かれているものであり、社会学的分析という本書の関心から言っても、重要な意味をもつ。しかしそれらは、先にも指摘したとおり、本書でいうような意味での歴史的視点はもっていない。つまり日本の特殊性を、伝統的な人間観・価値観としての「間柄」や「間人主義」(濱口 1982)、あるいは組織編成原理としての「イエ原理」(村上ほか 1979)に関連づけて説明することによって、近代性の意味内容を問えないようにしているのである。しかも、多くの日本人論・日本社会論がこの方法に追随したことによって、日本社会における人間関係の研究は現在に至るまで、歴史的な問いを立てにくいものとなっている。(7)

この点を踏まえて分析の手法を選び、日本社会における人間関係の特質を論じようというのだから、その議論はこの欠陥を克服する展望を示すことができなくてはならない。ゆえに本書では、日本社会において人間関係の近代性とは何を意味するのかが——あくまで組織に関連する限りで——考察されるのである。

「日本的」の意味するもの

第二の課題は、「日本社会」を相対化する枠組みのもとで、「日本的とは何か」の謎に迫ることである。この、「日本的」という言葉の意味合いに関しては、次の二つの点が考察されなければならない。

従来の日本社会論・日本人論においては、「協調」は、「日本的」という形容詞をつけた人間関係として語られるのが一般的であった。しかし実際には——本書のなかで詳しく扱われるが——このいわゆる「日本的」人間関係は、日本社会のあらゆる領域にみられるわけではない。日本社会には、「非日本的」人間関係も確実に存在している。こうした日本的と非日本的の共存の理由が、まず明らかにされねばならない。日本社会に日本的な関係と並び、常に非日本的な関係が存在し続けているのは、なぜなのだろうか。日本的な関係が全域化するに至らない、不完全な状態が続いているからだろうか。それとも、両者の共存を余儀なくするような理由があるからなのだろうか。

さらに、日本人が「日本的」と語る場合の、その意識構造が明らかにされねばならない。すなわち、この社会には、日本的・非日本的の二つの関係が実際には常に共存しているにもかかわらず、「協調」的な人間関係だけを「日本的」と呼ぶことが、ほとんど疑問視されてこなかったのは、なぜなのだろうか。「日本的」とは、誰によって語られる言葉なのか。またこの語り手にとって、なぜ特定の関係だけが「日本的」とみえるのだろうか。

以上二点の考察を通じ、「日本的とは何か」はより理解しやすくなるに違いない。

なぜ教員組織を分析するのか

最後に、分析のフィールドと本書の構成について述べておこう。

本書の分析の、主なフィールドとして選ばれるのは、小学校の教員組織である。この組織の編成およびそのなかに展開される人間関係が、考察の主な対象となる。冒頭で、小学校教員のふるまいを中心的に取り上げてきたのも、このねらいによるものである。

これは、本書の一つの特色でもある。従来の多くの日本人論・日本社会論は、主に企業組織(大企業組織)の分析からその主張を引き出しているからである。では、なぜわざわざ企業組織を避け、教員組織という別な対象を取り上げるのか。それは教員組織というフィールドが、企業組織というフィールドにまさる次のような分析上のメリットを持っていることによる。

第一に、明治以降に生まれたものである教員組織は、歴史的な考察を行ううえで、好適な対象である。

従来の分析でもっぱら取り上げられてきた企業組織は、長い歴史をもっている。現存する大企業のなかには、明治期の財閥からずっと続いているものも少なくない。そして明治期の財閥の多くは、江戸時代創業の大店が、経営者の様々な工夫によって近代的組織へと転身したものである。したがって大企業は、人事管理や経営に関し、明治以前の方式を多少なりとも現在に引き継いでいる。その諸特徴のうちの、どの部分が江戸時代から続くものであり、どの部分が明治以降にもち込まれたものであるのかを見分けるのは、容易なことではない。

それに対して教員組織は、明治になってから生まれた組織である。なるほど近世にも、寺子屋のような教育の場はあったが、これは多くが個人経営的であり、その規模からみても「組織」には程遠い。いわば何もないところから組織を作らなければならなかったのが、小学校創設期の状況であった。したがってそこに生まれてくる組織は、明治期以降の人々の考え方を反映し、明治期以降の社会の特性をより純粋な形で体現しているのである。

第二に、教員組織に関しては、数量的データと文献的データがともに豊富である。企業組織の場合には、数量的データは比較的豊富だが、文献的データに乏しい。これは、教員というのが、知識人として雑誌等にも親しんでおり、自らの置かれた状況について考察し、文章表現し、投稿するといった反省的な営みにも積極的であったことによるものであろう。これに対して大企業分析の主な対象とされてきたブルーカラーは、そのような形での自己表現に、そう熱心ではなかったのである。そのため、本書のように、人の考え方の特性までフォローすることをめざす場合には、大企業組織

に比べて教員組織のほうが、アプローチしやすい対象ということになる。(8)(9)

なぜ横浜市データなのか

地域的には、分析のフィールドは、主に神奈川県横浜市（現横浜市域）に限定される。これは、日本社会における人間関係の、歴史的な転換をとらえ返す上で、この地域が格好の性格をもっていることによる。

この地域は、横浜港とその周辺地域を中心として、開港以来かなりの人口集中がみられ、産業も都市的な性格を帯びたものとなっていた。明治期以降も、東京に比較的近いこともあって産業が衰退するには至らず、都市的な傾向を、一層発展させていった。その意味でこの地域は、日本社会のなかの新しい特質を顕著に現れさせている。

同時に、現在の横浜市域のなかには、今なお農村的な色彩を強く残す地域も含まれている。かつての日本の全体的傾向をそのまま映し出す農業地域が、市の北西部を中心に、広がっているのである。そこは明治・大正の頃には、ごくありふれた農村地帯として、都市的地域と好対照をなしていた。歴史的な「転換」の意味を問う場合、こうした対照的な領域をともに含む地域こそ、考察の対象としてふさわしいはずなのである。

本書の構成

本書の全体は、次のように構成されている。この第一章での問題提起を受けて、次の第二章では、方法論的な枠組みが呈示される。続く第三章から第七章においては、明治期以降の小学校教員を取り巻く組織の状況と、そのなかに置かれた教員たちのふるまい、意識等が論じられる。これは、以上にみたような「現代の」教員たちのふるまいや意識が、いかなる歴史的経緯で形成されてきたかを問うものであり、現代の教員たちがなぜ「協調」にこだわるか、なぜそのようなふるまいをしてしまうのかという問いへの、直接の答えを示すものとなっている。その結論部分には、学校、教員を理解するうえでの、歴史社会学的観点からの展望も示されている。したがって、現代の学校や教員たちのありかたに関心をもつ読者は、ひとまずこの第一章から第七章を、ひとまとまりの議論として、読んでいただきたい。

だがさらに一歩進んで、教員たちをかくふるまわせ、意識させるよう方向づけてきた近代日本社会そのものについて見極めようとする——すでに述べてきたとおり、本書の最終的な目標はそこにあるのだが——読者は、教員組織の存立基盤の分析を行っている第八章および第九章まで、読み進んでいただきたい。第八章での分析は、教員たちに作用してきたより広域的なメカニズムについての理解をもたらすものであるとともに、ひるがえってこのメカニズムの近代性をとらえ返し、さらに「日本的」なるものを再定位するための準備作業となっている。第九章では、この作業を踏まえた議論が行われ、結論が示される。この結論は、「教員論」を超えた「日本社会論」の領域において、新しい方向性を開示することをめざすものである。

第一章の注

(1) 学校側の回答では、相談したとなっていたが、飛び降りた児童の同級生たちの証言で、相談したとされる時限に担任はずっと図書室にいたことが明らかになった(伊藤・青木・楠原編 1993 212 杉本邦平執筆分)。

(2) 一九八六年に千葉県A市の小中学校教員(校長・教頭を除く)を対象として行われた調査によれば、「共同歩調」への圧力は、教員集団の性格により多様であるが、「学級数が多いので同じ指導法でやってもらわないと同一歩調がとれない」といった教育内容に関するものから、「クラスの父兄との親睦会を他クラスがやっていないのに、自分のところだけ実施するのはまずいという忠告を受けた」「出退勤時には体操服ではなく、背広を着用とのこと」「トレンチコートの前ボタンをはずすな。ジャンパーで背に文字が入っていてはいけない」「勤務時間終了後帰宅しようとしたら『帰ってはいけない(もっと残っているように)』と言った」など、保護者への対応や服装、勤務時間等の多方面まで及ぶという(油布 1988/1990 194-197)。

(3) 永井聖二は、一九七六〜七七年にかけて東京二三区内の公立小学校在職教員を対象として行われた教員調査から、同僚評価行為のなかで最も低く評価されるのが「学年の調和を考えない」教員であるという結果を得た(永井 1981)。またこの結果および現場の教員の証言などをもとに、油布佐和子は、「互いに〝足並みを揃える〟という同調を求める行動様式こそが、教員の在り方を強く規制している教員文化の基調として理解できる」と主張している(油布 1988/1990 190)。久冨善之らも、同様の観点からの実証的な分析を行っている(久冨編著 1994)。

（4）この欠如に由来する問題性については、拙稿（中村　1988）で論じられている。

（5）なるほど濱口恵俊は別な箇所（濱口　1982　38-47）で、日本人の「間柄」の基礎には自己を中心とするのではなく相手を中心として関係を形成する物の見方があると述べ、比較社会学的な視点で「間柄」を位置づける試みをしているが、これは「間柄」を具体的に形成する社会的要因を扱ったものではない。これに対し、同様に著名な日本社会分析である中根千枝による「タテ原理―ヨコ原理」の対比など（中根　1967）は、資格、場といった関係形成への作用因にも触れており、より具体的な関係を論じ得るものである。

（6）濱口らはその後、個人主義的方法に代わる方法の模索を続け、システム論的な視点を採用した成果を発表している（濱口編　1993）。本書は、このような方向に向けて洗練された方法が、幾つかの領域に分析力を発揮し得ることとそれ自体を否定するものではない。

（7）別の拙稿（中村　1988；1994）は、日本的人間関係の出現が、西欧社会と日本社会がともに直面した組織編成の課題に対する、一つの――西欧社会とは異なる――選択であったのだと主張する点で、日本の独自性を相対化してとらえようとしている。その意味で、一般理論への方向性を強くもっている。だがこれらの研究では、日本的人間関係の要素として、少なくとも江戸時代ごろまでには生まれていた諸特徴を取り上げており、それが近代社会のなかでどのように存続しているか――その一部が変化してきたのではないか・変化したとすればそれはいかなる変化か――という問題にまでは議論を進めていない。また不変の部分についても、明治以降、そして現在なお、江戸時代的な要素が「残存」しているとはどういうことなのか――なぜ残存しているのか・どういう機能をもって残存しているのか・単に「残存」しているだけなのか――などに関する分析が、残された課題となっている。

（8）教員の組織の分析は、企業組織の分析に、成果をフィードバックすることもできるだろう。教員は、大企業ホワイトカラーと大企業ブルーカラーのちょうど中間的な位置にある――職業内容という面からみても、社会階層的な地位からみても——からである。従来の大企業組織の分析では、もっぱらブルーカラーのみが取り上げられ、ホワイトカラーについてはほとんど扱われてきていない。この偏りを、教員組織という両面兼ね備えた対象から出発することによって、補正することができると思われる。

（9） 千葉正士の研究（千葉　1962）と土方苑子の研究（土方　1994）は、学校や教員組織を社会制度に関連づけて論じている興味深い先行研究であり、本書は両者から幾つもの重要なヒントを与えられた。

第二章　「協調」はいかにして生まれるか
――方法の提案

1　社会関係の基礎構造を考える

「協調」をもたらす社会的条件への問い

日本社会のなかの教員組織、企業組織、そして組織的決定のような重要な事項に関してまで現れてくるのが、「協調」であった。ではこの「協調」は、いかにして生みだされるのだろうか。

前章で述べたように、従来の日本人論・日本社会論には、「間柄」のような説明項を設定し、個と全体の調和という前提のもとに議論を行うものがあった。その主な論客である濱口恵俊は、「間柄」を大切にする日本人の価値観を「間人主義」と名づけ、その構成要素として、相互依存主義・

相互信頼主義・対人関係の本質視を挙げて、日本社会には西欧的な、独自な利害をもつ個人はそもそも存在しないという主張を行っている（濱口1982 14）。

しかし本書では、こうした日本人論・日本社会論のように、個人と社会の調和状態から説き起こすという方法はとらない。合理的にふるまう個々人をあえて出発点に据え、こうした個々人間で利害対立が生じる可能性を認めた上で、そのなかでなお個々人が「協調」をなすためには、どんな条件――社会的な条件――が必要であるかを考えていく。この個人主義的な方法によって、あえて日本社会を読んでいこうというのが、本書の基本的立場だからである。その条件が確定されたら、次章以下で、日本社会のなかにそうした条件が整えられていく過程を辿り、その成立を見届けよう。また成立期における個々人のふるまいが、たしかに「協調」的なものになっていることを確認することにしよう。

決定メカニズムからの接近

この方法論的個人主義の観点からみると、日本社会にみられる種々の「協調」のうちでも、いわばその極限形態ともいえる「決定の場における協調」がとくに興味深い。第一章で述べたとおり、諸組織においては、沈黙を守るという決定に関する「協調」をはじめとして、とりまとめられた統一見解の受け入れに関する「協調」が求められる。企業組織においても、会議の場で全体の流れに竿さすようなことはすべきではないのであった。このように、ある組織の構成員たちの集まった場において、組織的決定のように重要な事項にまでわたる「協調」がなされるためには、一定のメカニズムが不可欠なことが明白である。構成員全員が一つの案を自分の意見であると認める（その案に異議なしであることを表明する）ほどに、組織を構成する個々人の利害が常に一致しているという想定は、ここではできないからである。もしも決定の場で常に、全員が同一の意見を表明できるのだとしたら、それに先立って、利害調整のメカニズムが定常的に作動していると考えなくてはならない(1)。

しかもこれは、「協調」の場合に限らない。一般に決定というものは、そうしたメカニズムを前提としなければ成り立たない。そして極限的には、社会というものそれ自体が本質的に、そうした決定のメカニズムを前提としている。社会とは、複数の個人の共存状態である。よって、利害の異なる複数の個々人の共存を定常的に可能にしている仕組み——ともすれば食い違う個々人の利害に対し、折々にそれらを両立させる決着点を見出させ、個々人の間のバランスを回復させるメカニズム——こそが、社会の根幹である。そうした広い意味での決定のメカニズムの一環として、組織的決定のための社会的な仕組みが作動している。

以上のような意味でどの社会にもあり得る決定のメカニズムという枠組みのなかで、日本社会にみられるような「協調」の条件を、考察していくことができるだろう。すなわち、利害の異なる複数の個人間における決定を、人々の「協調」という形で生み出していくようなメカニズムは、どういう社会的な条件が満たされたときに成立してくるものなのかと問うことができよう。

2 「協調」の必要条件

「各人の判断」を「共通の判断」に加工する

では、「協調」という形で決定を行うためには、決定のメカニズムはどのような要素を含んで構成されていなければならないのだろうか。以下では決定メカニズムの必要条件について考えてみよう。

「協調」的に生み出される決定とは、より形式化していえば、当面する問題に関して当事者たちが当初もっていた食い違う判断を、同一の判断へと収束させていくことによって行われる決定である。各人が自分の判断を公然と述べた後で論戦や多数決のようななんらかの操作による取捨選択がなされるのではなく、各人が自分の判断として述べることそのものが、当初の内容からいつのまにか変化して、皆と同じものになってしまったときに、決定が成立するのである。したがって以下で問われるべきは、そのように各人の判断を共通の判断へと加工していくためにはどういう条件が必要かということである。

全体の流れを知るために：共通の参照先の存在

「各人の判断を共通の判断に加工する」とは、ある一つの共通する判断を、各人が自分の判断として指し示せるようにするということである。だが、もともと当事者たちの「自分の判断」は互いに相容れない関係にある。そういう当事者たちが、ただ自然にしていたのでは、指し示すべき同一の「共通する判断」など決して浮かび上がってはこない。したがってここには、各人の食い違う判断を、「共通する判断」へと変化させていく役割を担うもの（人・機関）がなくてはならない。

なるほどこの「共通する判断」を、当事者たち自身が、他の助けを借りずに見出していくことも、不可能ではない。一方がxという判断を述べ、他方がzという判断を述べるとき、真ん中を取ってyで妥協するといった解決ができる場合もあるからである。しかしこうした中間点が、双方にとって明確であるとは限らないし、両者がともにそれを妥当と考えるとばかりもいえない。ここで必要になってくるのが、共通の参照先の存在である。ここで参照先と呼んでいるのは、決定を助ける役割を担う、当事者以外の人物ないし機関のことである。当事者間で関係をうまく営んでいくことができないときに、プラスアルファの作用を投入することによって解決を図るのが、参照先である。このような参照先の存在は、およそ決定メカニズム一般に必要なものといえよう。

なお、この参照先による決定をサポートするものとして、その上位の参照先が、何段階かにわたり準備されているならば、より効果的である。こうした上位の参照先は、最初の参照先における決定が不首尾に終わった場合に解決に乗り出す機能をもつものであると同時に、社会的集団の規模に応じ、より広域にわたる決定を扱うものとしての機能をも持つ。こうした参照先の鎖状のつらなりを、参照連鎖と呼んでおくことにしよう。その例としては、近代司法における三審制を考えてみるとわかりやすい。この場合、最初の参照先が各地の地方裁判所に相当し、その上位にある参照先が高等ないし最高裁判所に相当するわけである。

もちろん、最初の参照先であらゆる方面にわたる問題を処理し得るのであれば、参照先はただ一つだけでもよい。しかし、だがある程度規模の大きな社会では、あらゆるもめごとを単一の機関で解決することは、労力的にも時間的にも不経済であるから、幾つかの下位機関が作業を分担して行い、そこで処理できなかった事項のみを、より統合された上位機関に委ねるという方法をとるのが一般的である。つまり参照先は、ある程度大きな社会においてはほぼ必ず、連鎖という形をとって構成されている。

また論理的にも、こうした連鎖は決定のメカニズムの極めて重要な要素である。なぜなら既述のとおり、そもそも一群の人々が、決定の内容に関してもつ予期は、決して一様のものではないからである。そのため、仮にある参照先での解決を試みたとしても、そこでなされた決定を、どうしても受け入れがたいという反応を示す当事者もいないとは限らない。なるほど、「この人（機関）がこういったらそれ以外はあり得ないのだ」というような、絶対的な言明を下しうる力が参照先に備わっているならば別だが、このようなことは、ある種の宗教的な権威でもない限り、一般的に期待することはできない。そこで、第一の参照先の決定に異議が申し立てられた場合に備えて、なされた決定の是非については判断が食い違うけれども、この問題につきどういう参照先に向かうかについては判断が一致するという、一歩後退したレベルでの判断の共有がなされる。それにより、最初の参照先の機能は補完されうるのである。

さて、食い違う各当事者の判断を、同一の判断に導くために、この共通の参照先はどういう役割を果たすのだろうか。

たとえば、当事者*A*、*B*、*C*、*D*のいずれもが、ある対象（仮に田地としよう）に一〇〇％の所有権があると考えている場合を想定しよう。この四名の人々にとっては、「自分がこの対象を所有する」ことこそが正しいありかたで、他の可能性などは思いも及ばない。つまり自力では、四名の全員が合意可能であるような決定の可能性を見出すことができない。このときに、参照先である人物ないし機関は、「各自二五％を所有する」あるいは「二〇％か三〇％ずつ所有する」という可能性を呈示してみせる。そうすることによって、「共通する判断」の像を、当事者たちの認識のなかに投入するのである。

参照先の第一の特性は、このような「全体の流れ」を呈示する機能をもつ点にある。つまり参照先は、両者の間に介入して解決策を提案する役割を担う。なお「役割を担う」と書いているとおり、提案者・機関として、当事者らを含め、社会的に認められていることが重要である。いかによい解決策を提案しても、当事者がこれを正統な提案と認めなければ、解決などできはしないからである。

全員が承諾するために：重要な利害の掌握

第二に、「共通の判断を見出す」ことそのものが決定であるような状況においては、決定は、提案された解決策を全当事者が受け入れたときに初めて実現するという特殊性をもっている。提案された内容には不服であるから別なところへ訴えるという選択肢を当事者の誰かがとるようでは、「共通の判断が見出された」とはいえないからである。つまりこの決定メカニズムは、共通の参照先によって示された解決策の受け入れを、全当事者に承知させるプロセスまでを含むものである。この種の解決は、解決を参照連鎖上で転送していくことなく、「最初にもめごとをもち込んだ解決提案機関のもとで、解決を完了させる」手法でもあるわけである（その意味では――その意味に関する限り――必要とされる参照先は、必ずしも連鎖していなくてもよい）。したがって、この決定メカニズムにおいては、各当事者の譲歩をとりつける技法の整備が、ほかにもまして必要となる。

では、同一の対象に対し一〇〇％の所有権をもつと考えている複数（先の例にしたがいA、B、C、Dの四名としておく）の当事者に、どうやって解決策をすすんで受け入れさせることができるのだろうか。

この問題を考えるにあたっては、個々人のふるまいかたに関して仮定しておくべきことがある。合理的個人のふるまいを、どのようなものと考えておくのがよいかについて、以下では、いわゆる「交換理論」的な行為解釈の手法を採用することにする。

交換理論とは、ホマンズやブラウによって本格的に定式化されたと言われる理論であり、「行為者の行動を、行為のもたらすものの関数としてみる」(Homans 1961 13) ことによって、社会過程を交換という観点から理解していこうとする理論のことである。その内容は論者によりかなりの幅があるが、ここでは比較的限定された意味で、交換を考えていくことにしたい。すなわち、交換される財は、物的資源、関係的資源(地位など)を中心に考えていく。吉田民人によれば、交換される財には以上の二つのほかに、情報資源、人的資源があるが(吉田 1974)、これらをあえて除外する必要はないだろう。また経済的制裁や地位剥奪といった、ネガティブな意味での資源も含めて考えてよいだろう。しかしホマンズのように、称賛や感謝まで——労力提供というギブに対するテイクが相手からの感謝であるというような——を含む、過度に広い意味で交換財をとらえることは避けたい。たしかに厳密な意味での等価性を測定することは困難であるけれども、ある程度性質の似たもの同士、また当事者自身によっても等価性が意識され得るもの同士の交換に、議論を限定しておきたい。たとえばAがBに一〇〇万円を与え、その代わりにBから(それに相当すると認められる広さの)田地を受け取るというのは交換である。BがCのために三ヶ月間労役奉仕したのに対し、Cが(その見返りとして)Bを昇進させてやるのも交換である。しかしAが三時間の労力提供をしたのに対し、Bが「とてもたくさんの感謝」をAに与えたというようなやりとりは、交換とはみなさない。財として内容が広義すぎることに加え、ここでBがAに「働いてくれれば感謝してあげるよ」と申し出たとは考えにくいのが、その理由である。

さてこの交換理論的な想定のもとで、四名の当事者を解決策受け入れへと導く上で効果的と考えられるのは、当事者たちに、その解決策を交換という観点からみて好ましいものと判断させることであろう。この解決そのものは自分にとって損失をもたらすが、その代わりにどこかで埋め合わせがなされるのだから全体としては損失でない、むしろ利益かもしれないと、認識させることである。

ところが、このような認識を当事者たちのみで生み出すのは、容易なことではない。たとえば相手からじかに代替物を得られるのであれば、当事者は互いに、容易に解決策を受け入れるであろうが、通常、当事者は、対象に一〇〇％の権利ありと考えているのだから、なかなか代替物を提供する気にはなれないからである。ここに、共通の参照先の出番がある。膠着状態にある当事者たちの間に入って代替物提供に一役買ってくれる人物がいれば、交渉はより容易に進むはずである。「*A*が三〇％の権利で我慢してくれるなら、自分の土地をこれだけ与えよう」といった一言を、*A*にかけてやれる人物が必要なのである。その役割を、参照先は担うことができる。共通の参照先である提案者が、自ら利害関係者として、しかも当事者にとって重要な事柄に関する利害を握る者として割り込むことによって、解決をしやすくするのである。そういう介入をなし得るためには、提案者は、当事者にとって重要な事柄、すなわち物的あるいは社会的資源に関わる事柄について、強い権限をもっていなくてはいけない。つまり第二の要件は、こうして参照先が当事者にとって重要な事柄に関する強い権限をもつことである。

より確実な約束のために：長期的関係の存在

以上のような参照先の役割が、交換の枠を社会的に拡大することであるのに対し、次に述べる参照先の第三の役割は、交換の枠を時間的に引き延ばすという局面に関わっている。すなわち、参照先が、いわば第三の当事者として介入したとしても、その場でただちに、全員に納得のいく代替物が提供できるとは限らない。そこで必要となってくるのが、解決に長期的展望を入れるということなのである。

たとえば当事者Aが一〇〇%という主張を三〇%に下げれば来年Aは一二〇%分の取り分を得るだろう、また当事者Bが一〇〇%という主張を二〇%に下げれば、来年Bは一五〇%分の取り分を得るだろうなどという、将来の約束を含む解決策を提案することで、当事者たちに現時点での譲歩をさせることができるのである。それは、当事者たちの利害対立を、将来まで考慮して調整することにより、現在の時点では対立しない状態に持ち込む技術、いわば「長期的決済」の技法である。

ただしこの場合には、将来の取り分が現在の取り分よりも必ず大きいと期待できるのでなければならない。現在の取り分も将来の取り分も経済的なものである場合は、経済が安定ないしは発展傾向にあることが前提される。また社会的地位のようなもので与えられる場合には、そうした地位が将来も存在し（たとえば重役の地位を約束された企業がつぶれたりしない）、その地位の価値もしっかりしたものであること（五年後にはまったくつまらない地位になっているなどということがない）が、見込めることが重要である。そうした見通しが立たなければ、現時点での譲歩を取り付けるのは、困難だからである。

この場合にも、「なぜBは七〇%だけ譲歩すればよいのに自分（A）は八〇%も譲歩しなくてはいけないのか」といった、新たなもめごとが起こる可能性もある。この可能性に対しても、先にみたような、当事者たちにとっての共通の参照先である提案者自身が、自ら重要な利害関係者として関与していることが、効果を発揮する。たとえばAと提案者の間の関係が、長期的展望に立ったとき、現時点では「Aの借り」状態になっていたとすれば、提案者はこの「貸し」に言及して、Aに対し、八〇%の譲歩を甘受して提案者の出した解決策を成功させてくれるように、迫ることができるのである。

したがって、当事者相互間、そして当事者と共通の参照先との関係が、長期的であると期待しうることが、参照先の第三の特性といえる。提案者や当事者たちがともに将来も同じ解決提案機関の管轄下に留まるであろうという見通しが立たなければ、「長期的決済」は成功しないのである。相手がもはや手の届く範囲にいないかもしれない「来年」や「再来年」に関する約束など、する気にはなれないはずだからである。

以上をまとめれば、「各人の判断を共通の判断に加工する」という性格の決定のための必要条件は、①参照先が確立されていること、また通常は参照連鎖が存在することであり、かつこの参照先が、②交換の材料となし得るような重要な利害を掌握しており、③当事者との間に長期的な関係を予期できる状態を作り上げていることである。こうした条件が整ったとき、人々は提案された「共通する判断」を、自分のものとして表明するようになる。そしてその結果として、重要な諸々の決定の場面において、「協調」を行うようになるのである。

3 「協調」の十分条件

譲歩するメリット・譲歩しないデメリット

では人々が実際に、「協調」に方向づけられるための条件は、何だろうか。その一つは、前節でみてきたようなタイプの決定手続きを行うことのメリット、ないしは行わないことのデメリットをもたらす要因である。

第一に、当事者たちが「協調」をしようという意志をもつためには、そうすることにメリットがあると思える状況が必要である。そのようなメリットをもたらす要因の一つが、経済的その他の意味での将来の展望である。現在の「協調」すなわち自己主張を抑えて譲歩することは、将来の「より大きな」見返りを目的とすると先に述べた。つまり将来に確実にそれだけの「見返り」が得られると判断できるのでなければ、現在の譲歩を引き出すことは難しいということである。

第二に、ここに譲歩を余儀なくさせる事情が備わっていればなお効果的である。実力による脅しもそうした一つの手ではあるが、露骨な脅しは、脅す者に対する物理的抵抗などにも通じかねないから、かなり危険な方法である。むしろ、当事者が提案者への信頼を失わずに自発的に「譲歩せざるを得ない」と判断するように導くのが効率的である。

その一つの方法は、譲歩を拒むことが、当事者自身にとっても、解決策を提示している人・機関にとっても、ともに不利益となるような状況を設定することである。たとえば、嵐のなかで船員同士が争い、船長の仲裁を受け入れようとしないとする。だがこれでは船が沈んでしまう。そのような状況では、とりあえず争いは止めて（仲裁を受け入れて）働くのがより良い選択であろう。

こうした状況をもたらす要因としては、「上位単位による制裁」と、「外部からの攻撃」との二通りのものを挙げることができる。先に、判断の食い違いを解消する方向性をもつ決定は、最初の参照先で決定を完了させる志向をもつことに触れたが、それにもかかわらず第二、第三の参照先が準備される一つの意義は、これに関連している。すなわち上位の参照先は、最初の参照先で「協調」が生み出されない場合に、当事者にも提案者にも制裁を加える機関としての面をもつのである。当事者らが、そうした制裁の可能性を意識することによって、譲歩の可能性はより強まるというわけである。また「外部からの攻撃」については、企業などにおける、「賃上げを要求するよりも、とにかく辛抱してより高い利潤を上げないと、会社がつぶれるかもしれない」といった状況を考えると理解しやすいだろう。

他の選択肢の欠如

以上の幾つかの条件——十分条件——については、次章以下において、より詳しく検討を加えていく。しかし、人々に、ある特定のタイプの決定メカニズムを採用させるためには、彼らが他の決定メカニズムを選択する可能性が、閉ざされていることも重要である。この点に関し、ここで簡単にふれておきたい。

そもそも決定のメカニズムには、「共通の主張への変容」を決定とみるタイプに限らず、いろいろなものがありうる。(2) たとえば、当事者間で主張が食い違った場合には当事者の「強さ」で雌雄を決するという、いわゆる「自力救済」のメカニズムもある。しかしこの自力救済タイプの決定メカニズムは、ともすれば流血の事態となり、その都度生じる損害も大きいことから、日本では戦国大名らが先駆となって、また西欧でも国民国家の形成と前後して、つとめて回避されるようになった。以来、いずれの社会においても、このメカニズムの発動は、サンクションを伴って制度的に禁じられているのである。したがって現代の日本社会において、このメカニズムを選択することはできない。

あるいは、自力救済的ではないメカニズムのなかでも、当事者たち自身はあくまで自分の判断を主張し続け、それを受けた参照先が中立的・客観的な判断としてなんらかの権威ある決定をもたらすという、決定メカニズムもある。近代西欧的な、「裁定」のメカニズムである。このメカニズムでは、当事者たちの判断から独立した、その意味で普遍的なルールを見出すことが決定の意義とされている。

しかし裁定のメカニズムが実現されるためには、それにふさわしい部品が備わっていなくてはいけない。たとえば、当事者が決定を依頼しうるような、裁定機関が必要である。さらに、最初の参照先で見出された決定に当事者が異議を申し立て、上位の参照先に問題をもち込む可能性もあるから、そうした可能性に対処しうるために、上位の裁定機関もまた用意されていなくてはならない。これらの裁定機関――それが機能する上で必要な人員と、正統な準拠規範であるルールブックなど、また人々がアクセスする便宜の整備（コスト・手続きなど）――が用意されていないとき、個々人は、裁定のメカニズムによる決定を、近づきやすいものとみることが難しい。つまりそうした準拠規範や専門家の欠如・不足やアクセスの不便さなどが、人々を「協調」の選択へ向かわせる一つの重要な要因と考えうるのである。

日本社会において、これらの要素が十分に整っているとはいいがたい。そもそも自力救済に代わるメカニズムが模索された中世後期・近世の日本社会において、十分な訴訟手続きが見出されなかったことは、その後の日本社会の方向をかなりの程度に規定している。そして現在でも、訴訟等の司法的手続きは、極めて時間がかかる上に、コストの面でも決して安価ではない。つまり日本社会においては、人々が裁定のメカニズムを便宜な決定メカニズムとみなし得るだけの条件は、整っていない。

以上のように、他の選択肢という観点からみて、日本社会における決定が依拠しうるメカニズムには、あらかじめこうした枠がはめられている。その枠のなかで選択されていったのが、「協調」という形で遂行される決定であったわけである。

一般理論のなかでみる「協調」

では、こうした参照先の特性が満たされ、将来的な展望があり、そして「制裁」の可能性についての予期も普及しているならば、それに対応する決定メカニズムが実現可能となり、「協調」が現れてくるのだろうか。あえて「イエス」と言っておこう。なるほどこの答えは、従来の日本的人間関係論にとっては、破壊的な意味をもつものかもしれない。従来の議論では「協調」は「日本的な」特性と考えられてきた。ところがこの答えは、一定の特性さえ満たされるならば、世界中のどこにでも「日本的人間関係」は生じ得ると主張するものだからである。

しかし実際問題として、参照先が当事者たちと長期的関係を営んでいるようなケースは日本でなくてもあり得るし、経済的に発展傾向をもつ集団や社会も、日本のみとは限らない。そして、「制裁」への予期が共有されるといった事態も、日本以外で起こる可能性を十分もっている。したがって、「協調」はどこにでも生じ得る。これらのどこにでもあり得る諸要素が、たまたま全部揃っていた事例の一つが、日本社会なのである。なお、この事例の単位が実は「日本社会」ではなく、「日本社会のなかにある幾つかの集団」であることは、後に明らかにされることになるけれども。

では、それならば「日本的特性」については、もはや語り得ないのだろうか。必ずしもそうではない。ただ従来のような語り方はできないというだけである。「日本的特性とは何か」という、幾度となく繰り返されてきた問いに対して、本書は一つの答えを用意している。この問題については、

第九章を参照していただきたい。

第二章の注

（1）　それはたとえば、「稟議と根回し」（山田　1985）のような具体的手続きとして現れている。この手続きをモデル化する試みについては、別の拙稿（中村　1988；1994）を参照のこと。

（2）　別の拙稿（中村　1988；1994）は、決定のメカニズムを日本と西欧の比較という枠組みで、歴史的変化も視野に入れて論じている。

Ⅱ

第三章　教員組織の誕生

――組織形成に関する史的分析

1　教員組織形成の歴史的プロセス

教員組織の特性とその歴史

教員の人間関係が、「協調」に満ちたものとなるためには、教員たちの人間関係が展開される場に、第二章でみたような三つの必要条件がいずれも備わっているのでなくてはならない。はたしてこれらの諸条件は、いつ頃から、どのような形で整備されてきたのだろうか。この章ではまず、必要条件のうちの最初の二つ（参照先の存在、および重要な利害の掌握）に関してみていくことにしよう。

現在の小学校にみる参照先の連鎖

現在の小学校は、数段階の指揮命令系統をもつ組織である。それは児童の教育活動を円滑に行い得るような、機能分担の体制であるが、もめごと発生時にはこれが同時に、参照連鎖として作動する仕組みになっている。

まず一般の教員は、多くが学級担任として、三〇〜四〇人の児童を担当している。担任は、児童らの学習・生活面での教育に必要な様々な指示を与える役割を担うが、同時に、児童同士のけんかや物とり、いたずらなどのせいで生じた児童間のもめごとを、仲裁や説教、処罰などを通じて解決する役割も期待されている。これが小学校という組織における参照連鎖の、最下段を構成する。

一般教員の上には、各種の主任があり、その上に教頭(副校長)があり、そのさらに上には校長という役職がおかれている。教頭職が法制化されたのは一九七四(昭和四九)年で、「校長を助け校務を整理」したり、校長の「職務を代理」する職務として作られた。また主任職は一九七五(昭和五〇)年に、「校長を助けて校務を分担する……管理上、指導上の職制」として省令により制定された(川口 1983 175)。これらは、教育委員会によって任命される役職である。

ここでは校長の職務についてみてみよう。現在の校長のありかたは、一九四七(昭和二二)年に制定された学校教育法二八条の校務営理権・監督権の規定に基づいている。この規定には、「校長は校務をつかさどり、所属職員を監督する」とある。校長には法令により、卒業証書の授与、生徒懲戒、指導要録の作成、授業の終始時刻の決定のほか、学校管理規則などによる多くの職務が課せられている（中学校の場合には、高校への入学・転学・退学などの許可などが加わる）。とともに、各教員の教育内容に関しても、ある程度の決定権が与えられている（この決定権の有無については、戦後ずっと論争されてきたが）。たとえば教育内容に関する事柄は、各教員がまったく自由に決めてよいわけではなく、各教員が書く教案（日案、週案などの教育計画案）に校長が目を通すという段階を踏むことになっている。教案提出は、職務命令によって要求することができるのである（川口　1983　182）。校務分掌、すなわち年間の学校行事や運営に関する事柄をどの教員がどのような形で担当していくかについても、校長の指示が重要な役割を果たす。学校は、このような校長の「指導と責任」のもとに管理・運営されていく組織なのである。

なるほど一般の職員たちは通常、職員会議という内部組織をもっており、これが学校運営に関する自立的な決定機関たり得ると考える教員たちもいる。だが、これについて各地方の学校教育委員会規則のなかにみられる法規定は概して、「校長は校務運営に監視必要と認める事項を諮問するため、所属職員をもって構成する会議（職員会議）を置く」のように、校長の伝達・諮問機関として職員会議を位置付けている（高野編著　1993　137–139）。一九七六（昭和五一）年の資料によれば、全国の小学校のうち約七割は、各校ごとに職員会議に関する内規や申し合わせをもつが、そのうちで職員会議を明確に議決機関と位置付けているものは、二割弱にすぎない。議決機関と、諮問・補助機関の両面をもつとする規定は四割弱存在する。そしてもっぱら諮問・補助機関と位置付けているものは、四割弱に上る（高野編著　1993　140–141）。この比率からみれば、校長の諮問・補助機関としての意味合いの強い職員会議が開かれることが、比較的多いのであろう。

さて一般教員の間で解決しかねる問題が起こった場合や、各教員だけの力では解決できないような事態が生じた場合に、それをもち込む先が、主任・教頭であり、校長である。ある学年の児童・生徒に関わる問題の場合には、まず学年主任等のもとにもち込まれるだろうが、そこで処理できない問題あるいは学年の枠を越える問題については、教頭さらには校長のところへもち込まれることになろう。

教頭という役職について、ある教頭はなかば自嘲気味に、しかし一面では自信をのぞかせながら、「サンドイッチに似た存在」と表現したという。「学校教育をめぐる紛争で、内部的にも、また対外的にも、紛争の処理手続きの中心的な〝担い手〟」（森谷　1989　16-17）であるという意味合いにおいてである。この役職は、学校事故から児童同士の問題、教員と児童（およびその保護者）の関係に関わる問題、教員間関係の問題など、学校運営に関連して起こるあらゆる問題のもち込み先だからである。

校長も、教頭と協力してこれらの問題を処理する役割を担う。通常は当事者に任せていても、いったん事が起きた場合は、校長の判断と指揮が必要になると考えられているからである。

校長のさらに上には、教育委員会がある。文部省筋の見解では、「学校の校舎等の施設・設備、教職員の任免その他の身分取扱いなどのいわゆる物的・人的管理に加え、学校の組織編成、教育課程、学習指導、教科書その他の教材の取り扱い等の学校運営上の管理」が教育委員会の担当するものであり、「しかもこれらの事項につき教育委員会は包括的な管理権を有している」と言われている（川口 1983 170）。必要な場合には、学校の授業計画の変更・取り消しを命じる権限をも留保している（川口 1983 171）。教育委員会は、学校運営の権限を校長に与え、その行使の状態を見守りつつ、ときには職務権限を発動し、ときには指導・助言を与え得る立場にあるのである。したがって、校長の力だけで解決できないような事態が起これば、これもまた教育委員会によって処理される。先にみた横浜市の児童飛び降り事件で、学校の対応に関し市教委が直接指揮をとったのも、そういう権限を教育委員会が有しているからにほかならない。

以上のように、現在の学校においては、個々の学級から教育委員会に至るまでの指揮命令系統が、参照連鎖としても機能しているのである。

学制施行直後の小学校

しかしこのような参照連鎖を組み込んだ組織は、明治初頭の学制施行時からずっと存在したわけではない。学制が施行されてまもなくの頃は、現在のような学級も生まれていなかったし、校長職や教育委員会も存在しなかった。

当時生まれた小学校の多くは、教員が一名か数名程度の、小規模なものであった。一八八四（明治一七）年の『文部省年報』によれば、当時の横浜市では、教員数二名以下の小規模校が、小学校全体の八七％を占めていた（横浜市教育委員会編 1976b 177）。学校の規模がこのように小さいため、校務分掌といった制度は不要であった。校長という役職も、まだなかった。各学校の中心的な教員は、校長ではなく首座教員と呼ばれ、後の校長のように管理権のみをもつのではなく、何でも自分でやった。児童の教育のかたわら校舎の雨漏りの修理もしたし、数名の教員の給与を役場に取りにいく仕事も、すべて一人でこなしたのである。

また当時の教員は、短ければ二日間、長くてもせいぜい二、三ヶ月の講習を受けて試験に通れば、教員免状を与えられた。したがって、講習する側にも体系的な教育方法の指導を行う余裕などはなかった。一八八四（明治一七）年からは、二〇歳以上の教員全員に試験を課して、結果に応じ短期免状を与えるという方法がとられたが、これでもまだ、教育内容に関し、十分に目が届く状態からはほど遠かった。こんなふうだから、教育内容についても、当時はまだ指揮命令系統などはできていなかった。

児童数の増加と学校規模の拡大

このような状態が変化し始めるのは、学制施行後しばらくたってからである。現在の横浜市に含まれる地域の場合、当時の横浜区（市）[1]では一八九〇（明治二三）年頃から、その他の地域では一九二〇年代までに、変化が現れている。

横浜区（市）の人口は、明治になってから一貫して増加傾向にあったが、とりわけ一八九三（明治二六）年からの一〇年間には急激に増加し、児童数は毎年一〇〇〇人ずつ増えるという勢いであった（横浜市教育委員会編　1976b　69-71）。これに応じて校舎の増築や、二部授業が行われるようになった。一九〇四（明治三七）年には、新たに市域に加えられた地域（戸部・南吉田）で人口が急増し、ここでも二部授業が行われた。一九一二～一七（大正元～六）年には、人口は二万人ずつ増え、それに対応して児童数も増加し、一九二〇（大正九）年には市内の全学級のうち二三％が二部授業を行っているというありさまであった。当時は全国的にみても、都市的な地域では概して二部授業の比率は高かったが、横浜区（市）における二部授業の比率は、六大都市のなかでも際立って高い（横浜市教育委員会編　1976b　71）。

一八九〇（明治二三）年の時点で、横浜区（市）の、一学校あたり児童数は一二二人であった。これが一八九五（明治二八）年には二二〇人、一九〇〇（明治三三）年には六一一人、そして一九一〇（明治四三）年には一〇〇〇人を超える。この変化を図示すれば、**図3-1**のように、急勾配のカーブとなる。このような児童数増加は必然的に、教員数の増加をもたらす。**図3-2**からは、横浜区（市）の教員数が、児童数の増加にちょうど呼応する形で急激に増加している様子がよくわかる。(2)

なお、後段の分析のための準備として、幾つかの個別の小学校における教員数の変化についても確認しておこう。本書では、次章以下において、幾つかの小学校に関する詳しい分析を行うが、そこでは都市的な地域に立地する小学校と、農村的な地域に立地する小学校との教員の質の違いが重要な論点となる。都市的な地域（都市部）とは、産業面でみて商工業の比重が大きく、またこれに関連して外部からの流入者が比較的多い地域という意味合いでとらえたものである。また農村的な

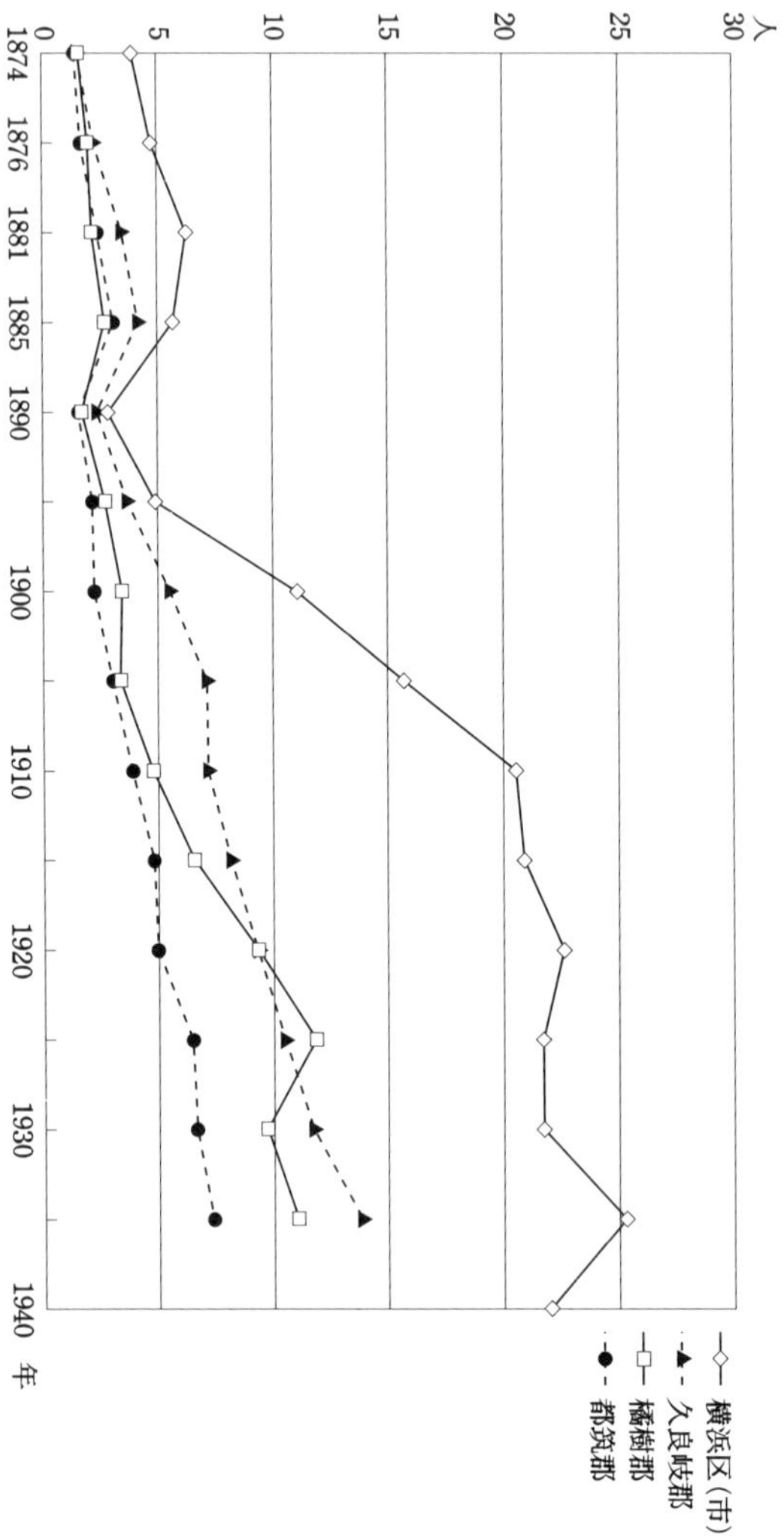

図 3-1　小学校 1 校あたり児童数の変化

注）古くからの商業中心地である横浜区（市）に対し、都筑（つづき）郡は農業的性格が強く市域編入も最も遅かった。久良岐（くらき）、橘樹（たちばな）両郡は中間的な性格をもつ。各地域の位置については図5−1を参照のこと。

『神奈川県教育史　通史（下）』（1979年）所収の教育統計より作成。

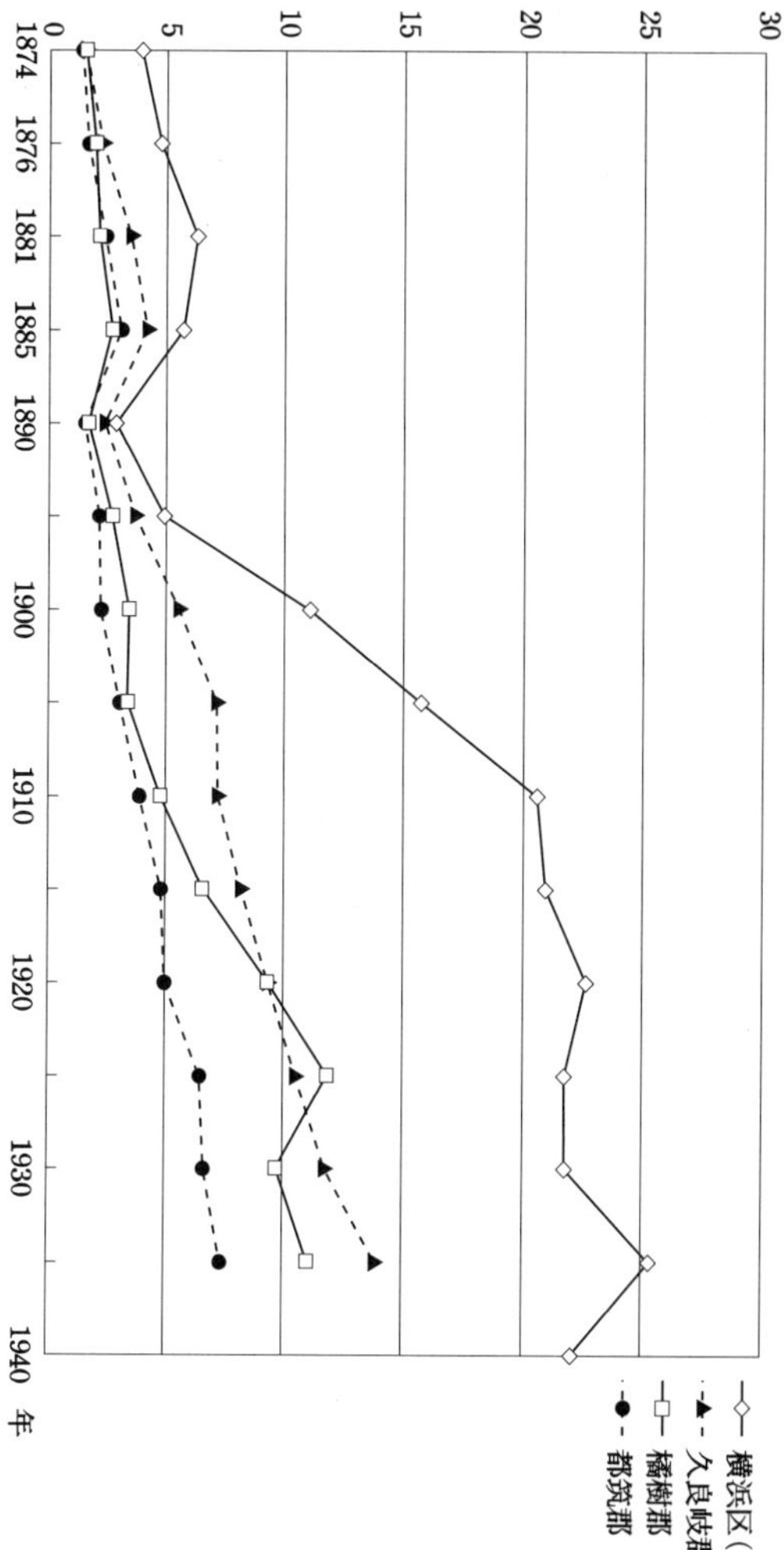

注)『神奈川県教育史　通史(下)』(1979年)所収の教育統計より作成。

図3-2　小学校1校あたり教員数の変化

地域（農村部）は、産業が主に農業であり、都市部のように外部からの流入者を多くもたない地域という意味合いのものである。(3)

本章では、この意味での都市部の小学校と農村部の小学校のそれぞれが、教員数に関し、次のような特徴をもっていたことを示しておく。まず都市部の小学校はその一つ一つが、図3-3にみるように、先にみた横浜区（市）の小学校に準ずる特徴をもっていた。なるほどここで都市部とみている領域は、横浜区（市）の範囲よりも広いため、教員数の増加は横浜区（市）の場合よりは遅れるし、横浜区（市）ほど急激なカーブを示してはいない。しかし農村部の小学校の教員数を示す図3-4とは、はっきりと違っている。農村部の小学校の多くが、教員数一〜二名の状態をずっと維持しているのに対し、都市部の小学校では一八九〇（明治二三）年頃から、一校に在籍する教員数が五〜一〇人に増えた小学校が現れ始めている。そして一九二〇年代には、教員数は急激な増加を示しているのである。ここからみて、当時の教員数の増加は、主に都市的な地域で生じた変化ということができる。

しかもここには、量的な変化のみならず、質的な変化も生じている。児童数が増加するのを追って、有資格教員の養成は急ピッチで進められていたが、有資格教員数の増加は児童数の増加に到底追いつくことができず、教員の不足分を無資格教員で補わざるを得なかったからである。つまり増加する教員たちのなかには、有資格の正教員とともに、限定された資格の持ち主である准教員が、また准教員よりも多い無資格の代用教員が含まれていた。これらの多様な教員たちが、職員室に共

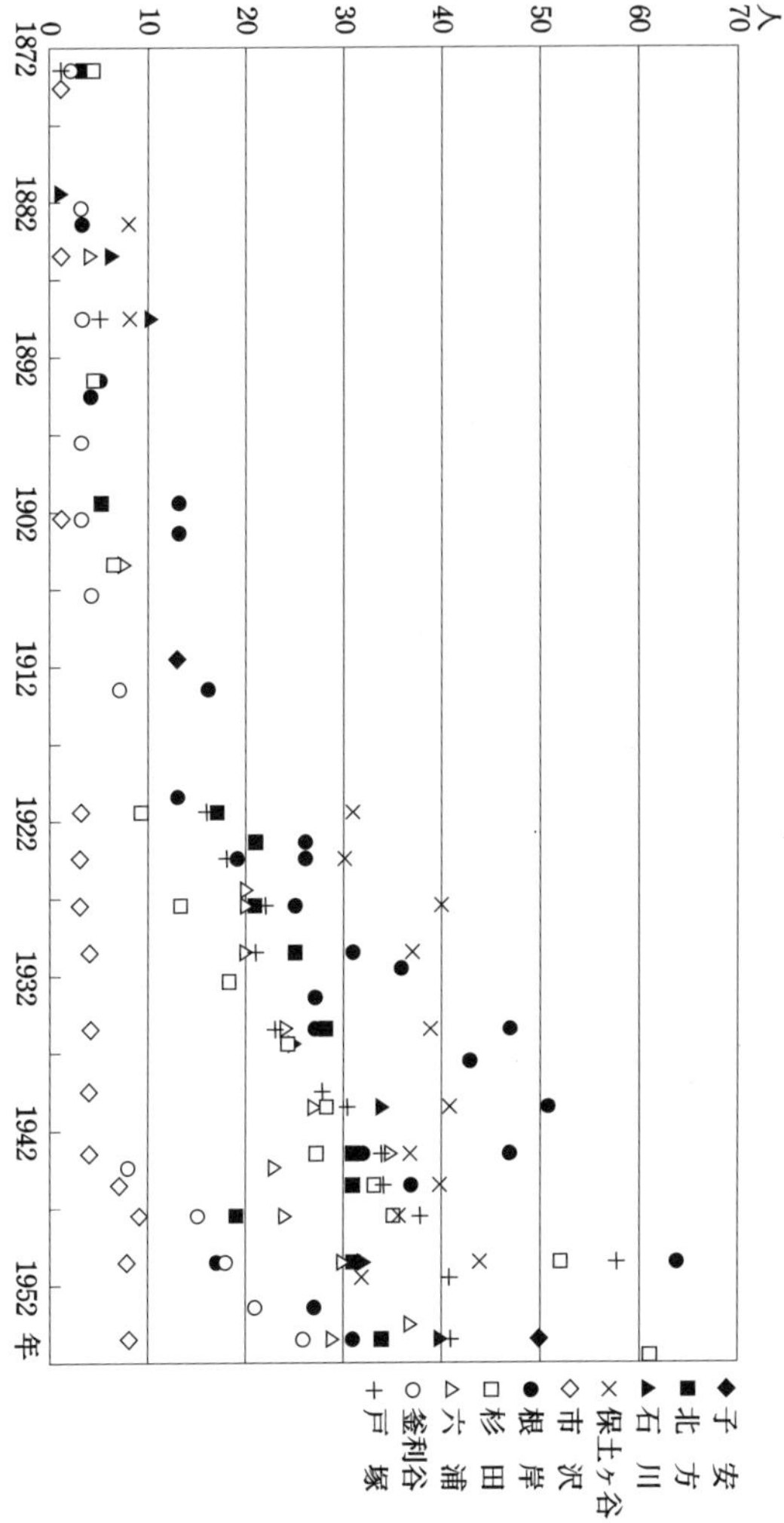

図3-3 各小学校の教員数の変遷（都市部）

注）『横浜市学校沿革誌』(1956年、1976年版)、および各小学校の記念誌所収資料より作成。

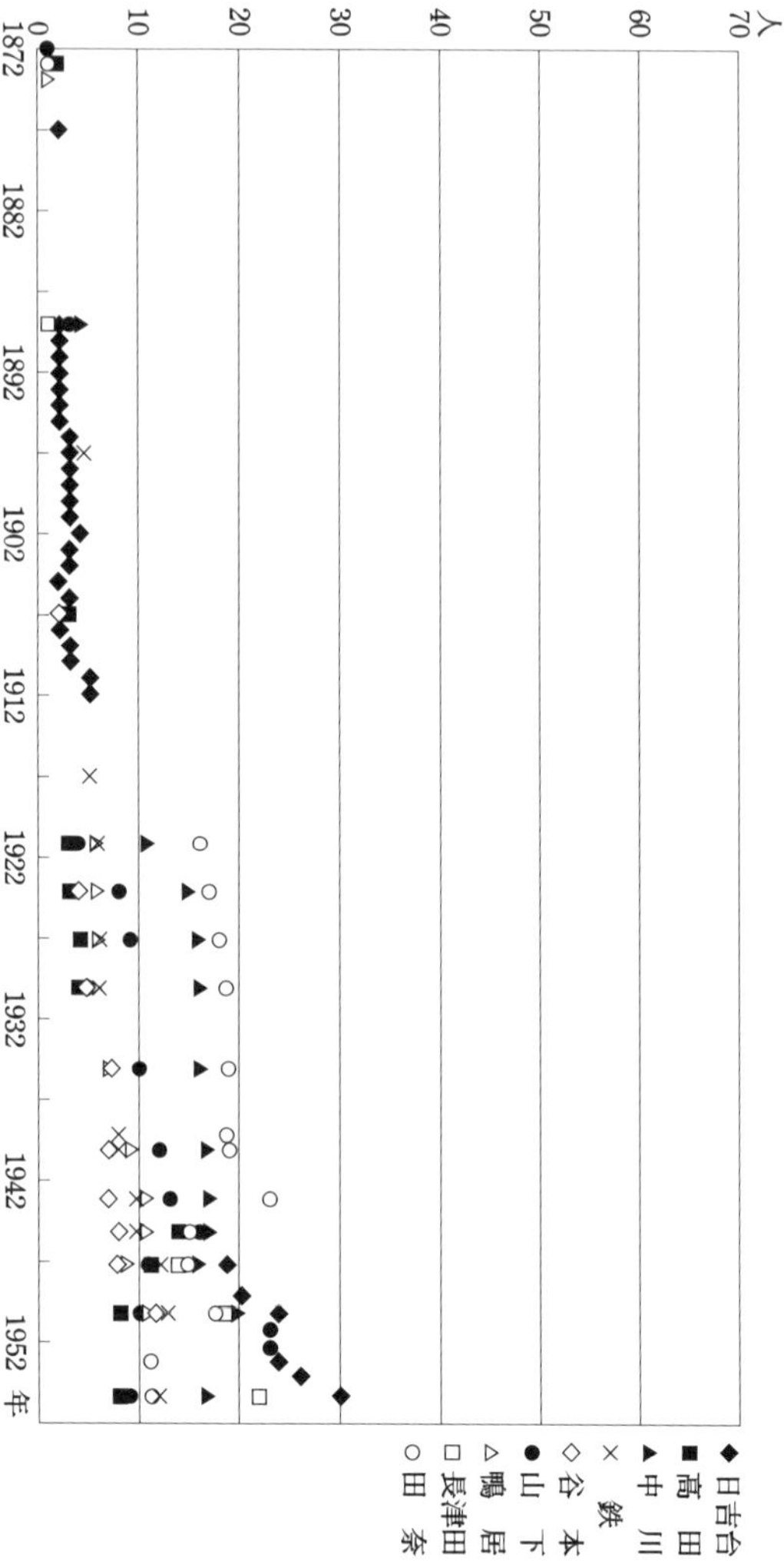

注）『横浜市学校沿革誌』（1956年、1976年版）、および各小学校の記念誌所収資料より作成。

図 3-4　各小学校の教員数の変遷（農村部）

存するようになったのである。『文部省年報』には、無資格教員の比率が最大となった一九一一（明治四四）年に、准教員と代用教員が合わせて全教員のおよそ四割を占めていたという全国データがあるが（陣内 1988 107-108 219）、横浜市にもほぼ同様の傾向がみられる。図3-5にみられるように、横浜区（市）を除く各郡では、有資格教員（正教員）の比率は六〜七割に留まり、三〜四割が准・代用教員によって占められている。例外的に、横浜区（市）だけは、有資格教員の比率が高く九割前後に上るが、その他の地域は、当時の全国的傾向とそう隔たらない水準にある。

したがって、当時において急激に変化しつつあった小学校には、二つのタイプのものがあったといえよう。一つは、横浜区（市）にあって、教員の質においては有資格教員が比較的揃っているが、規模の極めて大きいものである。そのような小学校の一つである石川小では、一八八九（明治二二）年に早くも児童数三〇四名で教職員数は一〇名に達し、一九〇〇（明治三三）年には児童数一二七二名を擁していた。また元街小では、初めて児童数の詳らかになる一九一一（明治四四）年に、児童数二一四五名、学級数にして三三級を数えているから、一九〇〇年以前にもかなりの規模をもっていたと推測できる。もう一つは、横浜区（市）以外の都市部にあって、ある程度の規模をもつとともに、多様な要素を含むようになっていたものである。そのような違いはあるものの、いずれのタイプも、教員たちを組織する新しい方法を必要としていたという点では、同じ状況にあったわけである。

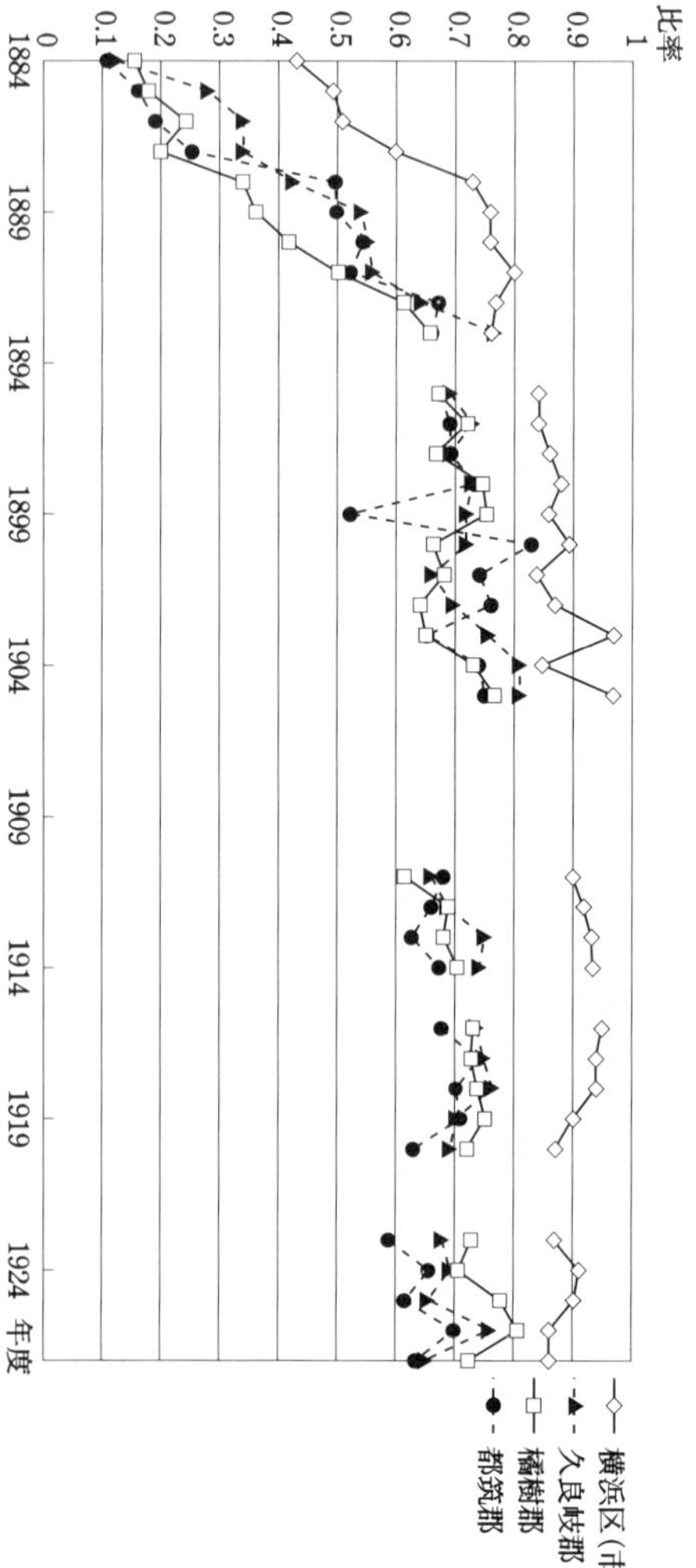

注）『神奈川県統計書』(各年版)より作成。

図 3-5　地域別にみた有資格教員の比率

校長職の制度化

このように教員数が増加し、あるいは教員の質も多様化した状態では、わずか一、二名の中心的教員がその人徳によって協力者を統率するという、パーソナルな学校運営のやり方はもはや通用しない。大勢のそして多様な教員たちを、組織的にまとめていく体制が必要である。ここに誕生したのが、まずは学校長という役職であった。

校長職が初めて法制化されたのはかなり早く、一八八一（明治一四）年の「府県立町村立学校職員並準官等」（太政官達第五二号）によってであった。また翌一八八二（明治一五）年には、校長の職務として学校の管理、職員の指揮、生徒の入・退学の処分等が規定され（神奈川県教育センター編 1978 575）、後に一八九一（明治二四）年の文部省令で「学校長ハ校務ヲ整理シ所属職員ヲ監督スヘシ」のように職務内容が明記される。しかしこの頃にはまだ、すべての学校に校長職が置かれるようにはなっていない。

一九〇〇（明治三三）年の第三次小学校令施行規則で、校長職は必置制となる。これらは全国的な施策であるから、おそらくは全国的に進展する学校規模拡大の動きへの対応として、打ち出されてきたのであろう。こうした規定を受けて、以後、校長の職務権限は各校の校規に、細密かつ具体的に規定されていくが、その内容はしばしば「校長ノ命ニ従ヒ……」といった表現を伴い、絶対的命令支配関係として校長―職員関係を規定するものであった。第二次世界大戦後になって、このような校長職の位置付けについてはかなり論議されたが、それでも基本的には同じ路線が維持されている。とりわけ教育の路線がゆり戻しを始めた一九五〇年代以降は、校長に強い権限を与える方向性が顕著にみられるようである（高野編著　1993　175-202）。

学級・学級担任・主任の制度化

児童数の増加という局面に対しては、学級という制度が採用された。学級という用語そのものは、一八八六（明治一九）年の文部省令に、教員一人の担任する児童の集団という意味で登場しているから、かなり歴史の古いものである。しかし学級が、教育の単位かつ経営の単位としてあらためて意識されるようになるのは、一九〇七（明治四〇）年頃からである。同じ頃から、学級は、単一の学年からなる同質的なものに変化した（高野編著　1993　256）。それまでは、一つの学級に何学年もの児童がまとめられており、教員が二年生に書き方を教えている間に、一年生は計算の自習をするというような方法がとられていたのだが、ここでようやく、一学級の児童全員がともに同じ学習をする体勢が整ったわけである。

そしてこの新しい学級に、新しい意味での学級担任が配属された。学級担任制の内容に関しては、制定法規こそ存在しないものの、細かい内規がしばしば存在し、「教授案ノ編成ニ関スル件」「担任学級児童の学業成績ノ考査並ヒニ操行ノ査定ニ関スル件」「担任学級児童ノ賞罰ニ関スル件」などについて定めていた。そしてそのなかには、学級担任が教案・学級経営案を作成して校長に提出し、検閲を受けるといった規定もみえる（高野編著　1993　257-258）。

単一学年からなる学級が生まれても、児童数増加の圧力がさらに強まれば、やがて各学年ごとの学級の複数化に至る。するとこれに対応して、学年をまとめる学年主任の役職が生まれる。学年主任は、横の連絡機関であると同時に、校長の意思を伝達する上意下達の機関である。

一般に、一九〇〇（明治三三）年前後から、一学年多学級の学校は増えてきていた（神奈川県教育センター編　1978　803）。当時の横浜市域では、一八九八（明治三一）年にすでに、尋常小学校の部だけで学級数は一校あたり九～一二四に上っていた（神奈川県教育センター編　1978　806）。尋常小学校教育が四年制をとるようになるのは一九〇〇（明治三三）年以降、また六年制となるのは一九〇七（明治四〇）年以降であるから、それに先立つこの時期におけるこれらの数値は、一学年が二学級以上に分かれていたとみなければ計算が合わない。現横浜市域以外の地域でも、たとえば一九〇一（明治三四）年の時点で、尋常小学校だけで六つの学級をもつ小学校が存在していた（足柄上郡、開成小学校）（神奈川県教育センター編　1978　808-809）。

組織としての小学校の始まり

こうして、校長による配分と管理のもとに、学級経営が始まり、学年経営が始まった。つまり校務分掌のシステムが機能し始めたのであり、参照連鎖を備えた組織としての小学校が、ここでようやく成立したことになる。

なお、小学校のさらに上位にある機関としての教育委員会が生まれたのはずっと後で、横浜市の場合は一九四八（昭和二三）年である。しかし行政の担当者が個々の小学校を視察して教育面での指導、学校管理についての指示などを行う制度自体は、古くから存在した。横浜市都筑郡の長津田小学校の『学校沿革史』には、視学等来校の記録がこまめに記入されているが、それによれば、最も古い記録は一八七三（明治六）年のものである。「神奈川県学務課石川某　巡視」とあり、「学務課巡回ノ初メナリ」と記されている。次は一八八二（明治一五）年、県学務課千葉某の巡視であり、一八八四（明治一七）年には文部省視学官ほか三名と県学務課近藤某が巡視に訪れている。このように、次第に間隔を狭めつつ行われていた巡視は、一八八九（明治二二）年以降ついに年一～二回ずつ、定期的に行われるようになる。視学官、県学務課、郡長や学務担任書記、郡視学などが、代わるがわる巡視に訪れているのである（長津田小学校　1919）。一八九〇（明治二三）年には郡視学が設置され、一八九九（明治三二）年には視学官―視学―郡視学の指揮命令系統が確立された（陣内　1988　105-106）が、これらも小学校が組織として確立されつつあったことの現れといえよう。小学校とその上位の単位との間でも、参照連鎖が確立されてきていたわけだからである。

学級担任のもつ権限

2　重要な利害の掌握

では第二の条件に関連して、参照連鎖の各レベルの責任者が、個々人の重要な利害をどれほど掌握しているのかをみてみよう。

現在の小学校においては、各学級の担任は、自分が担当する学級の運営について、かなり大きな権限を委ねられている。なるほど授業の概要については、教案のチェックなどを通じて上位機関からの指示を受ける部分がある。しかし、その教案に沿って具体的にどんな授業を展開するか、どのように課題を課し、学級としてどんな約束事を取り決め、忘れ物やいたずらをした児童にどう対応するかなどについては、実質的に担任に任されている。児童の学習や生活の評価も、ほとんどが担任に任されている。「教育」というものが本来、内容の曖昧なものであることが、この傾向を一層強めている。これを児童の側からみれば、担任は、自分たちの生活を強く規定し、制裁権・評価権をも握る、強い権限の持ち主である。

これは対外的には、学級内の事柄の処理に関する大きな責任と表裏をなしている。教員自身も、この責任を果たすという期待に応えられない場合には、それなりのサンクションを受けざるを得ないことを自覚している。後藤光治によれば、『学級』は、学校教育活動の『単位』であり、教師の活動のすべての評価が集約して問われる場である……。たとえば学習成績の評価にしても、教科間で比較されることはまれであるが、学級間の格差はたびたび比較の対象となるし、父母や地域社会などの外部の目も常に『学級』に注がれている。生徒の問題行動があれば、まず脳裏をよぎる不安は『どこのクラスの……』という問いであり、自分のクラスの生徒でないことがわかればホッと安堵の胸をなでおろす、というのが学級担任の現実である。『学級担任』というからには、それだけ受け持ちの生徒に対しては責任を負うものとされ、また、教師としての力量を問われる場として『学級』はあるのである。それだけに、学級担任は必死である。自己の立場を守るため、極力他の教師の批判の的になることは避けようとするし、学級の生徒にもそのことを求めるのである」（後藤 1988 116-117）。

そして、教員相互間でも同様である。小・中学校教師へのインタビューをもとに、杉尾宏は、教師仲間で交わされる決まり文句が、「いつも先生は熱心ですね」「授業のセンスがいいですね」「さすが指導がよろしいようで」といった、慇懃無礼ともいうほどの白々しい誉め言葉に充ちていることに触れ、このインタビュー調査にある被調査者が付記してくれたコメントを紹介している。「教師仲間で、相手の誤りや間違いをストレートに指摘したり批判したりすることは、タブーです。およそ本来の意味での批判は考えられません」（杉尾 1988 10）。これもまた、教員たちが互いを、学級という「城」の主と意識していることを示すものといえるだろう。

このように、一般教員は学級経営に関する多くの事項にわたる権限を、上位単位から委譲されている。加えて、「教員」の仕事は、他からの批判を許さない専門的業務であると自他ともに認めるものであるために、この傾向が一層強められる。つまり傍からは口出しをしにくいし、担任自身としても、いちいち指示を受けつつ学級運営するのはプライドが傷つく。それで学級内のいっさいを自力で処理しようとがんばってしまうのである。

管理的教員のもつ権限

一般教員が担当の学級に関する権限を委ねられているのと同様に、学年主任などは学年の事項について任され、また教頭・校長は学校経営に関する多面的な処理を任されている。これは一般教員たちにとって、重要な利害がこれらの人々に握られているということを意味する。

たとえば校長は、学校運営上の様々な役割分担すなわち校務分掌について、強い決定権をもつ。人事に関しても、ある程度判断をさし挟むことができる。現在での教員の採用は、任命権をもつ教育委員会の教育長が選考を行い、教育委員会が採用を行う仕組みになっている（教育公務員特例法一三条一項）（鈴木 1975/76 125）が、その際に、各小学校の校長に対しては、職員の採用、昇任等について、任命権者である教育委員会に意見を申し出る権限が与えられている（地方教育行政法三六条、三九条）（鈴木 1975/76 126）のである。なるほど教育委員会にはこの申し出を受け入れる義務はないけれども、校長にこうした申し出をする権限があるということそれ自体が、個々の教員の評価を特定方向に導く効果をもち得る。その意味でこれは、重大な権限といえる。

こうした校長の権限が、他の教員たちのふるまいを規制するだけの影響力を実際にもっていることは、第一章でも触れた次のような事例（小学校の事例ではないが）からわかる。

一九九〇（平成二）年に神戸のある高校で、危険についての配慮を欠いた指導規則のせいで生徒が死亡するという事故が起こった。この高校では、生徒指導の一環として、遅刻者を取り締まるため登校時間終了と同時に校門を閉めるという案が採用され、実施されていたのだが、ある朝、指導担当の教員が力一杯閉めた鉄の校門と壁の間に、ちょうど通過しようとしていた女生徒が頭部を挟まれてしまったのである。この事故の後で、同校の複数の教員が、「職員会議でこのようなマニュアルが提案された際に、どうして反対できなかったのか」という後悔の言葉を口にした（朝日新聞神戸支局編　1991　124）。兵庫県の高等学校教職員組合も、「教育委員会の一方的人事異動命令の前で、『もの言わぬ教師』でありすぎてはいなかったか」（朝日新聞神戸支局編　1991　90）という問いを投げかけた。後者の問いかけに、組合という立場が反映されていることは明らかである。しかしそれを差し引いても、この一件は、教員たちにとって、人事というのが極めて重要な利害に関わる事柄であること、そして、人事権を握ることが教員たちのふるまいをも変えさせる力をもつことを、はっきりと示している。教員たちが校長そして教育委員会の意向に極めて敏感となっており、いらぬ発言をして年度末の人事で報復されることを怖れるあまり、学校運営において言うべきことも言わずただ賛同するばかりとなっているということが、この一件で明るみに出されたのである。ここにみられるように、現在、一般教員にとって、校長はかなり強い権限をもつ上位機関なのである。

しかしそれと表裏をなして、学校で何か事件が起こった場合に、対外的にまず責任を問われるのは校長である。とりわけ、教師の行為が絡んだ事件が起こった場合には、校長の監督責任が問われる（菱村　1989　213-214）。教師の不祥事があれば、それが校長個人と無関係のものでも、「いったい校長は何をしていたのか」と言われ、校長は減給処分を受けたり、退任を余儀なくされたりする。

つまり校長の上にはさらに、その進退に関わる権限をもつ機関があって、校長のふるまいを規制しているのである。後藤はこの権限配分システムの実態を、次のように表現している。「……『学級』に事件が起こらない限り、学級担任は安泰であるし、学校にとってもまことにつごうがよい……。その結果、学級はますますその『私的閉鎖性』――つまり「学級内の問題は学級担任の裁量内で、ぎりぎりまで学級内の問題に留めて処理しようとする傾向」――「を強めていく」（後藤 1988 116-117）。そして学級担任のこうした思いは、「学校全体の意向とも一致する。校長や教頭、また周囲の教師も学級内ですむ問題は学級内で処理してもらいたいと思っているのである。というのは、校長や教頭は、それが対外問題となる恐れや、当該学級担任に対する配慮から、できるだけ全体の問題にはしたくないと思っているし、周囲の教師は、全体の問題となった時の、『類の禍』の及ぶのを恐れるからである。」（後藤 1988 117）

つまり各単位のリーダーが、上から委ねられた権限をもって、担当の単位に強い態度で臨むことができると同時に、一つ上の単位に対しては権限を握られていることにより弱みをもち、それを顧慮しないわけにいかない立場にあるという構造が、現在の小学校には備わっているのである。

重要な利害掌握の歴史的過程

以上のような重要な利害の掌握の歴史は、先にみた参照連鎖の形成の歴史と並行して進んできた。小学校のなかに学級が形成されて学級担任が置かれ、校長職、教頭職、主任職等が作られたとき、それらに実質を与えるような強い権限も、ビルトインされていた。またその行使を支える諸制度も、様々な形で準備されてきた。

横浜市の場合、たとえば児童・生徒のふるまいを管理するための学籍簿や出席簿が作られたのは、一八八七（明治二〇）年の、神奈川県の指示によってであった。都筑郡の小学校であった田奈小には現在なお、一九〇一（明治三四）年以降の生徒訓練簿、学籍簿・訓練誌が保存されているが、そこには、児童一人ずつにつき、本人氏名や保護者名はもとより、身体・学習・性格等に関する評価や問題点が細かく記載されている。「ヤヤ粗暴」「記憶ヨロシカラズ」「思考ヨワシ」など。[4]それは担任教員が、児童を評価という視点から見続けることを奨励し、正当化するものである。

同じ時期に、教員のふるまいを管理するために、職員出勤簿の作成も指示された。これも、管理的地位にある教員が、他の教員たちを評価し、この評価に基づき人事権を行使するよりどころとなるものであり、実際、後の学校経営において重要な役割を果たした（神奈川県教育センター編　1978　748）。これは現在の勤務評定にも通じる制度である。[5]

同じく一八八〇年代後半から、教育課程に関する規定が整備された。それら一連の「教則」等のなかで、たとえば年間の教育内容に関する決定などが、校長の役割として規定されてくる（神奈川県教育センター編　1978　748-750）。教科書について、検定制度が採用されたのも同じ時期である（神奈川県教育センター編　1978　748）。

こうしてみると、階統的となった組織の各レベルに重要な権限を与えるシステムの形成は、ほぼ一八八〇年代後半に始まると考えてよさそうである。同じく一八八〇（明治一三）年前後から学区取締に置き換えられた学務委員も、中央色と監督的性格の強いものであったという（横浜市教育委員会編　1976b　232-233）。

意識し合われる権限

当時の教員たち自身も、互いの権限について意識するようになっていた。たとえば一般教員同士の人間関係において、相手の教育方針に立ち入ることが避けられていた様子が、一九〇〇年代に書かれた教員（鈴木利貞）の日記に記されている(6)。

当時、教員たちは、子どもの教育に関する理念の共有者として、頻繁に「懇談会」「茶話会」「忘年会」を開いた。鈴木いわく「火鉢のまはりに皆あつまって、新聞などくりひろげながらはなした。あー火鉢のふちの話、おもへば我等一年間の精神上の食物は、此の火鉢のふちに於而培養されたものである。我々一同此の話によって、新しき生命を得前よりも猶一層高き理想を認めて以てたゆまなき精神の活動をつづけたのである」（『鈴木利貞日記』一九〇四年一二月二四日）。この記述をみると、教育を「聖職」と信じる教師たちが、子供たちをいかに教え導くかについて、時のたつのも忘れて語っていた様子が、目に浮かぶようである。

ところが、この教員たちの集いの実態について、記述は次のように続く。「如何に教場に於てにがい事をいふて来た時でも、此所に来て語る時には、をかしくなってしまって、互いによい事をなすった。結構ですといつも云ふ事になる。かつてなしたる事の結果、現在なしつゝある事、将になさんとする事、みな、ここで語て、同情の厚い言葉を以て相論評す。」(『鈴木利貞日記』一九〇四年一二月二四日)

つまりこれらの場は、互いに批判し合ったり、対立する意見を戦わせることから何かを生み出していく場では決してなく、各自がその児童たちに対してなした事柄を「認め合う」場にほかならない。このことは、学級というものが、各担任教員の独力で運営されていくべきものだ――それについて他人がどうこういうべきものではない――という、教員たちの共通了解を示していると考えられるのである。先にみた現代の学校教員たちのふるまい――同僚教員を決して批判しない――と同様のものが、一九〇〇(明治三三)年を少し過ぎた頃にはすでに現れていたわけである。(7)

また一九一〇〜二〇年代には、校長およびそれ以上のレベルの上位単位の長がもつ権限について、さきの神戸の高校における事故に関連してみられたと同様の意識が、次のような事例のなかに表明されている。これらは、当時の教育関係の雑誌に投稿された、教員(とおぼしき人々)の文章である。

「県当局者が郡当局者に向って出席督励方を下命すると、郡視学が我郡の名声高からん事を欲して郡内の各学校長に厳命する。すると校長は我こそ郡視学の御覚目出度かれと部下教員を責め立てゝ、出席歩合の向上を謀るのです。して部下教員はどうするかと云へば、己が受持学級の出席歩合が低ければ校長先生に瞰まれると云ふ次第で、児童に向って頻に休むな休むなと語気荒く責め付けるのです。こう云ふ風で各郡各学校各学級の夫々が競争して居ります。」(『教育の実際』一九一六年八

月：陣内　1988　252-253 より）

「校長対訓導＝真面目に働いたならば増俸してやらう。訓導対校長＝増俸でもしたならば少しは働いてやらう。甲訓導対乙訓導＝彼奴はごまをすって遂々増俸されよった。乙訓導対甲訓導＝彼奴は働かないで居て不平ばかりこぼして居る。この四ッの相反した考へ違ひがコンガラカッテどちらがどちらとも解らぬのが現代学校教師社会の空気である。」（『内外教育評論』一九一七年六月：陣内　1988　252 より）

「無知な校長のプアーなヘッドの下に働く汝哀れな小学教師よ。汝は固陋な頭の走狗となり、一匹の狡兎だに得ず、心には常に不平不満を抱きながら、しかもそれに叛逆もし得ず、快々として事に当るの卑屈さよ、未練さよ。阿諛と媚との下に生活する汝悲惨な小学教師よ。郡県視学殿の熱のない視察道具に供せられ、しかも只これ一片の授業と御世辞でひたすら増俸を希ふ粉飾も甚し。」（『小学校』一九二一年七月：陣内　1988　249 より）

一九一五（大正六）年まで一三年間教職にあった三浦修吾も、一般教員の弱い立場について、次のように述べている。「我等教師は、生計の資を得んが為めに、学校に職を奉じてゐるのである。然して我等を任免するの権は学校長の手にあるのである。我等は自分の意志で、必ずしも学校にはいることは出来ないのである。又自分の意志で学校を去ることも出来にくいのである。殊に教員採用の権といふものは全く校長の手に托せられてゐる。我等に自分の考を実行しやうといふ意志があつたからとて、独りでに学校の中に、自分の席が出来たるのでは無いのである。我等は其の筋の人に頼み込んで、許可されて後にはじめて採用せられるのである。だから、学校は自分の仕事をするところではないのである。自分を採用して呉れた校長を補けて、校長の意見を実行するために、労力を捧げることをしなければならぬのである。其の報酬として、月給を貰って、それで生計を営んでゐるのである。増俸とか昇進とかいふことも、全く校長の手にあることで、我等の意志ではどうすることも出来ないのである。」（三浦　1917／上沼監修　1991　278-279）

組織的条件は整った

ひとまずここでまとめよう。教員たちの間に、参照連鎖をもつ組織を必要とする状況が生まれてきたのは、現横浜市域の、都市部の小学校においては一八九〇年代頃からであった。ちょうどこの頃から、政府の施策も、小学校に同様の組織を作り出そうとするものとなっているから、横浜市の都市部にみられた状況は、全国の都市部に共通してみられる状況であったと推測できる。そしてこれらの施策に後押しされて、参照連鎖をもつ組織としての小学校が実際に形成されてきた。横浜市の小学校一校あたり教員数の変化を示す先の図を再びみると、**図3-4**では一九二〇年代には農村部の小学校でも教員数が二〇人程度に達するものが出始めており、**図3-2**でも同じ頃から、数値の上昇し始めた郡が現れているから、この頃になると、参照連鎖をもつ組織は、農村部の小学校にも普及していったと思われる。

またこの参照連鎖の各レベルに重要な事項に関する権限を与える仕組みは、一八八〇年代から形成され始めていた。参照連鎖をもつ組織が各地域の小学校に普及していくに伴って、この仕組みも同時に普及していったと思われる。またそういう状況が、大正期ごろには、当事者にも意識されていたことが確かめられた。

したがって、「協調」を支える三つの必要条件のうち二つまでが、早い地域では一八九〇（明治二三）年前後から、また一般的にも一九二〇年代には整っていたといえる。では、残る第三の条件は、いつ頃整ったのだろうか。これを次章でみることにしよう。

第三章の注

（1）横浜区は一八八九（明治二二）年から市制施行された。

（2）『神奈川県教育史通史（上）』の本文では、一八九四（明治二七）年の時点で、横浜市（当時の市域）の一校あたり平均教員数は約一六人（県内の各郡は二〜五人程度）といわれている（神奈川県教育センター編 1978 749）。しかしこれは同書下巻の教育統計の数値と食い違っている。本書では、教育統計のほうの数値に依拠しておく。

（3）詳細は第五章で再論するが、都市部の区分は、①商業地区を囲い込む形で設定された当時の横浜市域に入るか否かという基準、および①では非都市的とされても、②近世の街道筋に立地する宿場町や、港町などとして、商業的に栄えてきた地域であるかどうかという基準に照らして行われている。また農村部の区分は、横浜市に最も遅く編入された、旧都筑郡を中心とする地域をくくり出すものである。分析対象とされるのは、この意味で区分された都市部、農村部いずれかの地域に立地しており、一八七三（明治六）年の学制施行時から一九七六（昭和五一）年以降まで存続している小学校である。なお都市部の小学校として選定されたものは、次の一九校である。元街小、北方小、子安小、磯子小、杉田小、根岸小、石川小、太田小、大岡小、日野小、末吉小、市場小、潮田小、保土ヶ谷小、星川小、戸塚小、釜利谷小、六浦小、金沢小。農村部の小学校としては、次の九校を選定している。日吉台小、高田小、中川小、鉄小、谷本小、山下小、鴨居小、長津田小、田奈小。詳しくは第五章の注（1）および図5-1、図5-2を参照されたい。

（4）田奈小学校長であった渋谷義雄はこれらの記録の保存に力を注ぐとともに、これらに関する報告書をまとめた。同書中にも生徒訓練簿等の一部が紹介されている（渋谷　1978　61）。

（5）なおこの職員出勤簿等の導入には、一八八〇（明治一三）年ごろからの自由民権運動の興隆が、一つの背景をなすと言われている。この運動の取締りを強化する上で、出勤簿等に意義があると判断されたからである（横浜市教育委員会編　1976b　235-236　233；神奈川県教育センター編　1978　541）。

（6）以下の引用は小野健司の研究から借用した（小野　1994）。

（7）現代の職場における教員相互間の交流も、かなり活発である反面、「指導」という領域への立ち入りは回避されつつなされていることが、一九八〇年代の教員調査によって明らかにされている（佐藤　1988/1990；油布　1988/90）。

第四章　帰属の長期化と帰属先の変容
――より大きな単位への帰属

1　長期帰属する教員たちの登場

近代の帰属の三特性

本章以下の三つの章では、長期的関係という第三の条件の成立プロセスが扱われる。ある組織内での長期的関係は、人々がこの組織に、長期にわたって、メンバーとしての地位を保持することをもって成立すると考えられるから、以下ではこの、メンバーとしての地位保持（これを「帰属」と呼ぶ）のありかたに、もっぱら注目していくことにする。すなわち、教員が長期にわたり同一の組織に帰属するという特徴の出現をあとづける。あらかじめ述べておくならば、この作業のなかで、教員の教員組織への帰属にみられる特徴は、次の三つの面から明らかにされてくる。第一に、帰属の単位が何であるのか。これは、この章の主題であり、教員たちが、身近な単位よりも、それを包括するより大きな単位により長期的に帰属するようになるという特徴が、取り出されてくる。第二に、帰属の基準が何であるのか。これについては第五章で扱われ、教員の帰属の基準が資格（教員資格）というものに集中していくプロセスが明らかにされる。そして第三に、帰属の仕方が組織内におけるいかなる地位形成を導くか。こちらについては第六章で扱われ、長期帰属者と短期帰属者とが組織内で階層化されていくという特徴が指摘される。これらは教員の帰属に、今世紀への転換期ごろからみられるようになった特性であり、したがって近代と呼ばれる時期の帰属に固有なものといってよいだろう。

在籍年数と在職年数

さて、そもそも教員たちがその職業を介した社会関係を、どの程度まで長期的展望をもって営んでいたのかを知るには、教員たちが社会関係の展開される場に、どれくらいの期間にわたり帰属していたのかを知ることが必要である。

ではそうした「場」として、どのようなものを考えればよいのだろうか。ここでは将来にわたる接触と利害交渉の可能性という面が重要なのであるから、毎日顔をあわせる人々との共在の場である小学校が、第一の「場」として挙げられよう。これを〈学校〉と呼ぶことにしよう。また教員は原則として、一定のエリア内（現在の場合、同じ都道府県内）で転任するものであり、したがって転任の前後を通じ、特定の教員たちと接触を繰り返す可能性をもっているから、この都道府県単位の社会関係が展開される場――教員をしている限りこの内部にある――もまた、〈学校〉に次いで重要な「場」として注目する必要があろう。以下では、こちらの「場」のことを〈教職〉と呼んでおくことにする。

これら二つの場に帰属する期間を測る尺度として、二つのもの――在籍年数と在職年数――を区別しよう。在籍年数とは、同一の小学校の職員として勤務する年数（〈学校〉に帰属する年数）と定義する。他方、在職年数とは、教員としていずれかの小学校に勤務し続ける年数（〈教職〉に帰属する年数）と定義しておく。たとえばある教員が、ある小学校に五年間勤務した後に、別な小学校に転任して四年間勤務し、そして退職した――教員という職業を辞めた――場合、この教員の在籍年数は初めの小学校で五年、次の小学校で四年である。そして在職年数はこの二つを合計した九年ということになる。

現在の教員の在籍・在職年数

現在の教員の場合、この二つの尺度はどのような値を示すのだろうか。まず、一つの小学校に在籍する年数――在籍年数――からみてみよう。もっとも、これに関する全国的なデータを得ることはできなかった(1)。都道府県等の地域を単位とするデータも、官公庁統計では扱われていない。したがって、ここではごく局所的なデータであるが、個別の小学校の記録を利用することにする。

図4-1は、現横浜市域の公立小学校のうち、学制施行当時からの古い歴史をもつ四校[2]（都市部、農村部各二校）を選び、この四校の教員全員（校長も含む）の在籍年数を、着任年ごとの平均値として示したものである。このグラフの、一九六〇～七〇（昭和三五～四五）年前後における値は、ほぼ四年以上八年以下の領域にある。

では、教員として勤める年数――在職年数――の平均値はどれほどなのだろうか。こちらについても、全国的なデータは入手できていないが、地域的なデータでは、神奈川県教育委員会によって行われた調査が参考になる。これによれば、一九五五（昭和三〇）年の時点において、県全体でみた小学校教員の勤務年数（調査時点において教員である人々の、これまで教員であった年数）は、五～九年が三六％で最大を占めており、横浜市だけでも三六％が五～九年であった（神奈川県教育庁行政調査課編 1956 25）。この勤務年数の分布をみる限り、サンプルの極端なばらつきはみられないので、おそらく平均値も五～九年のあたり、したがって在籍年数を数年上回る付近に落ち着くと考えられる。

ただし勤務年数は、現在教員であり続けている人々に関するものであるため、在職が終了するまでにどれだけの年数がかかるかについては知りえない。この種のデータは、四割弱の教員が五～九年在職して退職することを意味しているわけではなく、調査時点で五～九年に達している者が四割弱に上ることを意味しているにすぎないのである。よって実際には教員の在職年数平均はもっと長くなるはずである。

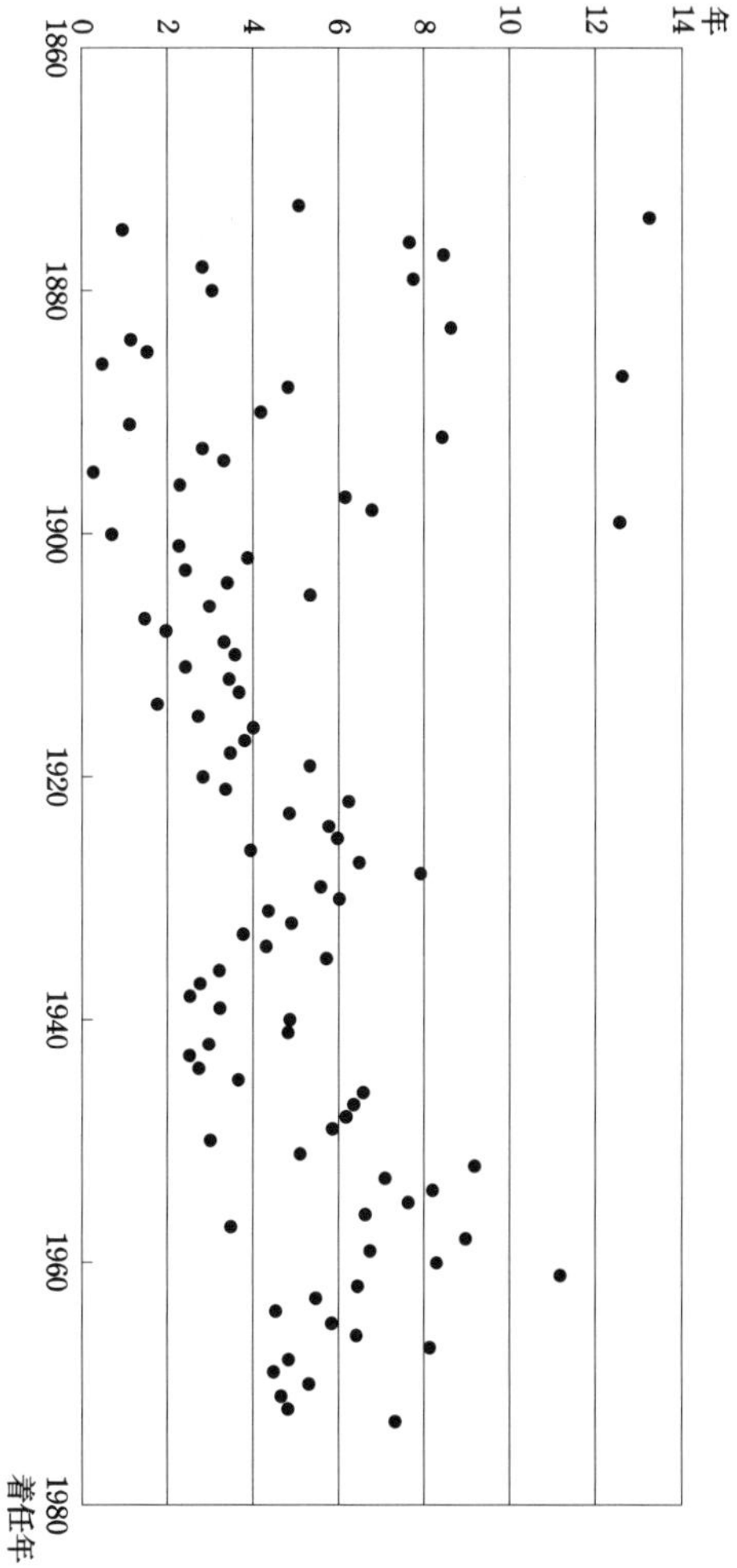

図 4-1　教員の平均在籍年数

注）鴨居小、中川小、戸塚小、金沢小4校に関するデータ。
各校記念誌所収の資料より作成。

この見通しを裏付けるデータが、一九八〇（昭和五五）年度に横浜市教育委員会の行った調査――『教育統計調査――昭和55年度』（横浜市教育委員会 1981）――のなかにある。これは横浜市の教員を対象とする調査なのだが、そのなかに、離職者に離職の理由を尋ねている部分がある。この年には一八九名の小学校教員が離職しているが、そのうちの五三名すなわち二八％にあたる人々が、定年（勧奨）による離職と答えている。より詳しくいえば、男性では五六％、女性では二四％がこの種の離職をしている。女性では「その他」の理由によるものが非常に多く、離職年齢が三四歳以前に極端に集中していることからみても、おそらく結婚ないし出産による退職が多いと推察される。だが少なくとも男性の場合、離職者の五六％もが定年まで教員として勤務しているわけである。他方、同調査では、他所（別な学校を指すと思われる）からの転入者に転入前の状況を尋ねているが、その九九％、つまりほとんどが、転入前にも小学校教員をしていたと答えている。また教員として新たに採用された者（採用者）には採用前の状況を尋ねているが、こちらは七八％が新卒採用であると答えている。これらのデータからみる限り――状況が戦後を通じて基本的に同じであるならば――、一九八〇年度における離職者全体の二割以上、男性に限れば四割以上が、第二次世界大戦の前後からずっと教員、それも一貫して小学校の教員としての人生を送ってきた人々であることになる。

すなわち各小学校で四～八年間ずつを過ごしながら、全体として四〇年ないしそれ以上を小学校教員として生きてきた人々が、半数近くいるということである。現在まだ在職している教員たちのなかにも、これらの離職者と同様の経歴を辿ってきた人々、また同様の人生設計のもとに日々勤務している人々は、少なからずいるに違いない。四〜八年というのは、〈学校〉という場のなかの人間関係を長期的展望をもって営むために、そう不足な長さではないであろう。また四〇年というのは、〈教職〉という場のなかの人間関係を、長期的展望のもとに営んでいくために、確実に十分な長さであるといえよう。

短かった在籍・在職年数

教員は、明治初頭の頃にも、このように長く〈学校〉や〈教職〉に留まっていたのだろうか。先にも利用した横浜市の公立小学校四校に関する教員の平均在籍年数データ（図4-1）をみてみよう。それによれば、一九一〇（明治四三）年頃の着任者の平均在籍年数は二〜四年のあたりに集中していた。これは先にみた一九六〇〜七〇（昭和三五〜四五）年ごろの着任者の四〜八年という長さに比べてかなり短い。また前世紀まで遡れば、平均在籍年数が一年前後という年も珍しくない。このように短い平均在籍年数は、今世紀に入ってからはまったくみられないものである。

他方、在職年数については、既述の神奈川県教育委員会の調査（神奈川県教育庁行政調査課編　1956）と同じ形式で行われたもの――したがって勤務年数を表すもの――が、官庁統計のなかにある。それによれば、現在の横浜市に含まれる地域では、一八九七（明治三〇）年頃までは、勤務年数が五年に満たない教員が七〜八割に上り、三年に満たない教員も五〜七割に上っていた（図4-2、図4-3）。つまり一八九〇年代半ばまでに着任した教員に、そういう傾向がみられたということである。

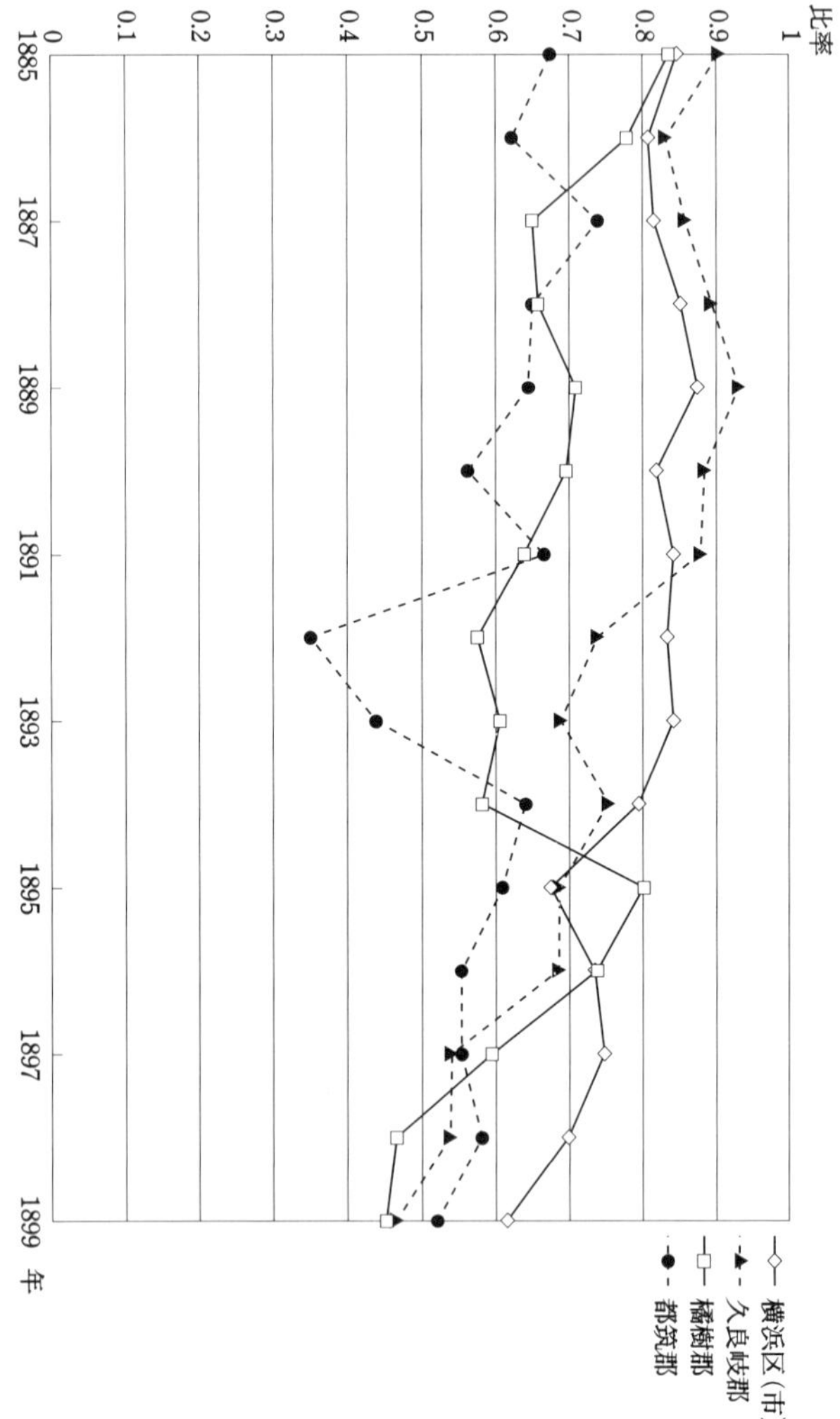

注）神奈川県の公立小学校教員に関するデータ。
『神奈川県統計書』（各年版）より作成。

図 4-2　明治前半期における 5 年未満勤務教員比率

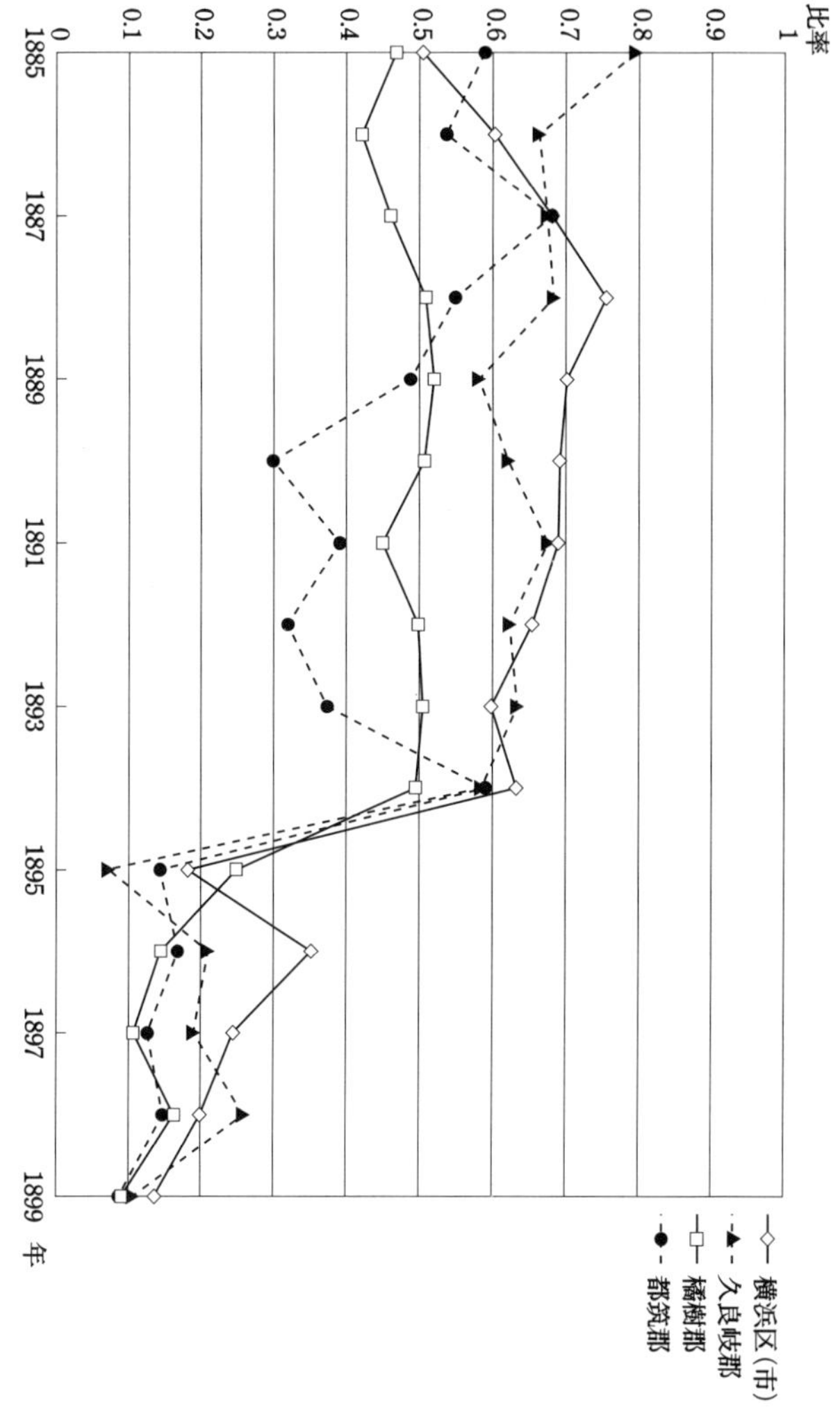

注）神奈川県の公立小学校教員に関するデータ。ただし1895年以降は1年未満勤務者の比率。
『神奈川県統計書』(各年版)より作成。

図 4-3　明治前半期における 3 年未満勤務教員比率

なるほど既述のように、この種のデータは、七〜八割の教員が五年のうちに「辞めた」ことを示すものではない。しかし、同様の方法で得た一九五六（昭和三一）年の数値（五年に満たない教員は約三割）と比較してみれば、あまり長く勤務していない教員の比率は、一八九七年データのほうがかなり高くなっており、その背後に、在職年数の相対的な短さがあることがうかがえる。(3)

このように短い在籍・在職年数を、当時の第一の特徴であるとするならば、第二の特徴は、在籍年数と在職年数の差が小さいということである。なるほど以上にみたデータだけでは、それらしい傾向はみられるものの、厳密に比較することはできない。しかし学校別のデータには、このようにみることの妥当性を裏付けてくれる情報が含まれている。横浜市の場合、たとえば『横浜市学校沿革誌』（横浜市教育委員会編　1976a）のなかの、校長の離職に際して記入される添え書きの部分がそれである。この資料では、各代の校長の離職に関し、可能な限りで「死亡」「○○小学校へ転任」「退職」などの記事を添えているが、明治の初め頃には、「転任」と書かれる校長（または首座教員）はいない。「死亡」か「不明」でなければ必ず、「退職」という文字が記されるのである。

一般教員についてもほぼ同様である。一般教員に関してもれのないデータは、各年の記録が几帳面につけられ、しかも後に焼失・亡失することなく今日まで保存されている一校についてのものしか入手できなかったが、この貴重な一校である長津田小の場合、初めて現れる「転任」の記録は、「一八八四（明治一七）年に着任した者の一八八九（明治二二）年における転任」である。それ以前には、「物理学校へ入学」「灯台局員となる」のように、転出先は教員とは無縁の領域ないしは教員ではない別な職である（長津田小学校 1919）。つまり当時の教員にとって、一つの小学校を辞することは、ほとんどの場合、教員職を辞することと同義であった。

小学校から小学校への転任がみられるようになるのは、もっと後になってからである。横浜市の場合、『横浜市学校沿革誌』のなかで、学制当初からある小学校の校長の離職に「退職」でなく「転任」という付記がみられるようになるのは、一八八八（明治二一）年以降である。また、これが一般化していくのは一九〇〇（明治三三）年頃からである。仮に長津田小と同じく在籍年数が五年ほどであったと仮定するならば、一八九〇年代半ば以降の着任者から、「転任」を一般的に行うようになったということである。なお同じこの『横浜市学校沿革誌』には、明治初頭に関して、在籍する教員のなかからの「昇任」という形で校長となる者が多数記されている。

これらのことは、当時の教員たちが、「某小学校に」勤務することと区別されるような「小学校教員として」の生き方を未だほとんど知らなかったことを物語っている（横浜市教育委員会編 1976a）。つまり〈学校〉と〈教職〉は、明確に分かれた場ではなかったのである。

在籍・在職年数の長期化

このように、教員が個々の〈学校〉に留まる年数のみならず、〈教職〉に留まる年数も短かったのが、一九〇〇（明治三三）年頃まで――着任年でいえば一八九〇年代半ば頃まで――の特徴であったが、教員の平均在籍年数は、やがて長期化していく。先の**図4-1**でも、平均値が二（年）を割ることがもはやなくなり、とくに一九一五（明治三八）年頃の着任者から後は、一九三〇（昭和五）年頃のピークに向かって、一気に上昇する。もしも第二次世界大戦期が挟まらなければ、グラフはそのまま右上がりを続けたのかもしれないが、一九三〇（昭和五）年すぎからおよそ一九四五（昭和二〇）年まで、平均値はいったん下降する。そうして戦後再び、右上がりの特徴を取り戻し、現在に至っている。

在職年数のほうは、先に推計したようにおよそ一八九〇年代半ば頃の着任者から長期化が始まったようである。しかも、長津田小や田奈小などについて、転任者のその後の経歴を追跡してみたところによれば、「転任」は一回きりということはほとんどなく、二回、三回と繰り返される。たとえば比較的早いケースとして、田奈小に一八九五（明治二八）年に着任した小泉美弥治は、一九〇〇（明治三三）年からは同郡の城郷小へ校長として転任したが、一九〇五（明治三八）年には橘樹郡の生見尾小へ再び転任している（横浜市立田奈小学校　1972）。この人は一八九三（明治二六）年一一月に神奈川県師範学校を卒業しているから（神奈川県師範学校編　1911）、おそらく田奈小に来る前にすでに二年間、小学校勤務を経験していたと思われる。よって少なくとも四校を巡り、一二年以上を教員として過ごしたことになる。同じく田奈小の代用教員として一九〇七（明治四〇）年に着任した井汲幸作は、一九一二（明治四五）年にはいったん師範学校の第二部に在籍しているが、その後一九四一（昭和一六）年まで川崎市の幸町小に在籍し、一九五三（昭和二八）年までは同市向小校長として在籍した後、さらに同市中原小校長に転任し、一九五五（昭和三〇）年に退職した（横浜市立田奈小学校 1972；神奈川県師範学校編 1911；続川崎市教育史編集委員会編 1977）。この人の場合は数年間のブランクを含むとはいえ、四八年間もの永きにわたり、教員生活を続けているのである。さらに、田奈小を卒業して一九一〇（明治四三）年頃に着任した野路当作は、一九一三（大正二）年には准訓導として長津田小に転任した。一九一七（大正八）年、師範学校二部入学のためいったん退職したが、一九二一（大正一〇）年頃には再び教員として長津田小に在籍し、一九二七（昭和二）年に都田小転任、一九三二（昭和七）年に新田小校長に転任、一九三八（昭和一三）年に三浦郡大楠小校長に転任した（横浜市立田奈小学校 1972；神奈川県師範学校編 1911；長津田小学校 1919）。この人の巡った学校は少なくとも六校、在職年数は二八年以上である。この三名の場合、〈学校〉に留まる期間はせいぜい五年前後だが、〈教職〉に留まる期間のほうは十数年からほぼ五〇年にもおよぶものとなっている。先にみた現在の教員の特徴とほぼ同じものが、すでにこの頃から現れはじめていたのである。

例外をなす二つの時期

もっとも、一九〇〇（明治三三）年から一九二〇（大正九）年までの時期の性格は、一様ではない。というのは、この二〇年間には、教員の在籍・在職年数に関して問題を孕んだ時期が含まれているためである。それは一九〇〇～一九一〇（明治三三～四三）年頃と、一九一〇年代後半という二つの時期である。両時期は、教員の生活が経済的に苦しく、教員の転職・離職が増えた時期と言われている（海原　1973；1977）のである。果たしてこれらの時期に、教員の在籍・在職の傾向にはどんな特徴が現れているのだろうか。

海原徹は、一九一〇年代後半期に関して、[4] 東京府および大阪府の師範学校卒業生と教職就職予定者との差がかなり大きかったことを示すデータを紹介している（海原　1977　204）。当時の師範学校の入学志望者がそれ自体非常に少なく、定員割れを起こしていたことは事実であるから（たとえば東京府師範学校）、この時期に、教員という職業が魅力を失い、教員になろうとする者が少なかったことは確かであろう。だが問題は、この時期に実際に着任した教員たちも長期的に居着くことがなかったのかどうか、さらに、すでに永年勤めてきた教員たちまでがこの時期に転職・離職をしたのかどうかである。この点に関し、海原が示しているのは、大阪府、京都府、愛媛県、兵庫県などの全県的あるいは個別的なデータであるが、転職・離職者たちがどれほど長い教員歴をもつ人々であるのかについては明らかにしていない（海原　1977　204-206）。

そこで——海原の掲げる大阪、京都などとまったく同じ地域的特性をもつとはいえないけれども、また厳密には〈教職〉ではなく〈学校〉への帰属の傾向しか語っていないけれども——、横浜市における個別の小学校のデータを利用して、小学校全教員（校長を含む）の着任年別および離任年別の在籍年数をみてみたい。取り上げられるのは都市部に区分される戸塚小と、農村部に区分される中川小である。それらを図示したグラフによると、たしかにこの二校、とりわけ都市部にある戸塚小では、一九〇〇年代および一九一〇年代後半の着任者には一年にも満たないほどの短期帰属者が集中している（図4-4、図4-5）。またこの時期の離任者にも、非常に短期しか在籍していなかった者が多数いる（図4-6）。つまりこの時期が、着任してもすぐに辞めてしまう教員たちの多い時期であったことが、まず確認できる。さらに、この二つの時期——とりわけ一九一〇年代後半——に、在籍年数の比較的長い者の離任も目立つことから、長期帰属者のなかからも、この時期には〈学校〉を去る者がかなり出ていることがわかる。つまり、せっかく現れ始めていた長期帰属者たち——この傾向は戸塚小では一九〇〇年頃から始まっている——が、この時期に学校を去っていくことで、在籍年数長期化の傾向が一時中断されたような形になってしまったこともわかるのである。この傾向は中川、戸塚両校にそれぞれみられるものであるが、ここには両校を合算した図（図4-6）のみを掲げておく。

先に決定のメカニズムの十分条件に言及した箇所（第二章）で述べておいたとおり、人々にとって、長期的関係を結ぶことが意味をもつのは、それによって将来に、現在得られるよりも大きい価値をもつ財等を獲得する見込みのある場合である。とすれば、現在の安い月給などをいかに辛抱していても、将来におけるその見返りが現在とたいして変わりばえのしないものであれば、それだけ人々を長期的関係につなぎ止める力は減少する。一九一〇年代後半に起こったことは、まさにこの原理に則して説明できることである。すなわち、当時の教員の経済的境遇は、現状として決して好ましいものではなかったから、教員になろうとするものを引き付けることができず（これが師範学校の定員割れに通じている）、教員になった者がまもなく教員職を去るのを引き止めることもできなかっ

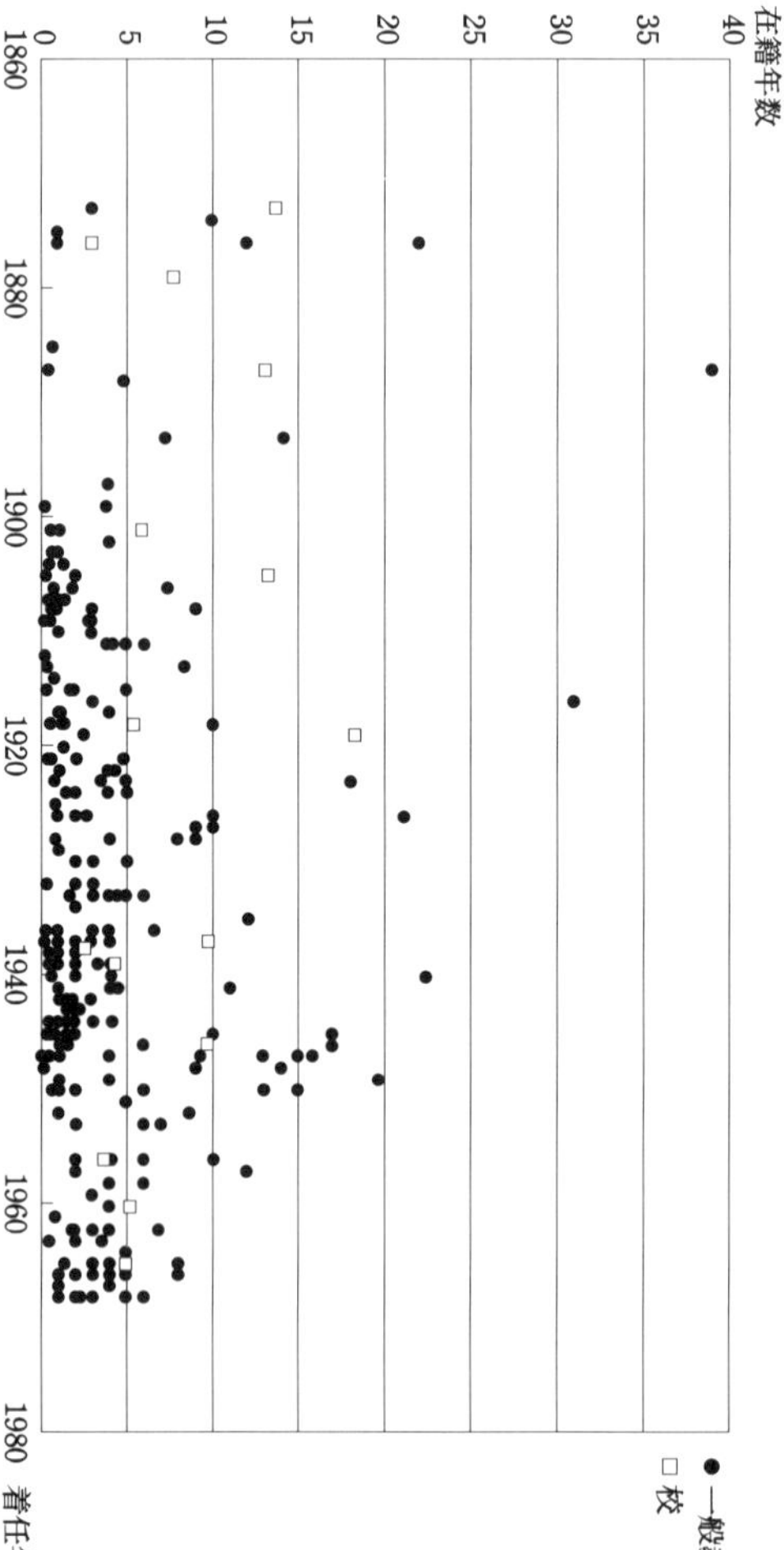

図 4-4　着任年別在籍年数（中川小全教員）

注）1976年現在のデータ。校医・事務員・調理師等を除く。
『なかがわ』(1976年) 所収の資料より作成。

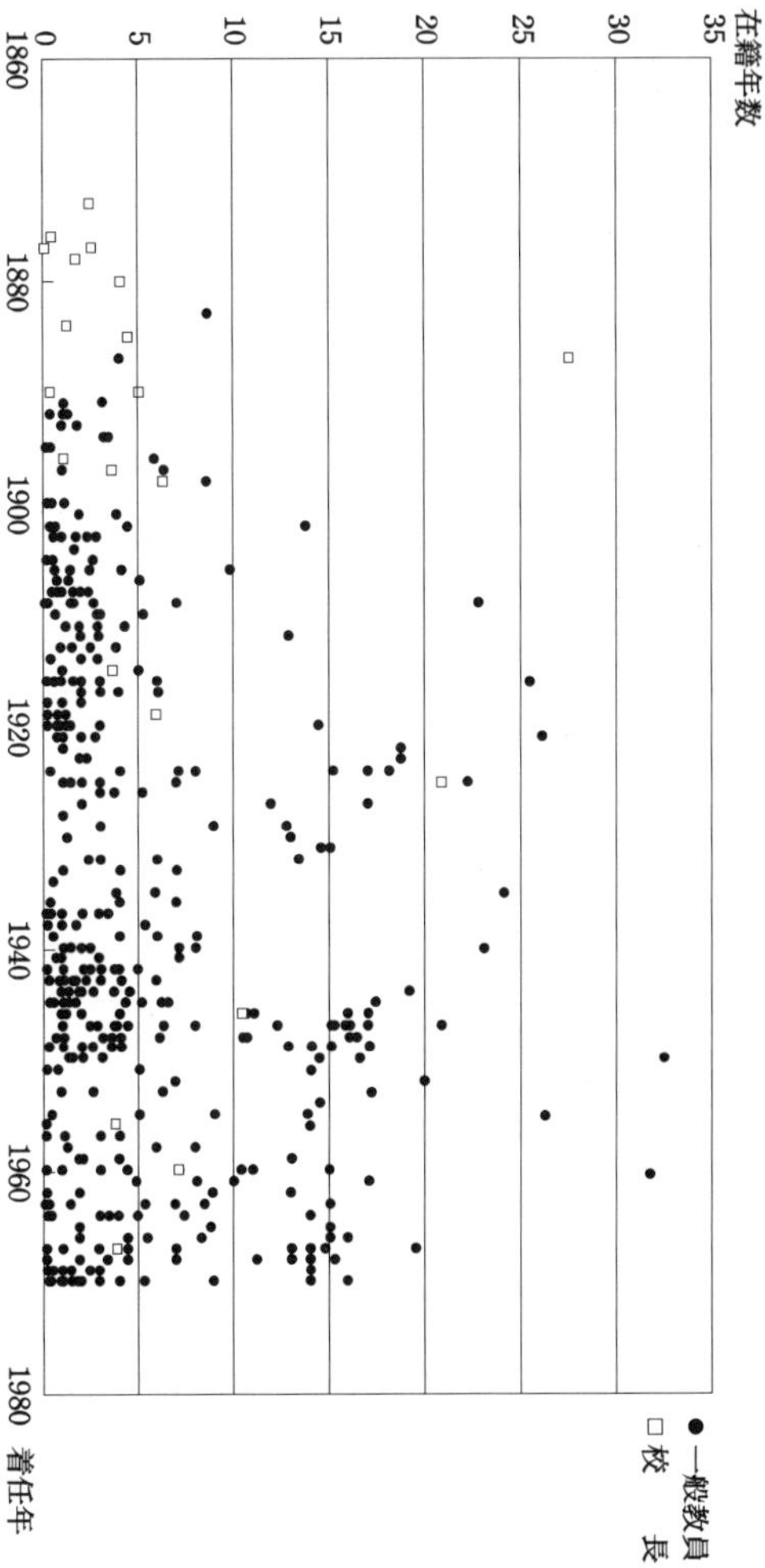

注）1993年現在のデータ。校医・事務員・調理員等を含む可能性がある。
『戸塚』(1993年)所収の資料より作成。

図 4-5　着任年別在籍年数（戸塚小全教員）

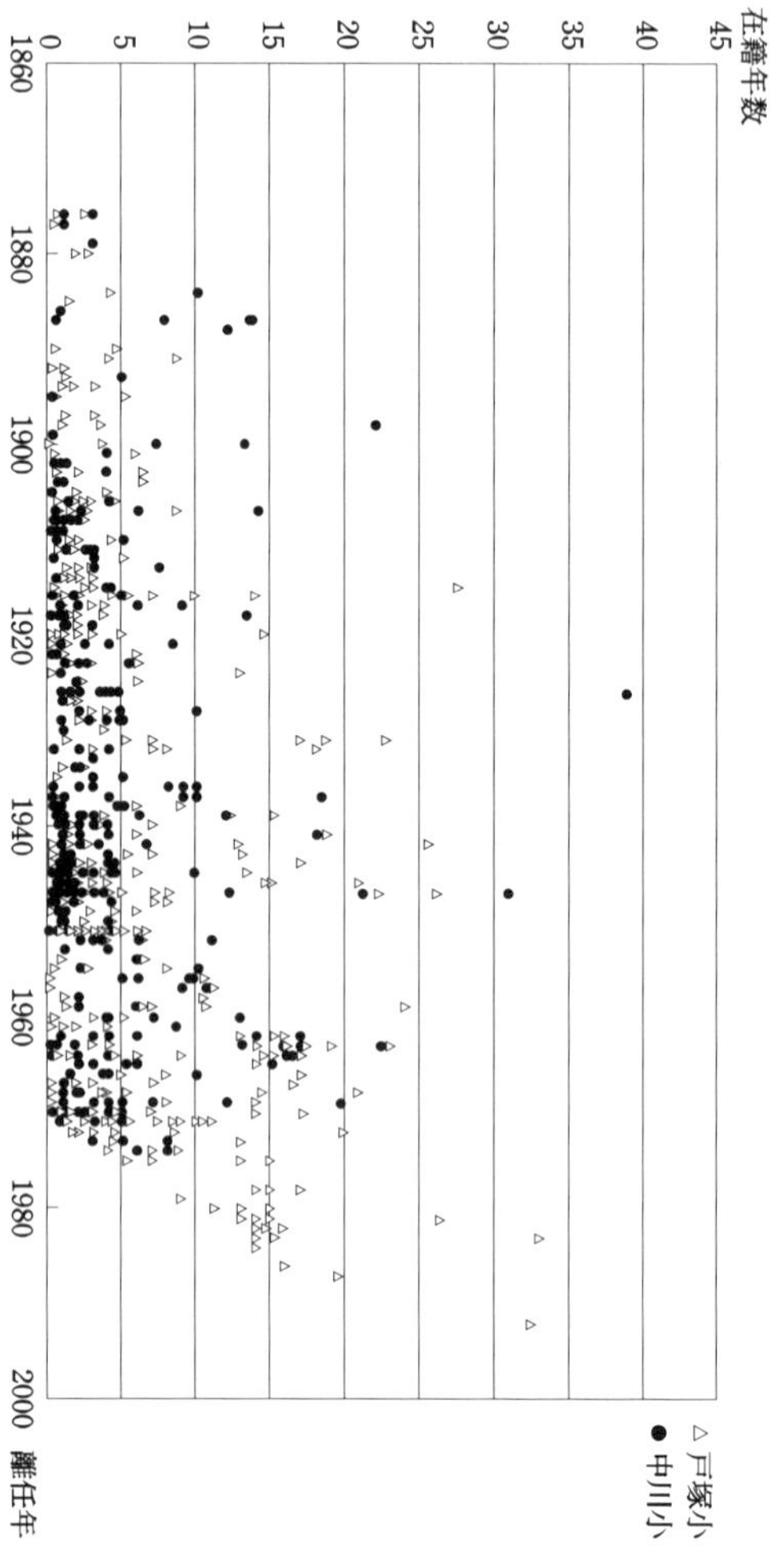

注）『戸塚』(1993年) および『なかがわ』(1976年) 所収の資料より作成。

図 4-6　離任年別在籍年数（戸塚小・中川小全教員）

た。のみならず、このまま〈学校〉や〈教職〉に留まっていても将来の取り分はたいして大きくないであろうことを、すでに長く教員をしてきた人々にも予感させた。それで彼らもまた、長期的関係を解消することにし、これ以上在籍ないしは在職することを止めたのである。

海原が紹介している、教育雑誌や新聞に載った同時代人の文章は、現場の教員たちの意識を物語るものとして興味深い。たとえば『教育時論』の四四八号（一九〇七年）には、「迎時那ぞ諸学校教員の移動するの頻繁なる、其学校に奉職する半歳以上に及ぶものは至て少なく、或は四、五ヶ月、或は二、三ヶ月にして学校を転ず。甚しきは、朝に甲の学校に教員となりて、夕に乙の学校に転職し、昨は、或県の学校に聘せられて、今は他県の学校に転じ、其移動の頻繁なる、実に驚くべきなり」とある（海原 1973 241）。同じく『教育時論』の一二三二号（一九一九年）には、「加之此等転職者の殆ど総べては、小学校教員として、最も能率の高い、且つ働き盛りの年輩者であって、其の一人を失ふことは、場合に依っては二人三人を失ふに値る底のものもある」ともある（海原 1977 201-202）。このように当時の教員たち自身にも、転職・離職が甚だしく、かつまた中堅のベテラン教員までを巻き込むものである状況は痛感されていたのである。

幸い、教員のこのような待遇の悪さは、政府の対応によって一九二〇（大正九）年にはかなり改善され、俸給は一気に二倍ほどに上昇した（陣内 1988 198-199）。加えて一九二〇年代は、経済界全体が不況の時期であったから、これまでの好景気から一転して低迷した民間企業と比べて、教員の生活は相対的に安定した。これらのおかげで教員職の人気は復活し、師範学校への入学志願者も増加し始めた。これは教員にとって、長期的関係が再びメリットを持ち始める転機であっただろう。図4-1にみるように一九二〇（大正九）年前後の着任者から後、教員たちの在籍年数が一気に長期化したのは、こうした背景の変化によるところが大きいと思われる。

2　〈学校〉よりも〈教職〉へ

変化した主要な帰属先

以上のような経緯を考慮するならば、「協調」の第三の条件に関わる組織への長期帰属が、ある程度安定的、一般的にみられるようになるのは、〈学校〉という場に関しても、〈教職〉という場に関しても、およそ一九二〇（大正九）年頃（の着任者）以降であったとみられよう。それ以前からすでに傾向は広まりつつあったが、本格的に長期帰属が始まるのは、一九〇〇〜一九一〇年代の転職・離職騒ぎが収束した時期以降と考えられるのである。これは、教員たちがこの時期以降になってようやく、二つのレベルの社会関係のいずれについても長期的展望をもち得るようになったことを意味している。

しかも在職年数すなわちより大きな場に留まる年数は、在籍年数すなわち小さな場に留まる年数を上回る。これは、教員組織の性格をみる上で、非常に重要な特徴である。教員たちが〈教職〉という階統的な組織のなかの上位単位に対応する場に、より長く留まるということは、彼らに従来とは違った意識、すなわち自分は個々の小学校に「某県教員として」勤務しているのであって、自らの基本的な帰属先は上位単位なのだという意識をもたらすからである。教員の在籍年数と在職年数とがほぼ等しかった時代から、在職年数が在籍年数に大きく水をあけていく時代への変化の過程とは、教員がその主な帰属先として、個々の小学校ではなく、都道府県単位の教員組織を見出していく過程なのである。

しかも既述のように、教員の在籍・在職年数のこうした変化の過程と並行して、参照連鎖の各レベルが重要な権限を握りつつあったのだった。たとえば人事権は、地域の有力者の手から校長の手へと移ったのであるが、この校長の人事権は実質的には、校長をバックアップする市町村や都道府県の教育委員会の決定に、ある重要な部分で関与できるという性格のものであった。つまり人事権は最終的には、都道府県のレベルに移っているのである。

要するに教員たちが長期的関係を結ぶ最終的な相手は、小学校内の同僚よりもむしろ、都道府県単位の教員組織のメンバーたちである。このより高いレベルの関係のなかでこそ、重要な利害の交渉が行われる。その意味でも教員たちにとって〈教職〉こそがより重要な場となってきたのである。

「教員としての人生」の発見

一九二〇年代に入るころから、教員雑誌などにも、教員職を一つの生き方と関連づけて論じる投稿が、少なからず現れてきた。

「法令の命ずるまゝに、上司の指図するまゝに、校長の云ふまゝに、学校連区の人々の機嫌を取りつゝ、十年二十年変らざる平坦の一路を辿って、云為し、行動することが、職務に忠実なる所以であると、自ら認めて居る小学校教師位、強味の無い者は無い。」（『内外教育評論』一九一七年一〇月：陣内　1988　250-251 より）

また教員によって著された教員論が数多く生まれ、そのなかでは教員の生活が一つの「人生」として語られるようになった。

「ひら訓導は主席に、主席になったら校長に、まかり違へば視学に郡長に、いや附属訓導になって見たい。高等師範の訓導はさぞ好いだろう。それよりも一円でも五十銭でも月給が昇って欲しい。一歩にても向上発展の途を辿りたいと希ふのはあながち私ばかりの心中でもあるまい。」（志垣 1919／上沼監修　1991　163）

これらの「人生」論は、教員たちが自らも、教員という地位に良くも悪くも腰を据えて生きなければならないと思うようになったこと、いわば教員としての自覚の現れといえるのではないだろうか。

第四章の注

（1） 著者のみた限りでは、官公庁の統計資料のなかには、在籍年数のデータは存在しない。官公庁統計ではないデータとしては、個々人の詳しい職歴情報を含むSSM全国調査（社会階層と移動に関する全国調査。一九五五〔昭和三〇〕年から五年ごとに行われている学術的な調査）のデータがある。しかしこのデータも、この目的のためにはあまり適したものではない。なぜなら正確な在籍年数は、被調査者全員が教員職を務め終えて退職した時点で初めて得られるものであるのに対し、SSM調査の被調査者は、すでに教員を辞した人々だけでなく、現在教員である人々まで、なかには一年前に着任したばかりの人々まで、含んでしまうからである。

（2） 利用されるデータは（本書を通じ）、各校の史料作成時になお在籍している教員の現れた着任年（鴨居小一九七三年、金沢小一九六七年）、ないしその前年（戸塚小一九七〇年、中川小一九六八年）までのものである。

（3） 図4-3で、一八九五（明治二八）年以降の数値が低下しているのは、この年以降、比率が一年未満勤務教員のものとなっていることに一因がある。また図4-2、図4-3のいずれも一八九八（明治三一）年からは帰属正教員のみの調査となっている。

（4） 一九〇〇～一九一〇（明治三三～四三）年頃の時期に関わるものとして、海原徹は、京都府の一小学校の一八九四～一九〇三（明治二七～三六）年における職員一覧表データを示している（海原　1973　242）。この一覧表に、教員の在籍年数の短さが現れているというが、それ以前との比較がないため、この時期がとくに短いのかどうか確認できない。

第五章　長期帰属の質的変化
——資格という基準の浸透

1　明治初頭の教員の世界

帰属者のプロフィルと帰属の特性

第四章では、主に在籍・在職年数の平均値から、教員たちが帰属を長期化させることで〈学校〉や〈教職〉への定着性を強めていく様子を読み取ってきた。では、この定着性の強まりは、どんなプロフィルつまり社会的属性をもつ人々が、どんな帰属をするようになることで、もたらされたのだろうか。このような問いを立てる場合、在籍・在職年数を、「平均値」化される以前の形に戻して観察することが、必要となってくる。すでに図4-1や図4-4～6において示唆されていたように、実は、明治初頭の教員のすべてにおいて、在籍年数が短かったわけではないし、その後すべての教員が長い在籍年数をもつようになったわけでもない。図4−4〜6にみる個々の教員の在籍年数には大きなばらつきがある。また、それだからこそ図4−1では、一九〇〇（明治三三）年以前の部分にみられる平均値が、非常に変動幅の大きいものとなっているのである。このような変動は、古い時期にはサンプル数が少ないために、ある年の着任者には非常に長く在籍したサンプルばかりが集まってしまい、次年の着任者には非常に短期で辞めたサンプルばかりが集中してしまうといったことが起こるためだが、これはそもそも、当時の教員たちのなかに、非常に長く在籍する人々と、非常に短期しか在籍しない人々が混在していたからこそ起こったことなのである。

そこで、あらためて個々の在籍・在職年数に注目するならば、教員たちの帰属のしかたがどんな社会的属性に対応しているのか、またそうした対応が意味するものは何なのかが、よくみえてくる。まずこの章では、主に長期在籍者のプロフィルに注目し、前記のような組織的条件の成立とともに生まれてきた長期帰属がどんな人々によって行われたものであったのかを、みてみることにしよう。また次章では、短期帰属者のプロフィルおよび彼らと長期帰属者たちとの関係をみることにより、長期帰属ということが教員たちの社会関係のなかでもった意味を、考察することにしたい。これらはいずれも、いわば在籍・在職年数の質的な分析と位置付けられる。

長期帰属と資格の関係

現代的な感覚では、教員のプロフィルの筆頭に挙げられるのは資格であるように思える。教員という専門職にしっかりと根をおろして生きる人々は、それなりの資格――教員資格のようなもの――をきちんともった人々であろうと考えたくなる。ところが、次に示すデータは、このような予想が、少なくとも明治初頭に関する限り、的外れであることを示している。

以下で取り上げるのは、二グループの小学校のデータである。〈教職〉に比べて〈学校〉は帰属に関するデータが豊富なため、主に〈学校〉への帰属の特性から論じていこうとするためである。〈教職〉への帰属については、必要な箇所でそのつど言及することにしよう。

この二グループの小学校は、都市部と農村部との区別に基づいてグルーピングされたものである。第三章で簡単に触れたが、都市部と農村部の区別は、その地域の産業の特性（商工業を主とするか、農業を主とするか）およびそれに関連する住民特性（外部からの流入者が多いか、少ないか）を基本的な尺度とするものである。具体的な分類にあたっては、都市部としては、比較的早くから「横浜区（市）」に編入されていた地域と、近世から宿場町・港町などとして商業的に繁栄していた幾つかの主要な地域を選別した。また農村部としては、対極的に最も遅く横浜市に編入された、主に農業を生業としてきた人々の在住する地域を選別した。郡別でいえば、横浜区（市）が最も都市的であり、ついで久良岐《くらき》郡、橘樹《たちばな》郡の順に都市的性格が強く、都筑《つづき》郡が最も農村的であるといえるが、もう少し細かい地域的特性に留意して区分したのがこの都市部・農村部区分である[1]（図5-1、図5-2）。

この二分法によってみると、第一に、教員は初め、都市部の小学校よりも農村部の小学校で、長

注）『神奈川県地誌略』(1875年)より作成。

図 5-1　神奈川県の各郡

く在籍する傾向を示していた。[2] 農村部の小学校と都市部の小学校のデータを比較すると、この傾向が、一九〇〇（明治三三）年頃の着任者まで続いていることがわかる。すなわち農村部の小学校として先にみた中川小のデータ（図4-4）、都市部の小学校として戸塚小のデータ（図4-5）を取り上げ、これらを重ね合わせてみる（図5-3）と、ほぼ一九〇〇（明治三三）年を境として、それ以前では農村部の教員の在籍年数を示す点のほうが、高めの位置に分布しているのである。同様にして、都市部に位置する金沢小と農村部に位置する鴨居小のデータを重ね合わせた図5-4からも、同様の傾向が読み取れる。[3] 念のため、以上に用いた四校のデータを、都市部二校、農村部二校

図 5-2　本書で取り上げる横浜市の公立小学校

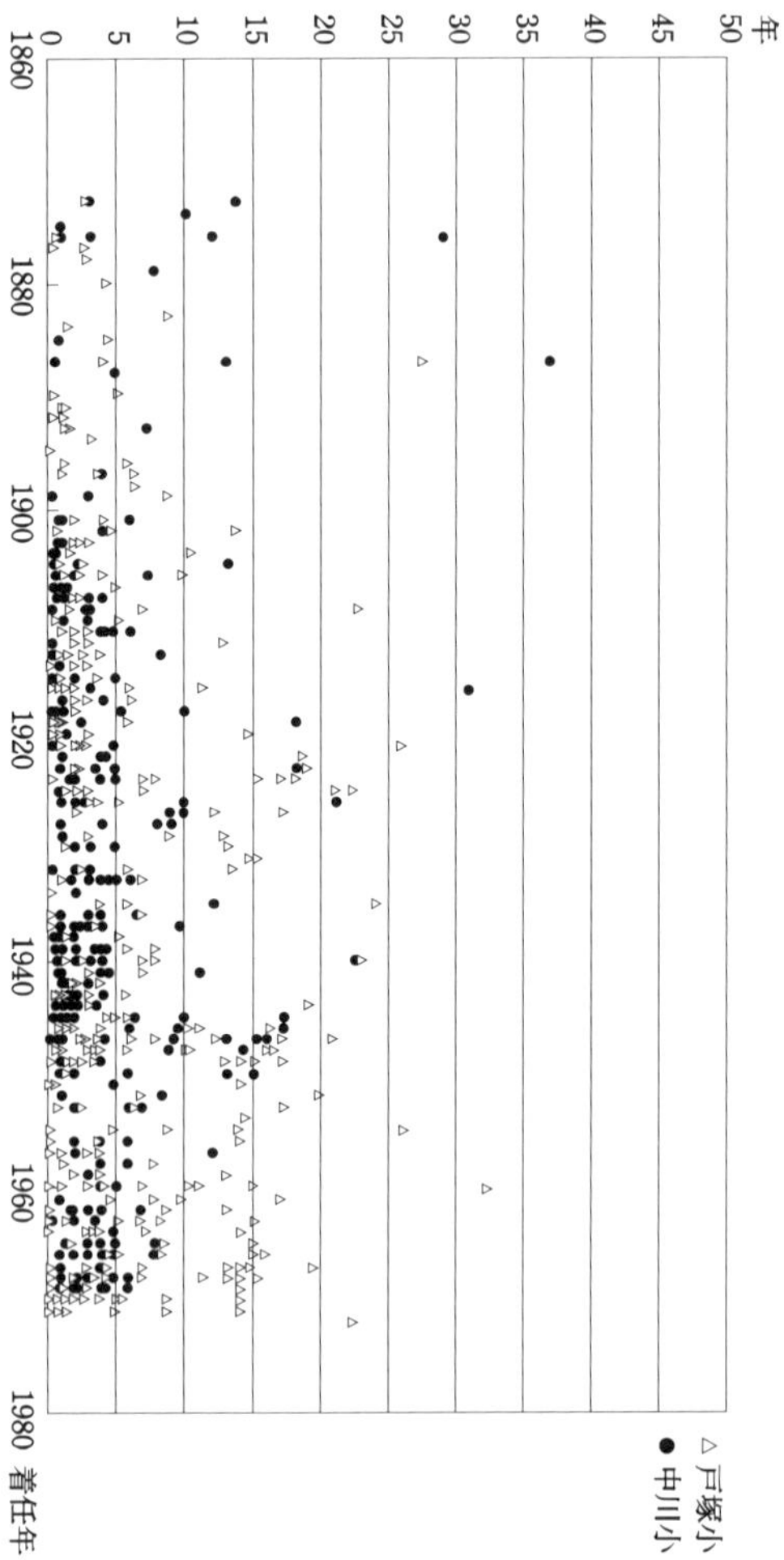

注）『戸塚』(1993年)および『なかがわ』(1976年)所収の資料より作成。

図 5-3　地域による在籍年数の違い（戸塚小と中川小の場合）

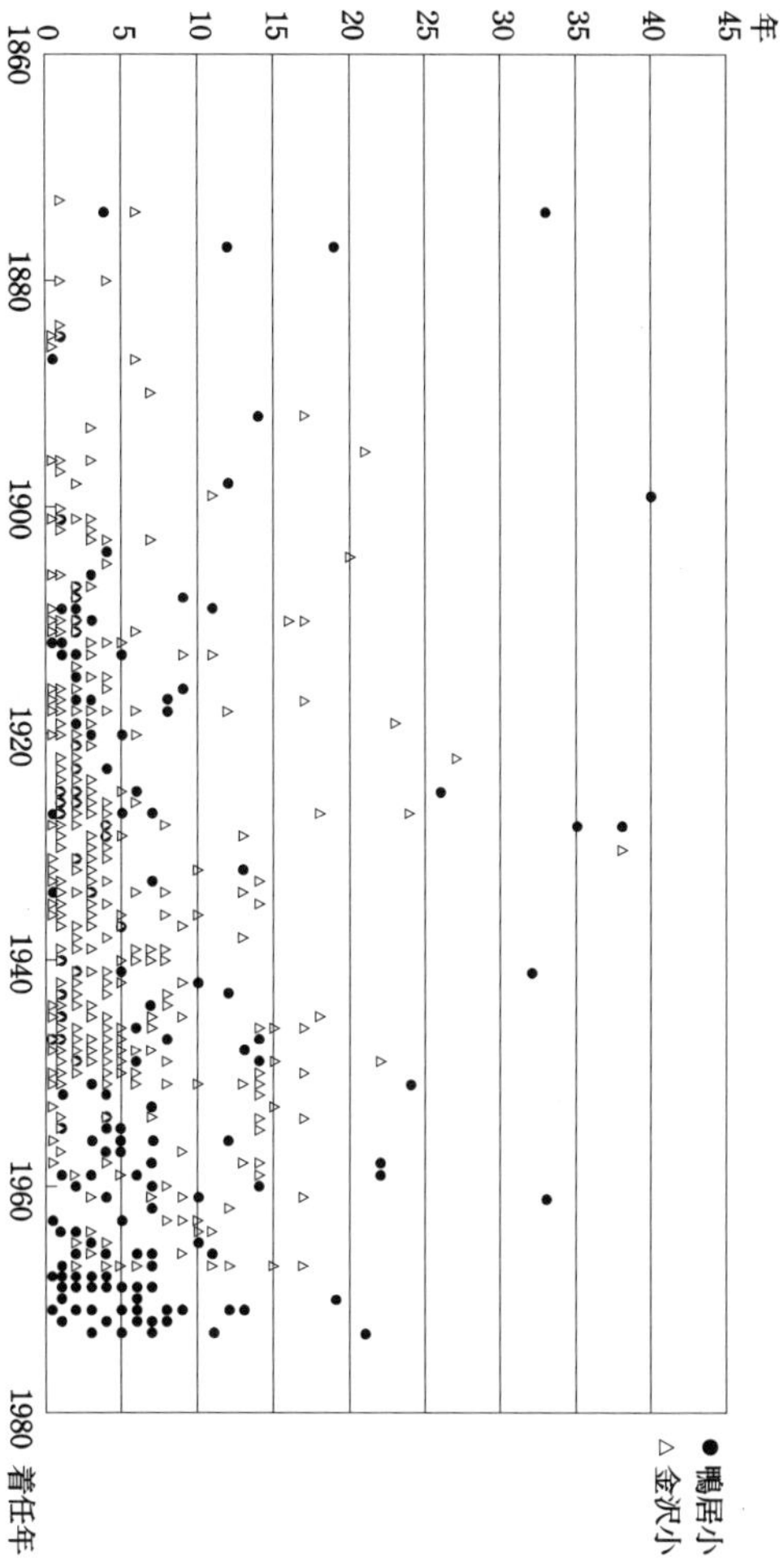

注）『鴨居』(1995年) および『かなざわ』(1984年) 所収の資料より作成。

図 5-4　地域による在籍年数の違い（鴨居小と金沢小の場合）

に分け、それぞれを年ごとに平均して図示してみた（図5-5）。この図からは、ばらつきがない分だけ、傾向性をより明瞭に読み取ることができる。(4)

そして第二に、都市部と農村部を分けるもう一つの大きな特徴は、有資格者の比率の違いにある。有資格教員の比率は、一貫して都市部において高いのである。これは第三章で掲げた図（図3-5）に現れていたことである。

以上二つの特徴から、〈学校〉の長期帰属者が多いのは、無資格教員の多い地域であるという傾向が見出される。当初の予想と、ちょうど逆の結果になったわけである。

教員にとっての資格の意味

ではこのことは、長期帰属が、有資格性と結びつくどころか、むしろ無資格教員と関連の深い特徴であることを意味しているのだろうか。長期帰属をするには、資格をもっていてはいけないのだろうか。おそらく、そのようなことはない。長期帰属をする教員たちにとって、教員資格は、妨げではなく、無意味なものでもなかった。教員の資格が、教員となった後の段階で取得されるケースは珍しくない。たとえば都筑郡の長津田小の関根啓三郎も、このプロセスを辿った一人であった。この人は一八七四〜七六（明治七〜九）年まで助教員として勤務した後、師範学校に入るため休職し、一八八八（明治二一）年から正教員として再び着任して、一九一〇（明治四三）年まで長津田小教員として在籍している（長津田小学校　1919）。つまり教員として勤務する過程で資格の必要を感じたの

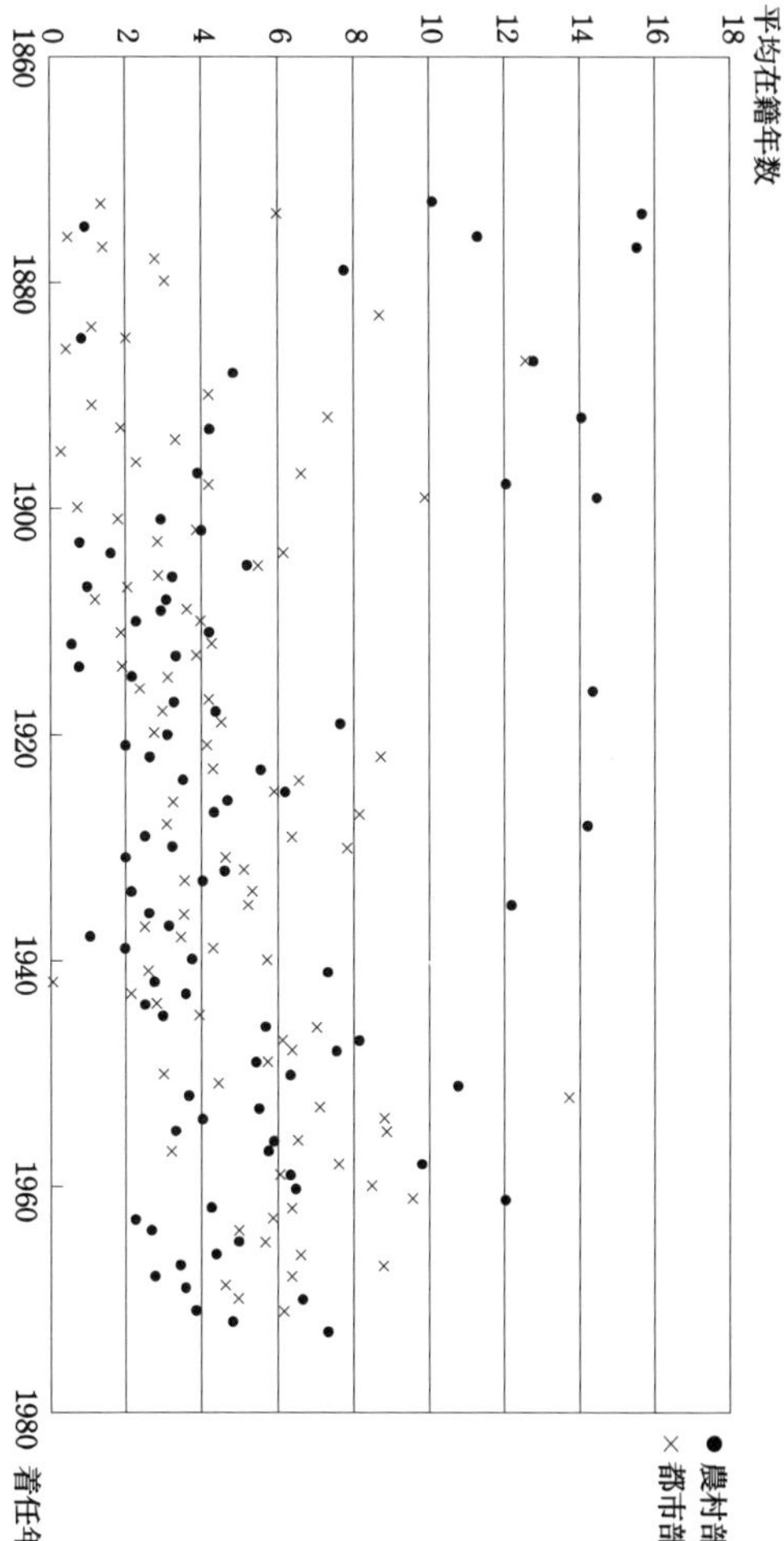

注）農村部小学校は中川小・鴨居小のデータ。都市部小学校は戸塚小・金沢小のデータ。
「なかがわ」(1976年)、「鴨居」(1995年)、「戸塚」(1993年)および「かなざわ」(1984年)所収の資料より作成。

図 5-5　平均在籍年数の地域差

であろう、あらためて資格を取っているのである。

資格が取得されるしかたをみても、入職後における教員資格の取得が多かったことが推測される。関根啓三郎の場合は、師範学校の卒業証書を取得したのだったが、全体としてみれば、師範学校を経由しないケースのほうがはるかに多かった。一八八七（明治二〇）年頃に、都筑郡の有資格教員のうちで、師範学校卒業証書をもつ者の比率を一とすると、師範卒でなく試験により免状を取得した者の比率は一・五〜六・〇にも上っている（『神奈川県統計書』各年版）。

あらためて師範学校に入り直すことなく、試験だけで免状が取得できるという制度は、現在すでに教員として勤務している人々にとって好都合である。そして実際、この制度を利用した現役教員の実例も、記録にはある。長津田小には、初め一八八九（明治二二）年には授業生として雇用されていながら、二年後の一八九一（明治二四）年には訓導として任命され直している事例が存在する。この間に師範学校に通ったことを示す休職期間はない。この事例では明らかに、試験による免状取得がなされているのである。

このような形で免状を取得する人々は、教員となるために資格を取っているわけではない。教員として在籍しつつ、なおなんらかの意義があるから免状を取得しているのである。当時の資格とは、着任の主要なきっかけではなく、（政府からの要望などもあったから）「持っていれば便利なもの」として、取得されるものだったのである。

したがって、長期帰属と有資格性との関係は、決して排他的なものではなかったと考えられる。

だがそれにもかかわらず、資格の有無は、在籍年数の長短を決定的に左右するものとはならなかった。それは、資格よりも優先される別な原理が、人々を長期帰属へと方向づけていたからである。その原理が最も明瞭に現れているのは、当時の農村部の小学校であった。

地域に根ざす長期帰属者たち

明治初頭に農村部の小学校教員を勤めた人々のなかには、ひとつの小学校に非常に長く在籍した者が何名か記録に残っている。それは概して、地域に根ざす人々であった。

一般的にみても、明治初頭の長期帰属者には、寺子屋師匠からの転身者が多く含まれていたが、現横浜市域の農村部にあたる都筑郡の場合、初期の教員二〇名のうちで一三名が寺子屋師匠からの転身者であった（横浜市教育委員会編　1976b　116-117）。つまり地域のなかにおいて、すでに「師匠」として声望を得ている人々、子どもを信頼して預けられる人物と認められている人々である。現横浜市域で活動した寺子屋師匠の出身に、農民（おそらく上層農民）と僧侶が多い（神奈川県教育センター編　1978　114）ことからみても、その地域に定着して生業を営んできた人々であることがわかる。もっとも、なかには他国より流れてきた浪人も一人含まれている。しかしこの人は、江戸時代のうちに土地の教育者に資質を認められ、その後継者として定着した後に、明治の学制発布を迎えているから、これも十分、地域に根ざす人といってよい。彼らはその土地にすでに十分長く住んでおり、地域の人々ともなじんでいる。

　このように長くその地域で暮らしている人々が教員になるといえば、地域の側でも好意的にこれを受け入れ、すすんで教室用の家屋を提供してくれる人もいたという。寺子屋師匠や村の知識人が教員となった場合、彼らは、「父兄からは神のように尊ばれ、財産家などでは自分の家に居て貰ふことを名誉の様に」考えていた（『神奈川県教育会五十年史（下）』1938　226：神奈川県教育センター編　1978　540より）という。また当時は、教員を調達する役割は、地域の顔役的な立場にある学校世話役に委ねられていたが、この世話役もやはり、長い付き合いのあるこういう師匠たちのもとへ、教員となってくれるよう頼みに行ったのである。こうした地縁に基づいて教員となったのであれば、教員自身の側でも、地域の期待を裏切ってよその土地へ行ってしまうのは心苦しかったに違いない。彼らのうちには、土地の人々の教育を自らの使命と感じ、長く地域の学校に留まった教員が少なくなかった。先にも触れた長津田小の関根啓三郎が、そのような教員の一人である。この人は、寺子屋師匠から同校の初代首座教員になり長く勤めた関根範重郎——実はこの人が前記の、他国から来て住み着いた浪人である——の長男である。初め、父を補佐してしばらく助教員をしていたが、まもなく退職して師範学校に入学した。教員資格を取得した後は、土地の人々に懇請されて長津田小に復帰し、その後土地の人々の教育に一生をささげた。『田奈の郷土誌』（一九六四年）のなかの「思い出の記」には、「啓三郎先生は途中他より、よい条件のさそいもあったが一切これを断り己は、最後まで長津田にがんばる。地位や名誉もほしくない。一生長津田の子どもにささげるのだ」として踏み留まったとある。この人の功績は、地域の人々によって、後世までたたえられ、語り伝えられている（渋谷　1978　19）。

同じく都筑郡にある中川小も、寺子屋師匠が教員となって始められた小学校であるが、初代首座教員日野教宣をはじめ、その同族とおぼしき同姓の教員たちが、長期にわたり在籍している（日野教宣一三年、日野順海一三年、日野セキ七年、日野教昭三〇年）。開設にあたって集められた初期の教員たちは、日野教宣の弟子たちであったが、その一人である亜雁宇八も、一三年間にわたり在籍している。その同族とおぼしき亜雁治作は、三九年弱も学校に留まった（横浜市立中川小学校　1976）。これらの事例は、際立って長く在籍する教員が、地元の出身者であることを示すものとみてよいだろう。なお、こうして同姓の教員が多い点とならび、同一人が何度も着任する事例が多い（八、一二、一五、一七代校長）のも、この小学校の多くの教員が、地元の出身者であったことを示すものではないかと思われる。

長期帰属する無資格教員たち

このように、地域への定着性が長期帰属者の共通の特徴として現れてくる一方で、これらの長期帰属者は、必ずしも有資格者とは限らなかった。たとえば先にもみた長津田小の初代首座教員、関根範重郎は、有資格教員ではなかったが、一八七二～九一（明治五～二四）年という長期にわたり同校に在籍している（長津田小学校　1919）。当時すでに、教員に「資格」が必要であることは政府から通達されていたから、無資格教員でありながら首座教員のような重要な地位に長く留まることはためられたようであり（渋谷　1978　17-18）、一八七七（明治一〇）年に首座教員の座を退いている。しかしその後も一般教員として長津田小に在籍し、児童の教育に尽くしたのである。同じ都筑郡にある谷本小の初代首座教員、吉浜恭三郎も、無資格教員であり、一八七三〜八八（明治六〜二一）年までの在任期間のうち、一八八五（明治一八）年以降は首座教員の地位を退き一般教員として勤務した。この人の場合は、数年間のブランク（病欠と記されている）の後、一八九二（明治二五）年からは準教員として復帰し、一八九七（明治三〇）年以降は正教員として教鞭をとった。おそらく一般教員として勤務しながら、検定などを通じて、徐々に資格を取得していったのであろう。その後一九一一（明治四四）年に退職するまでの、計三六年の年月を、この人は谷本小の教員として過ごしている（横浜市立谷本小学校　1973）。

つまり資格をもたなくても、長期にわたり〈学校〉そして〈教職〉に帰属する人々はいた。そしてそういう人々を長期帰属へと方向づけるのは、地域に定着することによって生じる要因であった。おそらくは、教員を特定の小学校へと引き止める地縁・血縁的な力であったと推測される。

地域に根ざさない短期帰属者たち

では地域に定着しているならば、必ず長期帰属をするようになるのだろうか。つまり、地域への定着性は長期帰属の十分条件なのだろうか。この点について知るために、教員のなかの短期帰属者たちに、目を転じてみることにしよう。

短期帰属的な教員たちには、およそ二つのタイプが見出される。その第一のタイプは、地域に根ざしていない人々である。このタイプは主に、地方出身の青年たちから構成されている。たとえば長津田小には、はるばる山口県からやってきた青年（族籍は不明）が数名、有資格教員として着任していた。時期的には、一八七七（明治一〇）年（木村承平：有資格、在籍五ヶ月、飯田俊一：無資格、六ヶ月）、一八七八（明治一一）年（木村茂吉：有資格、一ヶ年）、一八七九（明治一二）年（吉村恒胤：無資格、八ヶ月）と、いずれも明治のかなり早い頃である。この長津田小に比較的近い位置にある田奈小にも、一八七七（明治一〇）年（清水昭二：無資格、年数不明）、一八七八（明治一一）年（諏訪頼範：有資格、二〜三ヶ年）には、静岡県や群馬県出身の青年が、やはり教員として勤務していた。こちらは、いずれも士族であったことがわかっている（渋谷 1978 19）。

以上の例にみるとおり、この種の人々のなかには、教員免状をもつ者が少なくなかった。彼らを迎える小学校の側でも、その資格にふさわしい待遇をした。遠方からはるばるやってきた青年たちを、その若さにもかかわらず校長の座につけさえしたのである。

しかし彼らは、これらの小学校の教員として長く留まることはなく、長くても三年以内のうちに去っていった。数ヶ月しか在籍しない者さえいた。そのなかには、犬吠埼の灯台局員になった者もあれば、帰郷した者もあった。つまりよそから来たこの青年たちは、教員職にも、この地域にも、定着する志向をもってはいなかったのである。

この青年らが、短期間しか在籍・在職しなかった背景には、彼らにとって、教員職の意味が、長い職業生活の途上で立ち寄る職でしかなかったという事情があるようだ。彼らは、自分たちの可能性を試す一つの手がかりとしてのみ、教員職を評価していたのであろう。また教員資格の意味合いも、同様のものだったのであろう。教員資格のこうした意味付けは、当時の諸資格がまだ、人生のある時期にまとめて取得してしまうものではなかったことにも関連している。一つの資格をとって職業を試し、あきたらなければあらためて別な資格を取り直せばよいのだから。その意味でこれは、学校制度成立途上の時期に特有の現象というべきかもしれない。

この青年らのうちに、士族の子弟がかなり含まれていたことも、教員資格をこのように軽く意味付けさせる一助となったように思われる。なるほど教員の資格を取得するためには、中等学校卒業程度の学力が必要であったが、士族の子弟はもともと、一定の教育は自明のこととして修めていたから、教員資格の取得も比較的容易であったはずだからである。とりわけ明治のごく初期には、教員資格は師範学校卒のみならず、中学校卒でも得られることになっていた。これは士族子弟にとって教員職を一層近づきやすいものとしたであろう。

大橋昌平は、神奈川県西多摩郡の小学校[5]のデータを利用した分析を行っているが、そのなかで、この小学校に在籍した教員たちの在籍年数表を掲げている（大橋　1981　58）。この表にみる限り、教員のなかには、数ヶ月から一年程度しか在籍しなかった人々がかなり含まれている。大橋はこの人々の詳しいプロフィルも紹介しているのだが、それによると、彼らのなかには、宮城県や大分県、あるいは近隣の郡――南多摩郡など――を出身地とする流入者が数多く含まれている。これは、横浜市に関してみられた傾向――地域に根ざさない短期帰属者の存在――が、かなり一般的なものとみてよいことを示すものといえるだろう。

だがこの西多摩郡の小学校は、横浜市の長津田小などと比べて、短い在籍年数の教員の比率がかなり高い。その背景と考えられるのは、この地域の都市的性格である。西多摩郡のこの地域は、畑作を主農業とする山村であるにもかかわらず、「この地域に他の農山村とは異なる趣を加えることとなった」（大橋　1981　42）活発な生産と商業活動を特徴としており、商売の関係で東京などへも往来する豪農たちが、東京から青年士族たちを招いて教員にするといった慣行もみられた。つまりこの地域は、産業面でも、人の流入という面でも、かなり都市的な性格をもつ地域だったのである。それゆえに、他所からの流入者の比率は高く、そうした流入者に教員職を委ねることも頻繁であったが、彼らには定着者と異なり地縁・血縁的に引き止める力がはたらかないため、長期にわたる在籍を期待することは難しかったのであろう。

西多摩郡の小学校に勤務し、比較的早く辞めていった教員たちには、その後の経歴に関しても、横浜市の場合と共通する特徴がみられる。大橋の紹介するプロフィルによれば、最も長い八年という期間在籍し責任ある首座教員も勤めていた人は、後に小笠原島の開墾事業に携わった。一年ほどで退職した別な教員は、後に八王子市長となった。また約半年の在籍の後、法律学校に入学して退職したもう一人の教員は、弁護士、衆議院議員等をへて、やがて小田急の創始者となった。このように、退職後は必ずしもこの地域に留まることなく、そして教員職とも別れて、社会的により高い地位に上っていったのである。これはまさに、横浜市の田奈小や長津田小にみた短期帰属者たちのうごきに重なるものである。

また、彼らが教員職を「人生の目的」とはみていなかったらしいという先の推測が、こちらの教員たちの場合には資料的にも裏付けられる。すなわち、彼らは経済的にかなり困窮していたために、少しでも高い報酬が得られるところへ、転職する傾向があったことが知られており、また、教員を糊口をしのぐ職としかみておらず、立身出世を強く意識していたこともわかっているのである。したがって、名を挙げられそうなチャンスがあれば、すぐにも小学校をそして教員職を去った。つまり短期帰属者となったわけである。

地域に根ざす短期帰属者たち

以上のような、地域に根ざさない短期帰属者の存在は、長期帰属と地域定着性との関係の強さを裏付けてくれそうである。しかし、短期帰属者にはもう一つ、別なタイプも含まれている。それは、地域に根ざす短期帰属者というタイプである。この人々は、教育活動を補佐する者として、しばしばその学校の生徒や卒業生のなかから調達された人々であった。たとえば長津田小には、「助教」「授業生」ないしは「雇」として採用された地元出身者が何人もいたが、彼らはほぼ数ヶ月から二年程度の在籍の後、学校を去っている（長津田小学校　1919）。

横浜市に限らずとも、短期的に教員となっている人々のなかには、経済的事情や、家を継がねばならないという事情などのため進学できず、しかし学問や立身出世への思いを断ち切れずにいる若者たちがいた。いわば跳躍の準備段階として、教員をやっていたのである。『私の履歴書』（経済人第1巻）には、一八八二（明治一五）年に生まれた五島慶太（のちの東急電鉄会長）が手記を寄せているが、長野県の農家に生まれた彼は、無理を言って中学までは行かせてもらったものの、それ以上は経済的に無理であったため、恩師の紹介により一九〇一（明治三四）年から母校の代用教員をして学資を貯めたという。彼は一年後、高等師範を——官費だからという経済的理由もあって——受験して合格し、代用教員を退職している。母校の代用教員として数ヶ月ないし一、二年の間勤務しながら学資を稼ぎ、退職後は別な道を行くというのが、少なからぬ少年たちのライフコースだったのである。

この人々は、第一のタイプの短期帰属者とは異なり、地域的には定着性をもっているにもかかわらず、〈学校〉にも〈教職〉にも長く留まらない。このようなタイプの人々が存在する以上、地域定着性は、それさえあれば長期帰属を帰結するというものではないと見なければならない。しかし、地域的に定着していない者は、そもそも長期帰属者となることはなかったのであるから、地域への定着性の有無は、帰属の形になお一定の影響を及ぼしていたとみるべきであろう。

資格にまさる地域定着性

以上をまとめれば、帰属者のプロフィルからみた当時の教員の長期帰属の性格については、次のようにいえる。第一に、資格があることは長期帰属の必要条件ではないし十分条件でもない。無資格でも長く留まる教員はいるし、資格があっても短期しか留まらない教員も多いのである。ただ資格の取得は上からの要請として常にあったから、首座教員のような重要な地位に就いたまま長く留まるためには資格も重要であり、その意味では資格と長期帰属とは無関係ではないけれども。

　第二に、地域定着性は、長期帰属の十分条件ではないが、かなり必要条件に近い意味合いをもつ。地元出身の教員のなかには長期帰属する寺子屋師匠的教員と、短期しか帰属しない代用教員とが共存していたけれども、他所者でありながら長期帰属する教員はほとんどいなかったのである。

　これらの特徴は、当時の教員を長期帰属に導くものが教員資格の有無よりもむしろ地域的な要因――おそらく地縁・血縁といった要因――であったことを示唆している。それに比べれば、教員資格の有無は、重要性の低い、したがって決め手とはならないものだったのである。

短期帰属者にとっての教員職の意味

なお当時の社会には、短期帰属者を導くものとして、教員になることについての独自な意味付けがあった。それは、「途上の職としての教員職」という考え方である。

当時の短期帰属者の第一のタイプである地方の青年士族らにおいては、地域的な定着性の欠如が、それ自体、彼らを引き止めない方向に作用したとみることもできる。しかし地域に長く住みながら、なお〈学校〉にも〈教職〉にも留まろうとしない第二のタイプの人々もいる。彼らはなぜ、留まり続けようとはしなかったのだろうか。その手掛かりとなるのが、この時期の短期帰属者たちに共通する、この考え方——教員職は一生の職ではなく、ある目的へ至る途上の職である——である。将来に関し、様々な希望や可能性をもつ若者たちが、「授業生」、「助教」あるいは「代用教員」などとして、職業生活のごく初めの一時期に、教員職についていた。たとえ農民の生まれでも可能性としてはどんな職業にも就き得るという、当時普及してきた言説が、その目的達成を妨げる主に経済的な障害を超えるための手段として、あるいはチャンスが到来するまでの暫定的な職として、代用教員等の職を選ばせたのである。それと同時に、これらの教員職が、これまで在学していた学校をそのまま職場とするものであることによって、農業からの訣別という強い印象を与えずにすむものだったことが、農業を継ぐのを先へ伸ばしたい息子にとっても、農業から離れてほしくない親にとっても、好ましいものとして代用教員等の職を見出させたという面もあった。

代用教員等の職のもつこの半ば非農業的で半ばは農業的な曖昧な性格が、そこに様々な人々を引き寄せた。しかしそれとともに、それらの職をあくまで「途上のもの」とみる意識は、その職に就いた人々をやがてまもなく、再び外へ押し出すことになったのである。

この点からみると、長期帰属をする教員たちの側には、こうした意識や動機付けが欠如していたことも、彼らを長期帰属へと導いたもう一つの重要な要因といえるかもしれない。

2　明治後半期以降の教員の世界

長期帰属者のタイプの交替

ところがやがて、横浜市のデータには異なる傾向が現れる。これまでのように、都市部のほうに短期帰属者の多かった状態が、変化し始めるのである。在籍年数平均を示す**図5-5**では、一九〇〇（明治三三）年以降の着任者には、農村部と都市部との間での（平均値の）有意な差はもはや見出されない。それは、都市部にも在籍年数の長い教員たちが現れ始めているからである。（といっても既述のとおり、一九一〇年代まではなお転退職の激しい時期があり――この時期は師範学校卒業者でも転退職が激しかったという（横浜市教育委員会編　1976b　512）――、「一般的な」在籍年数長期化は始まっていない時期というべきだが）。

では、当時の都市部の教員たちは、どんな特徴をもつようになっているのだろうか。この頃、現横浜市域の都市部では、有資格教員の比率が格段に高まっていた。既出の**図3-5**にみるように、横浜区（市）という最も都市的な地域では、七～八割が有資格教員つまり正教員で占められるようになっている。横浜区（市）の有資格教員の比率は、一八九〇（明治二三）年の時点で、七六％であり、久良岐郡ほかの五〇％前後に大きく水をあけている。しかも以後比率は上昇して、一〇年後の一九〇〇（明治三三）年には八九％にも達する。つまり教員のほとんどが有資格者となっているのである。

このことは、新たに登場してきた〈学校〉への長期帰属者たちが、有資格教員という属性をもつ人々であったことを示唆している。長期帰属と有資格性とが強い対応をもたなかったこれまでの時期と異なり、長期帰属と資格の有無は、内在的にも関連し始めたのかもしれない。平均値のレベルでみても長期帰属の兆しが現れてくる時期（第四章参照）に現れたこの新しい傾向は、その意味で注目に値する。

在籍年数ではなく勤務年数に関してならば、資格との対応関係は実際にも確かめられる。すなわち、一九〇一（明治三四）年のデータ（横浜市編　1903）では、（当時の）横浜市内の公立小学校教員は、教員の資格によって、勤務年数を非常に異にしていた。有資格教員ほど勤務年数が長く、無資格教員ほど勤務年数が短くなっているのである。この傾向は、在職年数の傾向を近似的に示すものとして、参考になる。

では、このように帰属を長期化させてきた有資格教員たちのさらなる社会的属性は、どのようなものだったのか。

師範卒・農村出の有資格教員

『神奈川県統計書』によれば、一八九〇年代の初め頃の有資格教員においては、卒業証書ではなくて免状を取得した者の比率のほうがまだ高い状態にある。なるほど一八八〇（明治一三）年の改正教育令で、小学校教員の資格は、それまでのように「師範学校ないし中学校」卒業者ではなく、官公立師範学校卒業者と定められたのだが（横浜市教育委員会編　1976b　230）、それと併行して、試験による免状取得という方法も継続されてきていた。しかも一八八二（明治一五）年には、教員資格をとるための試験の回数を増やし、受験しやすくするための改革までなされた。それによる免状取得者の増加は、一八八三〜八六（明治一六〜一九）年における有資格教員の増加にも一役買っているという(6)（神奈川県教育センター編　1978　566）。

その一方で、師範学校は初め、ちっともふるわなかった。そもそも横浜に教員養成所が作られたのは、一八七四（明治七）年であった。この教員養成所が後に横浜師範学校と改称され、さらに神奈川県師範学校となる。開校当初、生徒は二〇〜三五歳までの者に試験を課した上で入校させ、六ヶ月で卒業させていた。しかしこの簡易さにもかかわらず、師範学校を卒業した教員は、ほとんどいなかった。当時、一〇〇名の定員に対し、入校者は常に定員割れをしており、しかも卒業者は入校者の二〜五割だったからである（横浜市教育委員会編　1976b　217-218）。一八九五（明治一八）年当時の、横浜区の公立小学校教員中で、師範学校の卒業証書をもつ教員は、二二％であった。同時期の都筑郡、橘樹郡などでは、六〜七％でしかなかった（『神奈川県統計書各年版』）。

ところがその後数十年で、様相はすっかり変化する。有資格教員のなかに、師範学校の卒業証書をもつ者の比率が増えてくるのである。いったん師範学校卒業者が増え始めると、その勢いは著しく、一九一〇年代の初め頃には、横浜の都市部どころか、神奈川県下の教員の六〜七割が、師範学校卒業者で占められるまでになっている（横浜市教育委員会編　1976b　217-218)。つまりこの数十年間に、師範学校卒業者が一気に教員世界になだれ込んでいったのである。

では師範学校卒業者は、どのようなプロフィルをもっていたのだろうか。師範学校生のデータでこれをみると、神奈川県の場合は、その大半が、県内でも横浜市・横須賀市等を除く郡部、とりわけ現横浜市域からもはずれる地域の出身であった。図5-6は、神奈川県師範学校の『学報』に添付された一九一〇（明治四三）年前後の在校生名簿をもとに、卒業予定年ごとの出身構成を試算したものであるが、一九一二（明治四五）年を除くすべての年において、久良岐・橘樹・都筑の三郡を除いた県内他郡出身者の人数が飛び抜けて高い数値を示しているのである（神奈川県師範学校学友会編　1910；1912)。また『神奈川県師範学校一覧』には、一九一一（明治四四）年の生徒父兄職業別一覧表がある。それによれば、在校生の父兄三九八人のうち、全体の約七五％にあたる二九九人は、農業に従事する父兄である、ちなみに教員・官吏・公吏などのいわゆる公務自由業の父兄がこれに次ぎ、全体の約一三％にあたる五三人である。これらの史料から、この師範学校を卒業する予定の者のうち、かなりの部分が、農村的な地域の出身者であり、かつ農民の子弟であったことがわかる（神奈川県師範学校編　1911)。

これは全国的な傾向とも一致する。全国的にみた師範学校生（男子：入学生・在校生）の出身は、初めの頃こそ士族子弟が多いが、一九〇〇（明治三三）年を過ぎた頃からは、農民子弟が大半とな

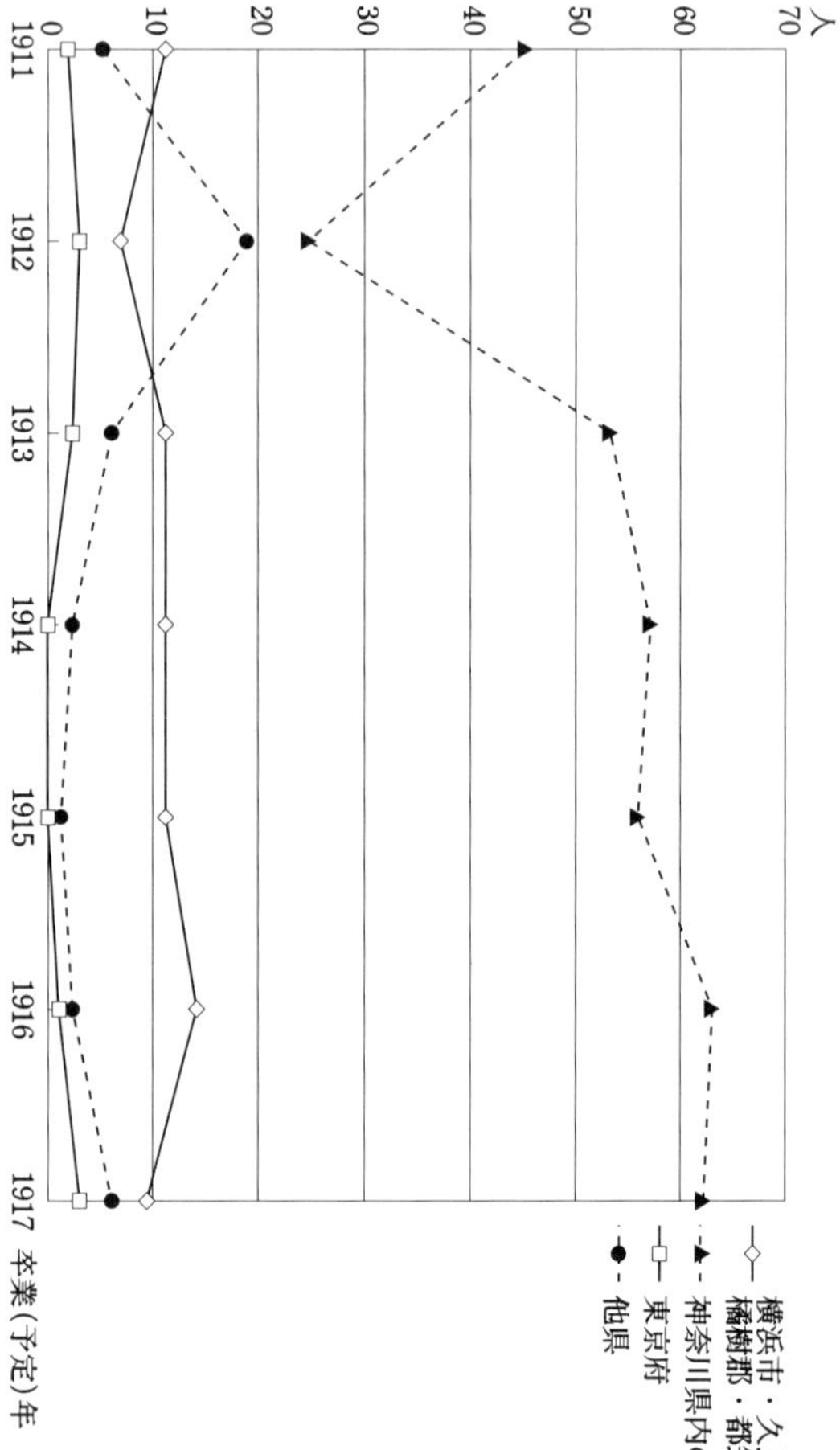

注）神奈川県師範学校『学報』(1910年、1912年)より作成。

図 5-6　神奈川県師範学校生徒（本科第一部）の出身地

っていく。一九〇六（明治三九）年以降に関する全国のデータ（『文部省年報』）では、男子師範入学者の出身家庭の職業が農業である者の割合は、六〜七割を維持している。これは当時の日本の就業人口における農業の割合を超える比率であるという（陣内　1988　148-151）。師範学校生のこうした傾向は、実際に教員として着任した人々においても、農民子弟、したがって農村部の出身者が、かなりの比率を占めるようになっていたことを推測させる。

もっとも、農民子弟が多いからといって、師範学校生は比較的貧しい層の出身であったというわけではない。石戸谷哲夫によれば、他県の事例ではあるがすでに一八九〇年代から、「現今の村落に於ける比較的財産家の息子にて家政に関係なきものの農事に従事せずして学校教員となりをるもの」、つまりとくに就業する必要のないような豊かな層の子弟が、師範学校に入学していた。これは秋田の事例である。新潟の師範学校の記念誌にも、「当時師範学校の入学者程、俊凡錯落、貧富参差の態なりしはあらず……自分等の如き貧乏女性もあれば、北蒲原の圓山琢左衛門氏の父敬三郎君の如き大地主の息もあり、中野忠太郎君の如き大事業家の倅も」などの記事がある。そして一九一〇（明治四三）年の文部省の調査からも、師範学校生の四分の一が中農を超える豊かな層の出身であったことがわかるという（石戸谷　1967　225-227）。師範学校がこのように、職業的にも経済的ランクとしても、かなり多様な層の子弟を受け入れていたことについては、石戸谷のこの研究を踏まえた陣内靖彦の研究によっても検証されている[(7)]（陣内　1988　152-154）。

地域から遠ざかる教員たち

師範卒教員たちの以上のような出身事情は、彼らのうちの多くの者に、地縁・血縁から切れた場での生活を余儀なくさせた。農民の子弟が都市部で教員となる場合、彼らが教員として着任する際のよりどころは、もはや地縁や血縁ではないからである。彼らは概して農村部から身ひとつで都市部へ出てきたのであり、親類でもない限り、その地域にどんなつながりももたないのである。

また師範学校の制度は、卒業生らを、まったく知らない小学校へ、辞令一つで配属する機能を備えている。その意味で、師範卒業生たる教員たちは農民子弟に限らず一般的にも、地域に根ざさない者としての性格を帯びるようになる。

このような地域的な人の流れの創出は、初期の師範学校のユニークな機能である。とくに東京師範学校の場合、ごく初期の一八七三〜七八（明治六〜一一）年において、明らかにそうした機能を果たしていた。東京師範学校の卒業生（小学師範学科）は、ほぼ全国から集まっていたのだが、卒業後、出身地（府県）に戻るのは有職者のうちのわずか三割弱であり、七割強は別な府県へ赴任（ほとんどが小学校教員として）した。それも、東京府から鹿児島県へ、茨城県から三重県へ、福岡県から開拓使へなどと、決して近隣ではない地域へである。後年には、入学者のなかで東京出身者の占める比率が上昇し、他府県出身者も関東やその周辺——山梨・静岡など——から来るケースがほとんどとなるが、それでも一九三〇年代までは、（寄稿者のみの出身を分析した限りでは）他府県出身者は全体の過半数を超えていたようである（東京第一師範同窓会編　1990）。それがこの頃にはすべて東京で就職していくようになる。とすれば、ややエリアが縮小したとはいえ、なおかなりの地域移動を結果したはずである。

神奈川県師範学校も、神奈川県というやや小さな枠のなかであったけれども、同様の人の流れを作り出していたのではないかと考えられる。その生徒の出身地は図5-6で示したとおり、およそ六割が神奈川県の、しかも横浜市域・久良岐郡・橘樹郡・都筑郡を除く農村部であり、およそ一割が他府県の出身者であったが、それに対して勤務地は、県内のなかでも、人口が増加しつつあり教員の需要も高い、都市部だったのである。ちなみにやや後年になるが、東京府女子師範学校を一九二八（昭和三）年に卒業したある女性は、「当時、東京は市と府に分かれ、ほとんどの者が自宅から遠い郡部に配属されたようである。何人かは市内や自宅近くに赴任した者もあったが、……」と記している（東京第一師範同窓会編　1990　393）。女子師範の場合、男子に比べて東京出身者が多いけれども、東京市・府内においてさえ自宅と勤務校との近さは考慮されていなかった。とすれば神奈川県内においても、教員は決して出身した地域で着任できるとは限らなかったといえよう(8)。

新しい帰属原理普及の背景

こうして新しいタイプの教員たちは概して、かつての長期帰属者たちのように、地縁・血縁的な紐帯に依存する人々ではもはやなくなりつつあった。しかし彼らはその代わりに、師範学校で得た人脈をもち、また教員資格をもつようになっている。そしてこの教員資格こそが、この教員たち

――師範卒の有資格教員たち――の新たな帰属の原理として重要な役割を果たすようになっていた。資格という原理が普及した背景には、先にもみた学校規模の拡大がある。それに伴う諸要因が、「資格」という基準に適合的なものだったのである。

明治の学制施行当時には、小学校のなかで、教員資格をもつ正規の教員を選出するのは、学区取締と呼ばれる機関（役職）であった。神奈川県では一八七三（明治六）年に布達を出して、三八名の学区取締を取り決めた。その多くは、戸長を兼ねるような地域の有力者であった。しかし全県に三八名では管轄領域が広すぎるため、補助的な機関が自生し、これが一八七五（明治八）年に学校世話役として公認された。こちらは各校に一、二名ずつ置かれ、学事に詳しい地域の名望家が着任した（横浜市教育委員会編　1976b　166-168）。彼らはしたがって、地縁等をもとに教員を探し、着任を促した。この学区取締―学校世話役からなる教員のリクルート・システムが、一八七九（明治一二）年まで持続した。この年に教育令が出て以降は学務委員（学校世話役は適宜おき、実質は学務委員中心とする）に変わったが、この役職にもやはり、地域の有力者や声望のある者が就いていたようである。(9)

こうした地域の有力者は、寺子屋師匠のような人々とは、すでに地縁によって結ばれている間柄である。よってそういう人々を教員に選出するのであれば、人選も比較的容易に行われるはずである。実際、町村内の僧侶・神官・医師・村用係などが候補者である場合には、選任も雇用契約も容易であった（神奈川県教育センター編　1978　567）という。

また当時は、正教員こそ、学校を運営する地域と契約を結び、それを県が認可するという形をとったけれども、助教員については認可すらも不要であり（横浜市教育委員会編 1976b 225）、校長が自らの判断で選ぶことができた。そのため助教員はしばしば、その小学校で比較的成績の優良な生徒や卒業生のなかから選ばれることとなった。学制のごく初期には、寺子屋師匠であった校長が、自らの弟子のなかから数名を選び、教員に採用することもあった[10]。以上のように、教員の人選全体が、地域的な人脈を駆使して行われたのである。

ところが小学校の規模拡大と、それに伴う人口増加・学区拡大などにより、教員やその協力者を探すエリアは広がり、未知の人々が増える。とりわけ学校規模が他に先駆けて拡大し始めた都市部においては、そうである。都市部には農村部出身の師範学校卒業生らが教員候補として多く集まっていたから（少なくとも横浜市の場合はそうである）、教員候補の多くは学校世話役等にとっては見知らぬ人々ということになる。こういう状況では、地域に根ざす人脈を用いても、教員集めはできない。地域をよく知る学校世話役にとっても、人選はかつてに比べはるかに困難になる。ここに、新たな人選の目安として、「資格」があらためて注目されてくる一つの理由があったのである。

さらに、町村制が施行されて、一八九〇（明治二三）年の小学校令により新しい行政村としての町村に学事が任されるようになってからは、この行政村の長が、教員候補者を選び、そのなかから府県知事が教員を選び任命することになった。これによって、学校世話役のような地域有力者は後退していくが、それとともに「資格」の人選基準としての役割は、一層増したと推測される。

以上のことは、師範卒の有資格教員たちが、単に形の上で有資格者の群れであるに留まらず、

「資格によって帰属する」という意識をもつようになった人々であったことを示している。教員資格が人を選別する重要な基準となることによって、教員自身やその周囲の人々自身が、この教員資格というものに、教員たる上で重要な意味を読み込むようになったのである。(11)

第五章の注

（1）『横浜市史稿政治編（三）』によれば、もともと「横浜（区）」は、「久良岐郡ノ内市街地を揮テ」作られたものであった（横浜市教育委員会編　1976b　4）。この都市的な地域としての「横浜」にどれほど早くから編入されていたかという基準からみて、都市部の小学校としてピックアップされるのは、次の一五校である。まず、区制が施行された一八七八（明治一一）年に横浜区に編入された部分――当時の久良岐郡の北側半分にあたる部分、現在の中区にほぼ重なる――に位置する小学校として、一九七六（昭和五一）年時点で唯一現存する中区の元街小。一八八九（明治二二）年の市制施行後、合併により比較的早く横浜市に編入された地域の小学校として、現中区の北方小（一九〇一年横浜市編入）、神奈川区の子安小（一九一一年編入）、磯子区の磯子（一九一一年編入）・杉田（一九二七年編入）・根岸小（一九〇一年編入）、南区の石川（一九〇五年横浜市立と改称）・太田（一九〇一年編入）・大岡（一九一一年編入）・日野小（一九二七年編入）、鶴見区の末吉（一九二七年編入）・市場（一九二七年編入）・潮田小（一九二七年編入）、保土ヶ谷区の保土ヶ谷（一九二七年編入）・星川小（一九二七年編入）。第二に、江戸時代からどれほど都市的な性格を帯びた地域であったかという基準からみて、新たに都市部の小学校とみなし得るのは、次の四校である。神奈川を中心とする港町的な地域と並び、旧東海道沿いにあり、なかでも「宿」のあった保土ヶ谷と戸塚は、まちとして栄えた地域である。よって、ここに位置する戸塚小。鎌倉時代からの歴史をもち、明治初頭には神奈川と並ぶ港町であった金沢・六浦と神奈川を結ぶ主要道（金沢道・六浦道）沿いに位置する釜利谷、六浦、金沢小。以上の合計一九校が、都市部の小学校である。

これに対して、農村部の小学校としては、多くが一九三九（昭和一四）年になってようやく市に編入された、都筑郡を中心とする地域――現在の港北区・緑区・都筑区・青葉区――の九校を取り上げる。その多くは、現在も田園地帯であるような、農業中心の地域に立地するものである。すなわち日吉台（一九三七年編入）・高田（一九三九年編入）・中川（一九三九年編入）・鉄（一九三九年編入）・谷本（一九三九年編入）・山下（一九三九年編入）・鴨居（一九三九年編入）・長津田（一九四五年編入）・田奈（一九三九年編入）の各小学校である。

以下の地域別分析では、これらの区分をもとに、利用可能なデータのある小学校を適宜取り上げて論じる。

（2）在職年数についても、その近似的データである五年未満勤務教員ないし三年未満勤務教員の比率が、横浜区（市）や比較的都市的な地域である久良岐郡で高く、橘樹郡や都筑郡では低くなっていることが、先の図4-2や図4-3から読み取れる。この状態は、ほぼ一八九四（明治二七）年まで続いている。

（3）教員の在籍期間に関する記録は、記念誌によって年単位であるものと、月単位であるものとがある。ここでは、記録の方式が同じもの同士を比較している。

（4）図5-5に関しては、平均値の差の検定によっても、一九〇〇（明治三三）年以前には有意な差が見出される。

（5）五日市勧能小学校。後述の三ヶ島葭子が勤務していた小学校の近くにある。

（6）一八八五（明治一八）年の第三次教育令で、師範学校卒業者も、免許状を得なくては教員にはなれないシステムになり、一八九〇（明治二三）年には、免許状は検定を経て授与されるものとなった（陣内　1988　96

-97)。

（7）　望月厚志によれば、静岡県においてもほぼ同じ状況が見出される（望月　1987)。一九〇一〜三九（明治三四〜昭和一四）年に関する県内の全師範学校入学者父兄は、農業に従事する者が六〜七割と極めて多く、次いで公務自由業が一割強、そして商業が一割弱という順になっている（望月　1987　221-222)。望月はこのデータを用いて、輩出率についても計算している。これは、同じ時期の社会（静岡県）の職業的な構成に比して、師範学校入学者の父兄職業の構成がどれほどの偏りを示すかをみたものである。それによれば、なるほど師範学校入学者の父兄職業が農業である比率は、社会全体でみた農業の構成比より高いものであり、師範学校が相対的にも農民子弟を多く集めていたことを示しているが、同時に、より高い輩出率で、公務自由業そして無職業層（とくに職業をもたずとも生活していける比較的豊かな士族など）の子弟が師範学校に多く集まっていたことも明らかになった。公務自由業にも士族がかなりの比率で含まれているから、明治初頭以来の教員の供給源であった士族層などにとって、師範学校が当時もなお主要なルートとなっていたことがわかる。

望月はこの結果から、師範学校生の出身として公務自由業や無職業を重視しているようだが、本書の関心からいえば、農業層はやはり重要である。たとえ県としてみた職業構成比に対して師範学校入学者父兄職業の農業比率が少ししか高くないとしても、比較的都市部に位置する師範学校において県平均より高い父兄農業比率がみられたということは、そこが周囲に際立って農民的な人々の集まる領域であったことを意味するからである。

（8）　これに対し望月厚志は——静岡県の例として——師範学校生の六割以上が、出身地と同じ初任地であることを指摘し、出身地と初任地のつながりを強調している（望月　1987　220-221)。これは、教員の地域移動を考える上で、地域差はなお十分考慮されるべきであり、安易な一般化がなされるべきではないことを警告している。

横浜市の長津田小の事例によれば、県外出身の教員は、一八七九（明治一二）年に最後の一人が退職してから後は皆無となる。県内出身者も、南多摩郡出身の一人を除き、全員が地元ないし近隣の村の出身者である。よってこの章で行ったような性格付けが可能なのは、主に都市部の教員たちであるとみるべきかもしれない。

（9） 学制実施の当初は、町村が教員の採用を決め、学区取締に届け出る方式がとられた。訓導の選任を含め、実質的な決定は村吏や学校世話役の合議によってなされた（神奈川県教育センター編　1978　567）。

（10） 日吉台小などがこの例である。

（11） 横浜市の農村部は、近世より寺子屋が数多く存在した鶴見川流域を含んでいる（高田　1993　86-87）。そのため、この地域の住人の学問に対する姿勢は、他の農村地帯に比べて積極的であった可能性があり、よって横浜市農村部の傾向——都市部よりも長く留まる教員が多い——を、ただちに一般化するのは危険かもしれないという批判もあり得る。通説的な理解では、むしろ農村山村のほうが教員不足に悩み、ようやく雇った教員もすぐ退職してしまったとされる。たとえば『神奈川県教育史通史（上）』では、『藤沢市史資料　第15集』のなかの「巡回日記」の一八七八（明治一一）年の箇所（服部清道編　1970　111）を根拠に、「都邑部はともかく農村山村では『偶良教員ヲ聘用スルモ数月ナラスシテ忽チ去ル』という例も少なくなかった」と記されている（神奈川県教育センター編　1978　567）。

しかし、実際に藤沢市域の小学校の記録（藤沢市教育文化センター編　2000）をみると、たしかに外来者が教員となっているケースは非常に多く、またこれらの外来者はしばしば半年や数ヶ月で交替していたけれども、その一方で、数年ないし十数年にもわたり在籍する教員が、多くの小学校にいた。こうした中心的教員のもとに、外来者が授業生・補助員などの肩書きをもって集まっていたのである（彼らが有資格教員であるから採用されたのではないことには、注意を要する）。これは横浜市農村部でみられた、比較的小規模な小学校の構成に等しいものである。そしてこれらの中心的な教員は、概して地元の出身者であり、長く勤務するうちにやがて校長ともなり、年功褒賞を授与されてもいる（たとえば日進学校――後の明治小――の教員）。つまり藤沢の事例においても、横浜市の農村部に共通する特性――つまり地域に根ざす教員が長く在籍し、外来者が比較的早く去っていた――がみられたことがわかる。

また、外来者がこのように多いという特徴は、むしろこの地域が典型的な「農村山村」ではなかったことを示すものと理解できる。むしろ外来者が多数あったり、外来者に依頼するってをもち得るような都市的な面をも備えた地域であったから、授業生・補助員たちもそうした外来者から多く採用されたのではないのか。もともとこの地域は、門前町であり藤沢宿として近世より町場的性格をもっていた地域を中核とする。加えて、「巡回日記」の筆者である学区取締平野貞が担当していた地区は、この町場的部分や、右記の日進学校のある地域、さらに村人が東京より招いた著名な塾教師である小笠原東陽（この塾は後に中等教育機関として多くの人材を生み出した）の開いた羽鳥学校（その縁で羽鳥には教員養成所も作られた）の所在地に重なっている（服部清道編　1970）。その意味でも横浜市の鶴見川流域に劣らない学問への熱意のあった地域であり、決して「農村山村」と性格付けてよい地域ではない（「農村山村」の部分は、「巡回日記」にもともとあったものではなく、『通史』が編まれる過程で解釈として付け加えられたものである）。

以上のようにみる限り、横浜市の都市部・農村部の教員特性に関する仮説を、他の地域の事例にもあてはめる可能性は――適用される地域の属性を、産業・住民構成に照らして見極めた上でならば――決して小さくないと思われる。

第六章　教員組織における長期帰属者の位置

——組織内階層の形成

1　短期帰属者にまさる長期帰属者たち　その1

——資格による断層

短期帰属者としての准・代用・雇教員

明治後半期以降の教員組織において、長期にわたり帰属する教員たちのプロフィルが前章にみたような変貌をとげるのに併行して、相対的に短くしか留まらない教員たちは、どんなプロフィルの持ち主となり、またそれによって長期帰属者たちとどのような関係に入っていったのだろうか。

当時の短期帰属者のうち、第一のグループは、無資格教員たちである。ここで無資格教員というのは、正教員の資格をもつという意味での有資格教員でない人々、すなわち無資格の代用教員・雇教員や、有資格といっても准教員の資格のみをもつ人々である。なるほど准教員は、教員の資格をもつものではあるが、しばしば代用教員がその勤務のかたわらに、検定を受けて准教員資格を取得しており、一年目は代用教員として雇用されていたのが、資格を取得することで二年目からは准教員の辞令に変わるようなこともあった。つまり両者の関係はかなり流動的であった。したがって、准教員を別なカテゴリーとして区別するのでなく、代用教員等に準ずるものとして、一括して論じることにする。

彼らが〈教職〉や〈学校〉に留まる期間は、どれほどであったのだろうか。その在職年数に関するデータをみれば、たとえば一九〇一（明治三四）年度の時点で、勤続年数（前出の勤務年数に同じ）一年未満の教員が、正教員のなかでは二〇％であったのに対し、准教員では三七％、代用・雇教員では六三％となっている。逆に勤続年数が五年以上であるのは、正教員のなかの二七％であるのに対し、准教員では七％、代用・雇教員では五％となっている（横浜市編　1903　57-58）。よって正教員に比べ、准・代用教員や雇教員の在職年数の短さは明らかである。

また、彼らの在籍年数も、以前に引き続いて比較的短かったことを、横浜市の個別の小学校データから読み取ることができる。たとえば長津田小では一八八九〜一九一九（明治二二〜大正八）年の間に着任した教員のうち、正教員クラスにあたる訓導で平均在籍年数が七・三九年であるのに対し、准教員クラスの准訓導では一・五七年、代用教員等では〇・八〇年であった。つまり在職年数においては市全域に関するデータから、また在籍年数においては残された数少ない事例からであるが、彼らが短期帰属者であったことがわかるのである。

彼らは、採用の基準となるべき資格を（准教員を除き）そもそももっていないわけだが、この資格の代わりに、ちょうど明治前半期の教員たちがそうであったように、地縁的・人脈的なつてを媒介として入職した者がかなりいた。当時に関する自伝等の記録をみると、代用教員となるきっかけが、しばしば卒業した小学校の教員の勧めであったことがわかる。教員不足だからと頼まれたケースもあり、校長が自宅に来て子供のためと親を説得したケースもある。校長が卒業生を隣の小学校に紹介したというケースもあれば、母校の用事を頼まれるついでに役場で書類を取ってきてくれと言われ、取ってきた書類が実は自分の辞令であって驚いたというケースまである。経緯はかくも様々だが、高等小学校を卒業後すぐないし数年のうちに誘われ、母校や近隣校の教員として雇用される場合が多かったようである(1)。

准・代用・雇教員の社会的地位

ではこれらの教員たち――准教員・代用教員・雇教員など――は、どのような社会的属性を帯びた人々であったのだろうか。

准・代用・雇教員たちの出身には、農業の多いのが一つの特徴である。それは、代用教員というのが、学校の成績は良いけれども農家のあととりであるために中学校への進学や農業以外の職業への就業のできない人々にとって、しばしば就かれる職だったからである。また、代用教員となるもう一つの主要な理由が、学問はしたいけれども進学する費用がないという経済的事情であった（よってその費用を稼ぐために教員となるが、正教員の資格を得ていないために代用となる）ことから、農民層のなかでも必ずしも豊かでない層をかなり含んでいたことが推測できる。こうした事情を背負う人々は概して、地元の高等小学校を卒業後、そのまま母校の代用教員になるという道を歩んでいる。

とともに、ここには教員の子弟も含まれていたようである。次章で触れる三ヶ島葭子の事例のように、小学校長の子として自らも教員をめざしながら、健康上の理由で師範学校を中退せざるを得なかったような場合、正教員としての着任は断念するが、教員としての人脈等があるため、頼み込んで代用教員として採用してもらうことは可能だったのである。

また、当時の准・代用・雇教員のなかには、師範学校以外の中等学校の卒業者も含まれていた。地域により異なるが、たとえば千葉県の中学校の場合、やや遡る一八七八〜九一（明治一一〜二四）年の卒業生の四割強が、教員になっていたし、ほぼ同時期の秋田、佐賀などの中学校の卒業生も、一割程度が教員になっている（深谷　1969　183-184）。また一九〇〇年代にも、公立中学校卒業者の一割弱は教員（ほとんどが初等教員）になっていたし、公・私立中学校卒で（師範二部などを経由した者も合わせ）最終的に教員になった者について推定すれば、およそ二割程度が中学卒で教員になっていたという（米田　1991　114-115　118）。これらの人々は、中学校への進学が可能であったという点からみて――とくに古い時期ほど――比較的上層の出身者といえるであろう。

当時の有資格教員の出身は、師範学校生のプロフィルからみて主に農民（比較的上層から下層にわたる）とそれに次いで公務自由業（比較的豊かな層から教員までの）などであったとみなし得るのであったが、ここにみる准・代用教員らの出身も、それとさほど異ならない。つまり彼らの出身は、有資格教員のそれとほぼ重なるものであり、有資格教員を超えるような高い階層の出身者では決してなかった。

次に、その給与についてみると、准・代用教員らと有資格教員との間には、かなり大きな開きがある。一九〇一（明治三四）年度には、本科正教員の月俸平均が一九〜二五円であるところを、本科准教員の月報平均は一四〜一七円、代用教員にいたっては一〇〜一二円でしかない（横浜市編 1903 55)。つまり所得という面では、准・代用教員らは、有資格教員に格段に劣る位置付けを受けていたといえよう。

彼らを短期帰属へ向かわせるもの

なぜこの教員たちは、〈教職〉や〈学校〉に長く留まらなかったのだろうか。彼らと短期帰属との関係は、単なる形式的な対応なのか。それとも、両者間には内在的な結びつきがあるのか。この点を知るには、彼らのライフコースを、もう少し先までみてみるのがよい。果たして彼らの離職は、その先にどんな人生を予定するものだったのだろうか。

准・代用・雇教員のライフコースには、およそ二つのパターンが見出される。すなわち、准・代用・雇教員を、「教員人生」の最初のステップとするパターンと、准・代用・雇教員を辞めた後は教員という職業から完全に離れてしまうパターンである。つまり後者は〈学校〉にも〈教職〉にも短期しか留まらないのに対し、前者は少なくとも〈教職〉には、肩書きを代えて長く留まるパターンということになる。

教員人生の起点としての准・代用・雇教員

まず前者の、准・代用・雇教員から始めて教員人生を歩むパターンについてみてみよう。ここには、詳しくみれば二つのグループが含まれている。まずその一つは、先にみた進学不如意、農業離脱不如意の人々——彼らは初期には主に高小卒であったが、社会全体の高学歴化につれ中学卒も含まれるようになった——である。

当時の非師範学校系教員のうちでも、「試験検定」によって資格を取得した人々が、こうしたプロフィルをもつとされている（竹内 1956 77-78）。また、あらためて師範学校に入り直すことによって資格を得た人々もいた。陣内靖彦の分析（陣内 1988）によれば、一九〇九（明治四二）年に東京府青山師範学校予備科に入学した三六名のうちの五名（つまり一四％にあたる部分）が、入学に先立ち代用教員を経験しており、うち二名は准教員の資格を取得している。また埼玉・福島・鳥取・静岡の各県では、一九〇〇年代の師範学校入学生のおよそ六〜九割が、准教員資格をもっていたり、講習科を出ていることにより、正教員ではない立場で教育に携わり得る条件を備えた人々か、あるいは実際に准・代用教員として勤務した経験をもつ人々である。その全員が実際に准教員や代用教員として勤務していたとはいえないものの、正教員ではない教員としての前歴が、後の師範学校入学・正教員資格取得と、密接に結びつき始めていることはうかがえよう。東京府の学校よりも地方の学校においてこうしたパターンが高い比率でみられるのは、直ちに師範学校に入るのでなく代用教員というステップを踏む必要が、既述のように農民子弟らにおいては比較的大きかったからかもしれない。

横浜市内の個別の小学校データをみても、一九一〇（明治四三）年前後から、准・代用教員などの職を、「教員として生きる」ためのステップとした教員たちが現れてくる様子がみて取れる。田奈小の場合、最も早い事例は、一九〇七（明治四〇）年に高小を卒業して代用となり一九一二（明治四五）年には師範学校本科第一部の二年生であった人（井汲幸作）である。これに続き、一九〇八（明治四一）年から代用となり、翌年に准教員の資格をとり、さらに翌年に師範学校入学のため退職し、後に教員人生を歩んだ人（長谷川雷助）、一九一〇（明治四三）年から代用となり一九一七（大正六）年に師範二部へ入学した人（野路当作）、一九二〇（大正九）年から一九二一（大正一〇）年まで代用として勤め、貯めた学資で師範学校に入学した人（野川義三）、一九二二（大正一一）年から代用となり、一九二四（大正一三）年に師範学校に入学した人（岩沢滝蔵）などがいる（横浜市立田奈小学校 1972；渋谷 1978；神奈川県師範学校編 1911；神奈川県師範学校学友会編 1910；1912 ほか）。そう大きくない一つの小学校だけで、以上のように一六年間に少なくとも五人がいたということは、全体としてみれば相当数の人々が、一九一〇（明治四三）年頃を境に「准・代用教員等↓師範学校入学のため中断↓正教員として復帰」というライフコースを歩むようになっていたとみてよいであろう。実際、井汲幸作および野路当作については、典型的な教員人生を歩み、最終的には小学校長として三〇～五〇年近くに及んだ〈教職〉とのつきあいを締めくくっている様子を、先に第四章でみたとおりである。

もう一つのグループは、師範学校以外の中等学校の卒業者である。中学校は出たものの、上級学校への進学につまずいた人々や、専門学校の卒業者で、その分野への就職をなし得なかった人々が、主に「無試験検定」によって教員になっていたという（竹内 1956 77）。彼らは、まずは代用教員として入り、そのまま教員としての人生を歩むようになっていったのである（竹内 1956 77）。

この二つのグループのいずれに属する人々も、その将来の人生設計に照らして、長く准・代用・雇教員の地位に留まる動機付けはもたない。むしろなるべく早い機会に、そこから離脱したいと考えていたであろう。そうした意識を後押しする要因として、先にみたような、准・代用教員らと正教員との俸給の格差が常にひかえている。准・代用教員らにとっては、現在のその地位よりも、正教員という有資格教員の地位のほうが、はるかに長期的に留まる意義のあるものであったに違いない。つまりここには、彼らを短期帰属へ向かわせる明瞭な動機付けがある。

なるほど彼らのなかには、准教員や正教員の資格試験に毎年挑戦しては失敗し続ける者もいたかもしれない。毎年、師範学校入学者に対して志願者は数倍に上っていたから、この種の人々が少なからず生み出されたことが推測される。しかしこの人々の場合、志向としてはあくまで短期帰属を目指している。ただ不本意な結果として、何年も代用教員等の地位に留まっているのである。そこには、短期帰属との内在的な結びつきはない。また彼らのなかには、正教員との格差があまりにも歴然としているこの状態に耐えかねて、やがて教員職そのものから去るという、次に述べる第二のパターン寄りの選択をする者もあったことだろう。

仮の職としての准・代用・雇教員

では、准・代用・雇教員の第二のライフコース・パターンはどのような人々によって歩まれていたのか。准・代用・雇教員を退職した後は教員以外の職業に就くという、こちらのパターンに主に関わるグループの第一は、師範学校の入学試験そのものを受けられなかった人々である。先にみたように、准・代用教員らはしばしば経済的な理由で上級学校へ進学できなかったり、あるいは農家のあととりであるという理由で、農業からの離脱を意味する進学・就業を、許されなかったりした人々だからである。

そうした人々は准・代用教員等を退職した後、どうなったのだろうか。彼らのうちで、農家のあととりであることによって代用教員等となっていた人々は、農業を継ぐようにしっかりと方向づけられている。彼らにとって准・代用教員等の職は、やがて本格的に農業に従事するまでの、仮の職である。したがって彼らはまもなく、「帰農」という道を辿る。

他方、経済的事情のみが足かせとなっている場合には、必ずしも帰農をする必然性はない。しかし教員組織のなかにいる限り、俸給等の格差が、彼らの劣位を常に意識させる。この地位は決して、長く留まろうという動機付けをもたらすものではない。よって他にチャンスがあれば、早々に准・代用・雇教員の地位から、去っていくことをためらわなかったのではないか。そしてそうしたチャンスは、農家の子弟であることが多かったこの人々の場合、やはり農業に向けてより大きく開かれていたのではないかと推測される。

第二に、中学校等の卒業者のなかにも、同様のライフコース・パターンを歩む者はいた。それは、「高等学校入学失敗の落武者で来年の受験期まで鳥渡《ちよつと》小遣取につとむるもの」（志垣 1919／上村監修 1991 74）であり、代用教員等の職をもともと腰掛けとしかみていない人々である。この種の人々は、代用教員のなかでも、第一のライフコース・パターンを歩む者すなわち「師範学校入学志望者で入学準備　旁《かたがた》心得をなすもの」（志垣 1919／上村監修 1991 74）と並んで多い人々であったという。彼らが、首尾よく翌年の試験に通った場合には、高専卒や大学卒のエリートとして、小学校教員とはかけはなれた職業世界へと入っていくことになる。もっとも不運にして試験がうまくいかなかった場合には、結果的には教員人生を歩む第一のパターンに含まれてしまうこともあったであろうが。

以上およそ四種類の人々についてみてきたが、そのいずれの場合でも、准・代用・雇教員たちには、その地位をなるべく早く去ることへの一つないし複数の動機付けがあり、あるいはその地位に長く留まることの不可能な事情があった。つまりここには、准・代用・雇教員という特定の教員グループをとくに短期帰属へと方向づける、幾つかの要因が備わっていた。

そしてこのことは裏を返せば、有資格教員たちが、准・代用教員のように〈学校〉に対し、また場合によっては〈教職〉に対してももっていた長期帰属に関するネガティブな条件や動機付けを欠くことによって、相対的に長期の帰属を実現する可能性をもっていたことを示している。正教員たちは、やがて農業を継ぐ約束で教員をやっている人々ではなかったし、准・代用教員らに比べれば、俸給などの点でも恵まれていた。それらの事情は、有資格教員たちを、長期帰属へと方向づける役割を果たしたと考えられる。

2　短期帰属者にまさる長期帰属者たち　その2
――ジェンダーによる断層

短期帰属者としての女性教員

当時の短期帰属的な教員のうち、第二の主要なグループは、女性教員（女教員）である。すでに明治後半期には、教員世界のなかに女性が参入するようになっていたが（海原　1973　277）、女性の教員が目立って増えてきたのは一九一〇年代に入った頃からであった。その頃、女性の職業進出が進み、デパートやバス会社などに勤務する女性が増えてきたが、それらと並んで女性の主要な職業とされたのが、小学校の教員であった。

官庁統計（横浜市教育委員会編　1978　教育統計　20-23）によれば、神奈川県において、公立の小学校教員のなかに占める女性の割合は、一九〇九（明治四二）年にはまだ全体の四分の一であったのが、一九二五（大正一四）年に三分の一を超え、一九四三（昭和一八）年には二分の一を超えるほどに、めざましい増え方を示している。

ところが、その在籍・在職年数は、男性よりもかなり短い。まず横浜市の個別小学校のデータで在籍年数をみれば、中川小（図6-1、図6-2）、戸塚小（図6-3、図6-4）のいずれでも、創立から戦前期まで一貫して、男性の在籍年数が主に一五年以下の部分に分布しているのに対し、女性の在籍年数は五年のラインをほとんど超えることがない。全市、全県等に関する在籍年数のデータは得られていないけれども、この図に示した中川小は農村部の小学校、戸塚小は都市部の小学校である。そのいずれでも同様の傾向がみられるとすれば、これはかなり一般的な傾向であったとみてよいであろう。

では在職年数のほうはどうであったか。近似的なデータとして勤務・勤続年数をみれば、そこでも女性の数値が、男性に比べてかなり低いことがわかる。図6-5は、横浜市の公立小学校教員の勤続年数に関する一九〇一（明治三四）年――若干古いが――のデータをもとに作成したものである。女性で五年以上勤務しているのは、男性が二五〇人中の六七人（二七％）であるのに対し、女性は八四人中の九人（一一％）しかいなかったし、一〇年以上の勤務年数をもつ者は、男性が二〇名（八％）であるのに対し女性はわずか一名（一％）であった[2]（横浜市編　1903　57-58）。

同様の状態は、戦後にもみられる。図6-6は、一九五一（昭和二六）年の神奈川県のデータにおける小学校教員の勤続年数を示したものだが、男性が一〇年、二〇年にも広く分布しているのに対して、女性では主に二〜四年に集中している（神奈川県教育委員会編　1952　14-15）。一九五五（昭和三〇）年の神奈川県データでも、女性教員の勤務年数はやはり、相対的に短いところに集まっている（神奈川県教育庁行政調査課編　1956　25）。これらのことから、女性教員は今世紀前半のほぼ全期間を通じて、個々の〈学校〉に留まる年数が概して短く、〈教職〉に留まる年数も相対的に短かったとみてよいように思われる。

女性教員の社会的地位

では彼女らの出身は、どのようなものだったのだろうか。この章の注（2）に示した川越の小学校の場合、一八九七〜一九二一（明治三〇〜大正一〇）年の間に勤務していた女性教員のうちの四割が士族、六割が平民の出身であり（新井　1974　56-57）、同じ時期の男性教員（士族出身二割五分）よりも身分的にやや高めの層の子女となっている。(3) だが深谷昌志は、当時の高等女学校生徒の父兄職業がおおかた専門職や官吏・銀行員等のホワイトカラーで占められていたこと、また当時の教師（やや下級官吏）の給料では娘を高女へやることは無理であったことを指摘し（深谷　1966/81　187-188）、また一九〇〇年代の女子師範学校の生徒を「経済的に女学校へ進学できない中層以下の家庭の出身者」（深谷　1974　47）と位置付けている。つまり教師や下級官吏の子女を、女子師範の主な給源とみているわけである。東京府女子師範学校の卒業生のなかにも、「教師への憧れとか、教育への使命や自負など考える間もなく、学費は無料、通学手当十二円五十銭の支給、二部生は一年間の学業で免

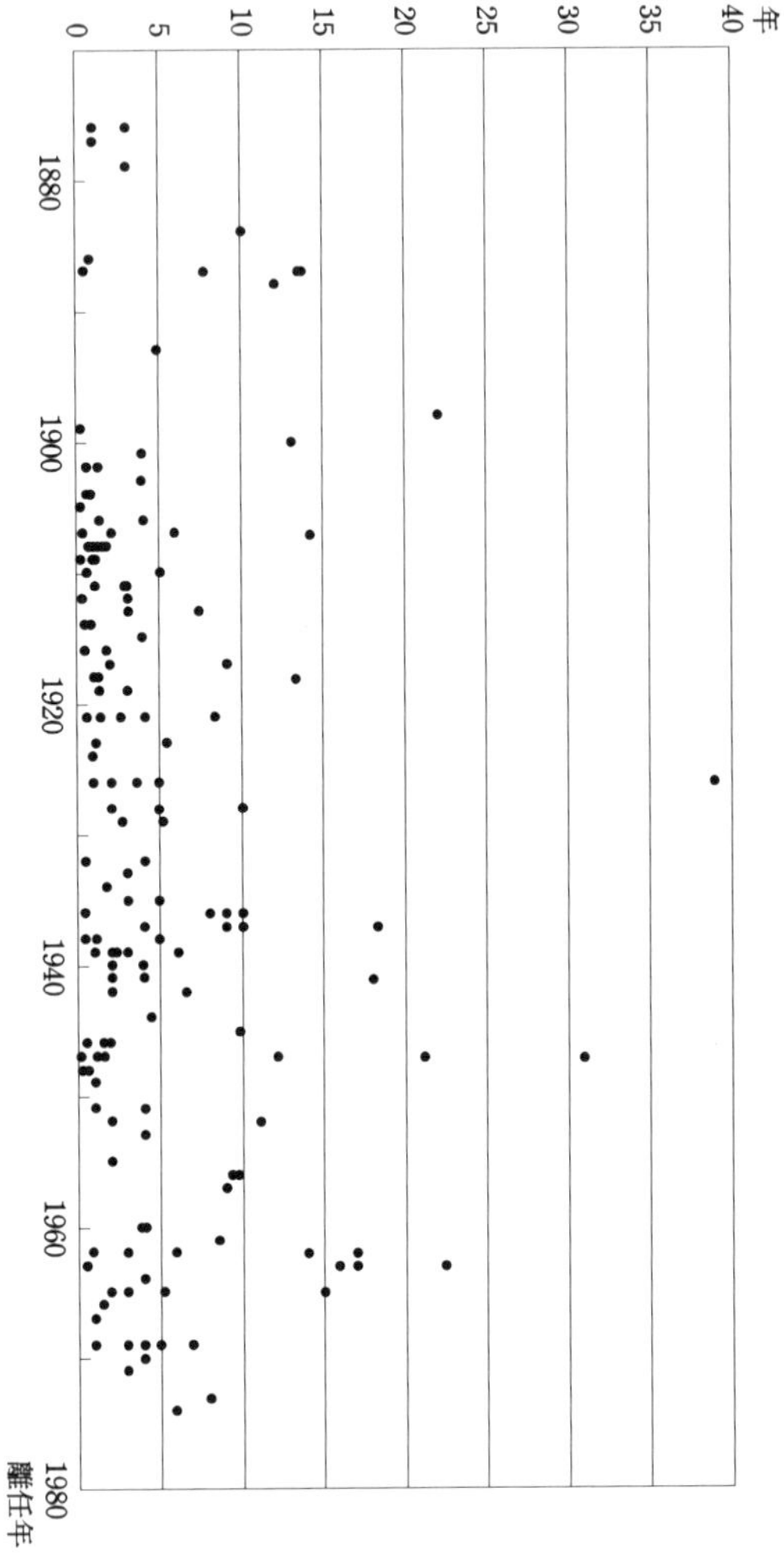

注）『なかがわ』（1976年）所収の資料より作成。

図 6-1　離任年別在籍年数（中川小・男性教員）

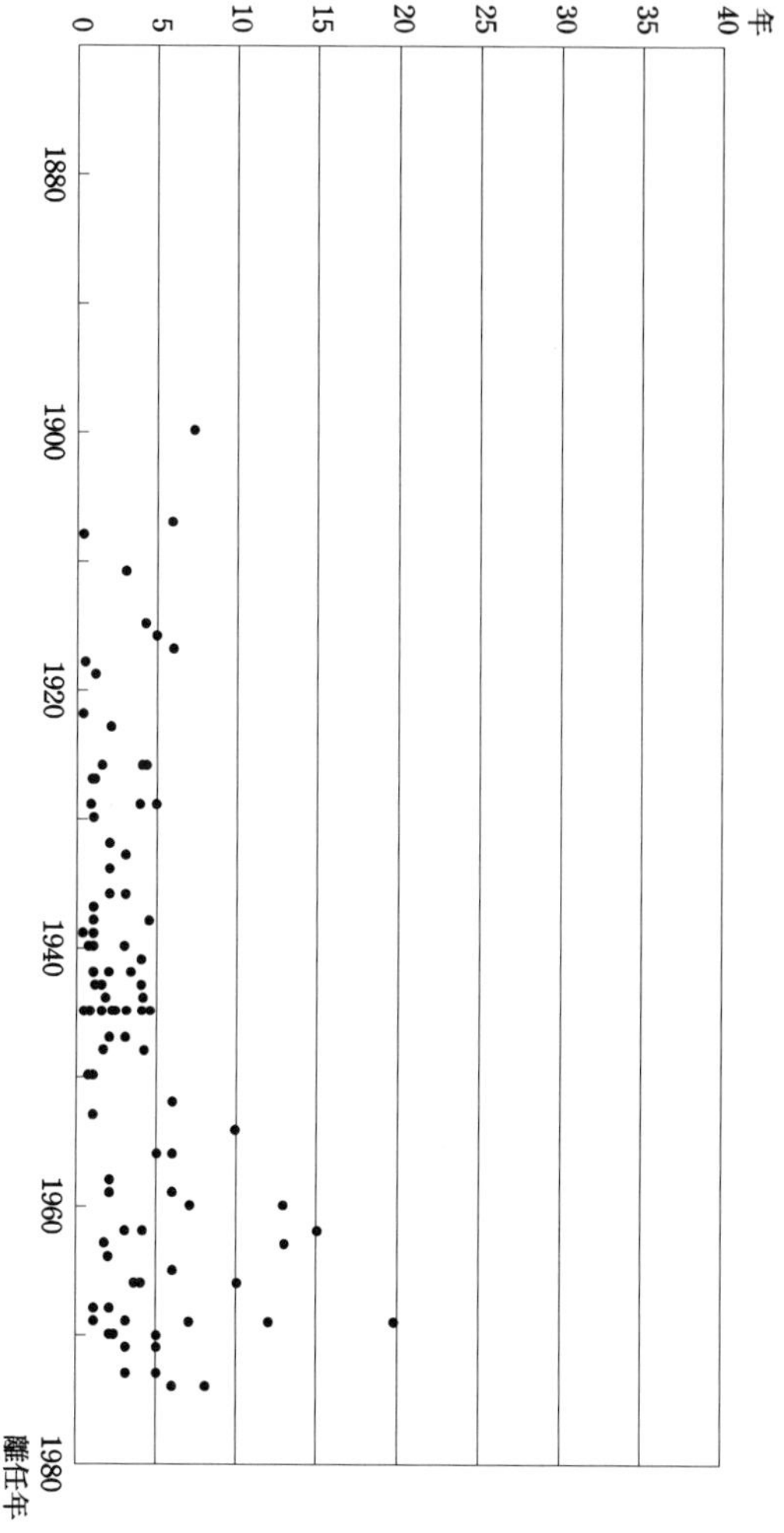

注）『なかがわ』(1976年）所収の資料より作成。

図 6-2　離任年別在籍年数（中川小・女性教員）

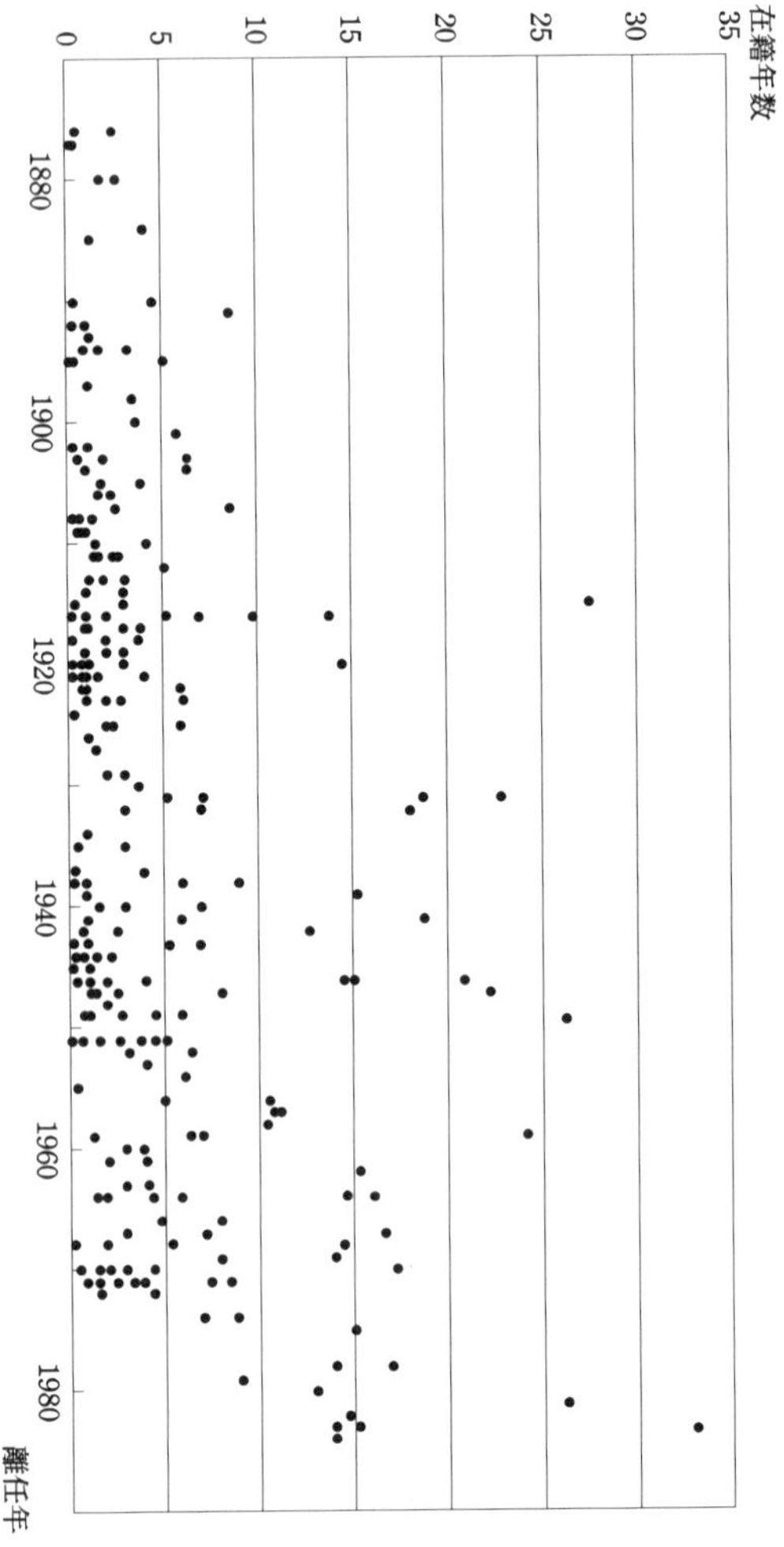

注）『戸塚』(1993年)所収の資料より作成。

図 6-3　離任年別在籍年数（戸塚小・男性教員）

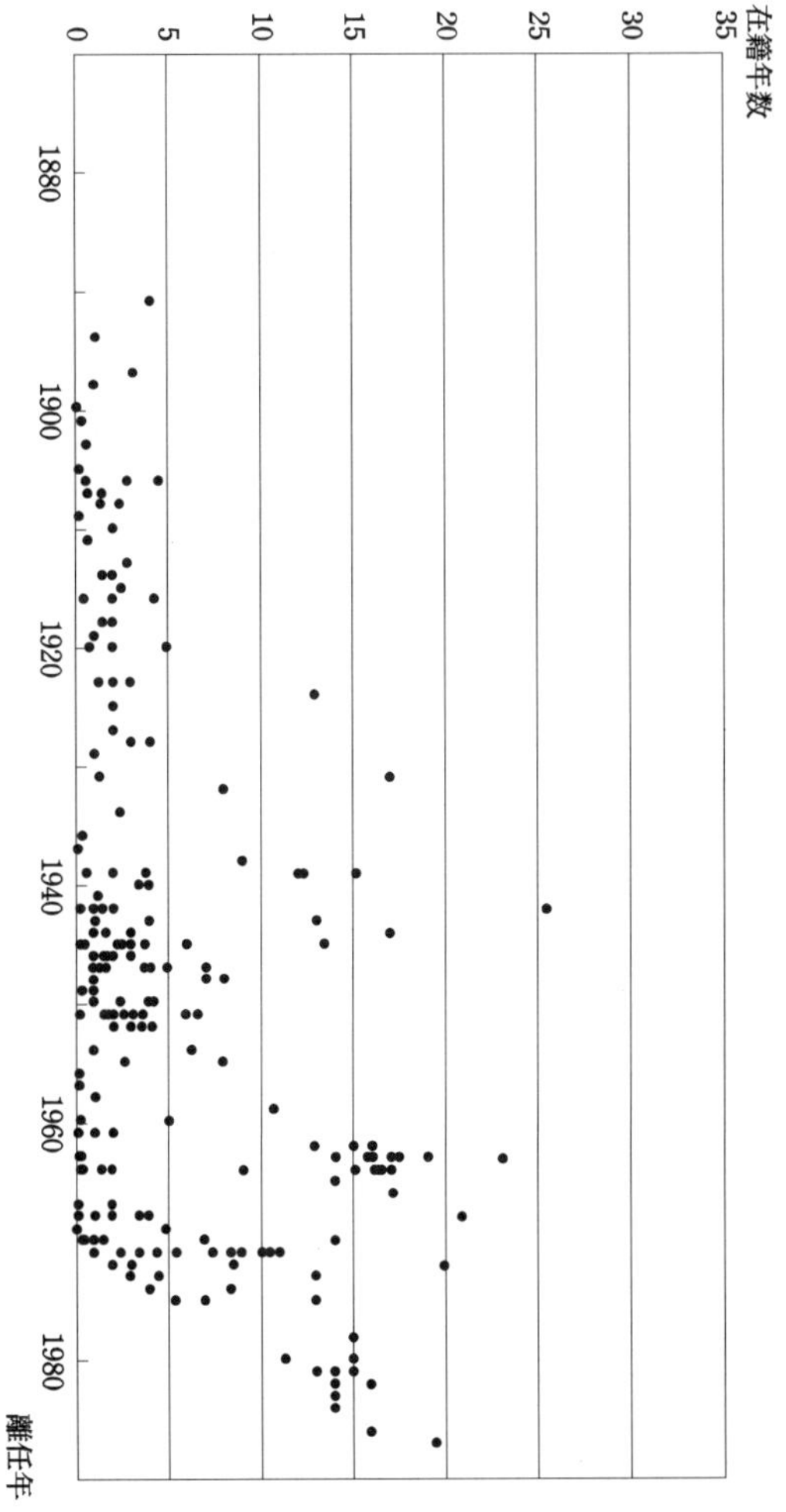

図6-4　離任年別在籍年数（戸塚小・女性教員）

注）『戸塚』(1993年)所収の資料より作成。

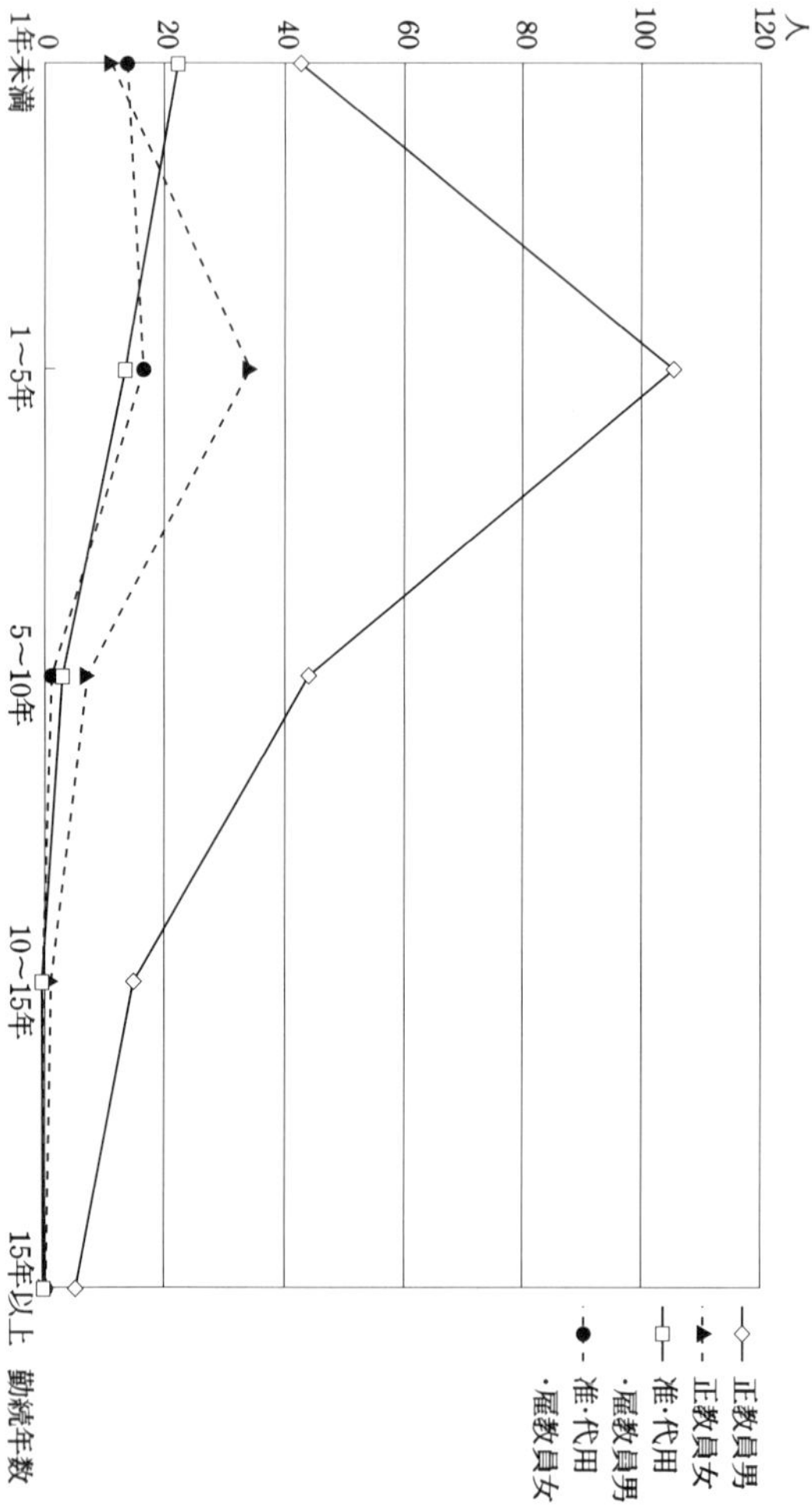

注）横浜市の公立小学校教員のデータ。
『横浜市第一回統計書』(1903年) 57－58ページ第36表より作成。

図 6-5　教員の勤続年数（1901 年度）

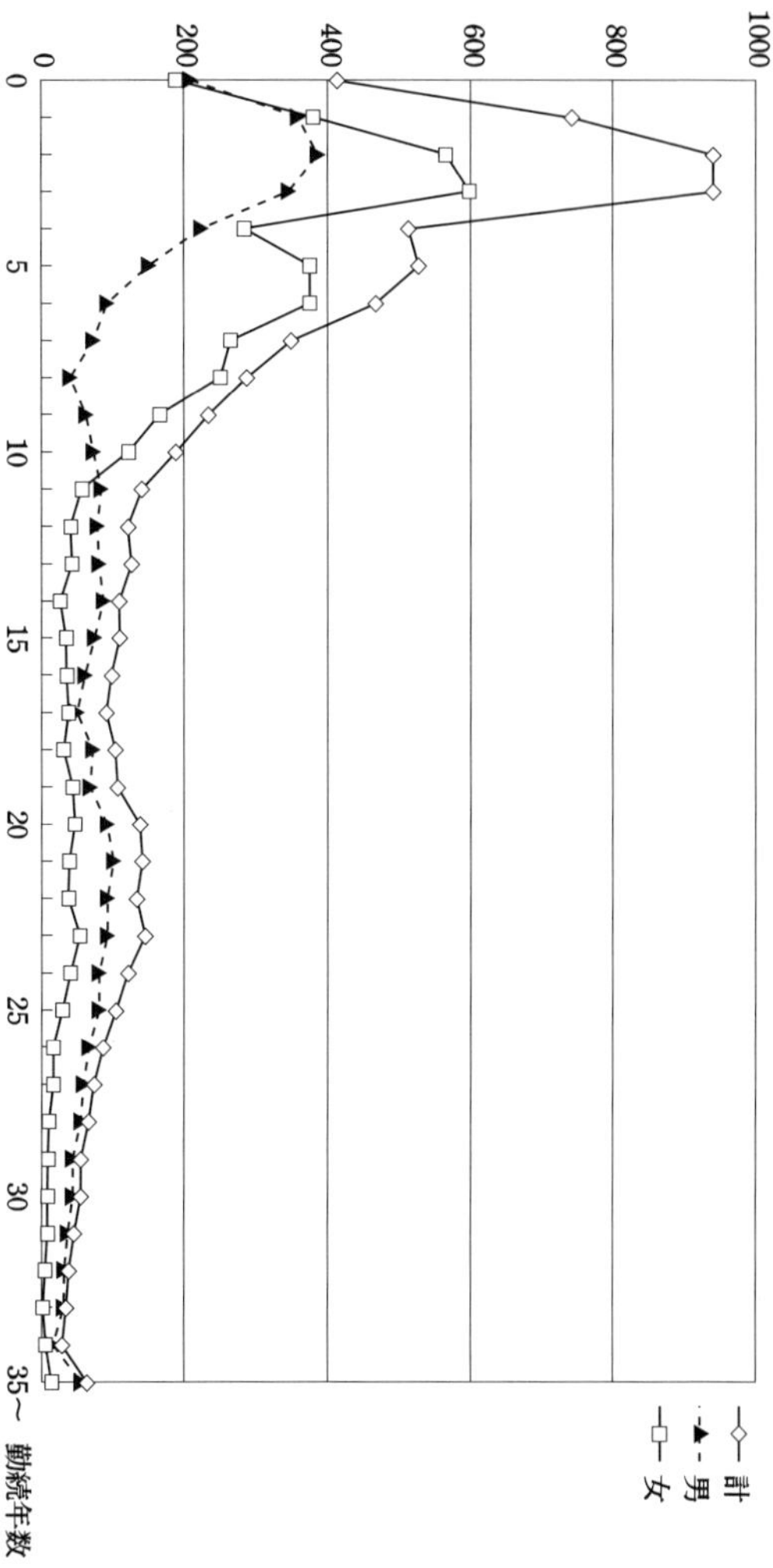

注）神奈川県の公立小学校教員のデータ（1951年5月1日現在）。
『教育調査統計』（1952年）14−15ページより作成。

図 6-6　勤続年数と性別

許状が得られ、一、二年義務を果たせば、後は自由であるという安易な気持ちで受験し合格した」（東京第一師範同窓会編　1990　393）と記している一九二八（昭和三）年卒の女性や、「貧乏官吏の長女として生まれました。苦しい中から女学校、師範と通わせてくれた両親の気持ち、今さらながら有り難いと思っています」（同　448）と記している一九三八（昭和一三）年卒の女性がいる。

これらを併せて考慮するならば、彼女らの出身は、当時の有資格教員たちの出身と格段に異なるとはいえない。むしろ彼らと同様に、比較的上層や豊かな層から、かなり貧しい層までの広範囲にわたっていたのであろう。少なくとも、彼らを大きく超えることはない階層の出身であったとみてよいと思われる。

他方、男性教員と女性教員の間には、給与面で、かなりの格差が認められる。図6-7にみるとおり、同じ本科正教員でも、男性の月俸平均が二五円であるのに対して、女性は一九円を切っている。同様の男女格差が、本科准教員、代用教員のいずれにもみられる（横浜市編　1903　55）。

先にみた有資格教員と無資格教員の格差と、ここにみる男性教員と女性教員との格差は、実際には絡み合って存在した。同じ資格をもつ教員の間で、男性と女性に格差があっただけではなく、そもそも有資格教員となる比率自体も、女性のほうがかなり低かったからである。横浜市では、図6-8のとおり、一九〇一（明治三四）年度の時点で、公立小学校の男性教員中に占める有資格教員（正教員）の比率は八四％であるのに対し、女性教員中の有資格教員の比率は六三％に留まる（横浜市編　1903　47-48）。戦後になっても、神奈川県データにみる助教諭の比率は、男性一六％に対し女

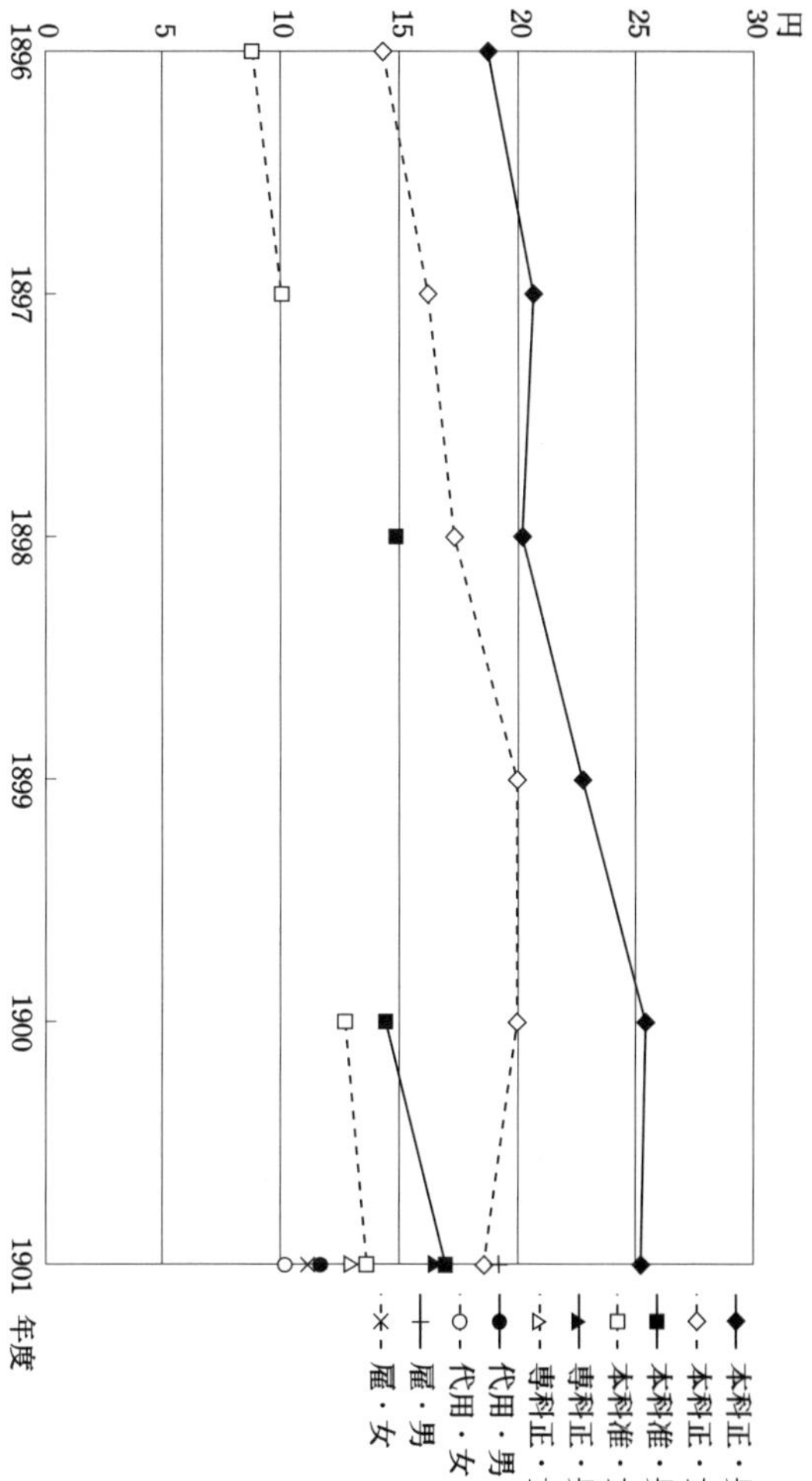

図6-7　教員の月俸平均

注）横浜市の公立小学校教員のデータ。
『横浜市第一回統計書』(1903年) 55ページ第34表より作成。

図 6-8　教員の資格別・男女別人数

注）横浜市の公立小学校教員のデータ。
『横浜市第一回統計書』(1903年) 47－48ページ第30表より作成。

性二五%と、女性のほうが高くなっている（神奈川県教育委員会編　1952　15）。

小学校における職務の内容も、女性教員と男性教員では異なったものが期待されていた。たとえば、小学校長の娘として生まれ女子師範に進んだものの、健康上の理由で退学を余儀なくされた高群逸枝は、その後一九一四（大正三）年から三年半にわたり代用教員の職に就いたが、その時の経験を「女教員は宴会の時の御馳走がゝりであり、お酌であった。研究科目の担任等については女教員は殆ど無視されてゐた」（高群　1931／寺崎編集・解説　1973　227）と記している。(4) このように、有資格／無資格の軸とはまた別な、ジェンダーという軸に沿って、低い側の地位にはめ込まれているのが、女性教員たちであった。

教職と家庭責任のはざま

女性教員たちは、なぜ〈学校〉や〈教職〉に長く留まらなかったのだろうか。この疑問も、彼女らのライフコースを詳しくみてみれば、おのずと解けてくる。

東京女子師範学校を一九三〇（昭和五）年に卒業した女性は、記念誌『師範教育百二十年のあゆみ』（東京第一師範同窓会編　1990　401）に、本科一部卒であっても「給料は四十五円、男との差十円。五円昇給するには女子は最低二年かかる状態。産休要員もなく出産前日まで勤務した」という文章を寄せている。ここにみるように、女性教員は初任給の低さに加え、昇給の速度においても、男性教員に劣っていた。また女性教員が出産した場合に、それをフォローする制度も整ってはおらず、女性教員は結婚・出産を期に、退職して専業主婦になるかどうかの選択を迫られた。東京府女子師範学校の記念誌には、女性教員として生きるなかで、退職するか否かの岐路に立たされた経験が、数多く綴られている。もちろん長期間勤め上げて校長となった女性も皆無ではないものの、このような二者択一を迫られた女性教員の少なからぬ部分は、結局、退職し家庭に入るという道を選んだ。「初志に反し、家庭と職業の両立が成らずに退職」（一九三〇（昭和五）年卒）（同 403）、「老人や子供二人のため退職」（一九三二（昭和七）年卒）（同 411）したわけである。(5)

つまり一方において、安い俸給、昇給の遅れ、職務に対する期待の質などが、女性教員たちを長く留まらせない方向への動機付けとなっていたことに加え、他方では、女性に対して期待される社会的役割が、女性に、教員としてのみならずそもそも家庭の外で勤務を続けることそのものへの、大きな妨げとなっていたのである。

こうした状況は、戦時中には最もラディカルとなる。横浜市の個別小学校のデータをみても、第二次世界大戦末期から終戦にかけての時期の離職者には、男性に比して女性が多い。中川小の場合、一九四五（昭和二〇）年までの数年でとりわけ大量に辞めているし、戦後の離職者の在籍年数をみると、みな戦後に着任した者ばかりであり、ほとんどの女性教員が終戦期に離職していることが明らかになる（図6-2）。戸塚小の場合も同様で、戦前にはある程度長期在籍するようになっていた女性たちが、終戦の前後に相次いで辞めている（図6-4）。

その背景を、再び東京府女子師範学校の卒業生の手記からみると、「集団疎開が始まったので、幼児を抱えていた私はやむなく退職」〔一九二八（昭和三）年卒〕（東京第一師範同窓会編　1990　394）のように、育児がネックとなっていることがわかる。さらに「戦時中自分の子供を託せる人がなく九年四ヵ月で教師をやめ、家事と育児に専念」〔一九三五（昭和一〇）年卒〕（同　426）、「昭和一九年、どこも人手不足の時でしたが、我が家も幼児二人をかかえ、お手伝いさんも帰郷してしまって、やむなく退職しました」〔一九三七（昭和一二）年卒〕（同　438）とあるように、子供の面倒をみる人がいなかったからというのが、具体的な理由となっている。戦争が激しくなって、配偶者も戦地に赴き、使用人なども故郷に帰ってしまったことで、育児負担が女性教員一人の肩にかかってきているのである。この事情は、逆に「三十余年の教職と家庭の両立は大変でした。特に子供の病気の時に感冒してやれないのが一番身にこたえた。母の協力で定年退職まで務められたことを日々感謝している」〔一九三九（昭和一四）年卒〕（同　451）のような寄稿があることからも確認されよう。かくして彼女らのライフコースは、「若い私たちは二人、三人の幼児を抱えて学校の勤務と家での育児。物資不足の台所のやりくりに心身をすり減らし、大方の人は学童疎開を機に学校を去り、夫の故郷や学童の疎開先に散っていった」（同　418）のように総括されるものとなるのである。(6)

つまり、女性教員の家庭が概して核家族的となり、育児等の負担が女性に集中するようになったために、女性教員の長期在籍・在職が困難となっている。そして戦時中には、こうした人手不足が夫の出征や使用人の疎開・帰郷などにより極限に達したため、女性教員の退職傾向も著しいものとなったのである。

したがって、女性教員たちもまた、偶然的に短期帰属をしているわけではない。彼女らを短期帰属へと動機付け、あるいは早期退職を余儀なくさせるような要因があり、それが必然的に彼女らの帰属期間を短くしているのである。

このことは再び、当時の有資格教員の恵まれた地位を照らし出す。当時の有資格教員の大多数は、男性教員であった。彼らは、少数の有資格女性教員と比べても、多数の無資格女性教員と比べても、俸給・昇給などの点において恵まれていた。とくに昇給のチャンスの大きさは、ここに長く留まることへの直接的なメリットとなる。また彼らは結婚・出産などを退職の契機とみる社会的期待からも自由であった。ゆえに相対的に長期の帰属をなし得たとみることができる。

変化する長期帰属の規定要因

以上のように、無資格教員や女性教員はたまたま短期帰属的であるのではなくて、とくに彼ら・彼女らの帰属を短期化に導いてしまう事情を幾つも抱えている。そして有資格（男性）教員と長期帰属との間には、そうした事情が欠如しているという理由による結びつきがある。長期帰属を支える要因は、かつてのような地域定着性の有無から一転して、資格とジェンダーという絡み合う二要因へと変じたのである。一方において、資格（正教員の資格）をもつか否かが、長期帰属／短期帰属を切り分ける。他方においては、ジェンダー軸上のどちらに位置するか――男性か女性か――ということが、やはり長期帰属／短期帰属を切り分ける。個々人はこの二つの軸に関してどちら側にあるかによって、極めて長く留まるものから、ごく短期しか留まらないものまで、多様なチャンスを与えられたのである。

ちなみに、地域定着性がこの時期において、どれほど長期帰属の程度を分ける要因となっているかについては、十分な統計的なデータは得られていない[7]。しかし先に長津田小の事例で示したように、この時期の教員はそのほとんどが地元ないし近隣の出身者となっており、地域定着性なる要因があまり意味をもたなくなっていたことをうかがわせる。ただし、今や選出は資格を主な基準としてなされているのであり、この全体的な地元出身化によっても、以前のような地域との強い結びつきが回復されたのでないことは、注意しておかねばならない。

「下層」としての短期帰属者たち

以上の分析は、長期帰属を規定する要因のこのような変化とともに、もう一つの重要なことを示唆している。それは、この時期の教員組織のなかに、右記の二要因によって切り分けられた、長期帰属者と短期帰属者とが、階層化された二つのグループとして形成されてきたという事実である。

各タイプの教員のプロフィルをみた結果から明らかになったように、准・代用・雇教員および女性教員という、当時の短期帰属者の二大グループは、出身という面では有資格教員を大きく超えることがない。また現在の地位や所得という面では、有資格教員に大きく水をあけられており、明らかに教員組織中の下層を構成する人々であった。しかもこうした現状のみならず、将来性に関してもまた、両グループ間には階層化された関係があった。それは、当時の無資格教員や女性教員たちが、若干の例外——上級学校の試験に通って教員職を去る代用教員など——を除き、転職した後の職でも教員の地位を超えることはおよそなかったことによる。

第五章でみたように、明治初頭の青年たちは、たとえ無資格教員としてでも、教員を務めたことを跳躍台として経済的、社会的により高い地位を伴う職へと転職していった。准・代用教員等のなかからも、やがてより高い社会的地位に到達する人々がいた。そのような可能性を秘めた転職は、教員職からの転職の、一つの主要な流れを構成していた。

たとえば日本経済新聞社の『私の履歴書』には、先に第五章でも引いた五島慶太（一八八二〈明治一五〉年生まれ）をはじめ、高崎達之助（一八八五〈明治一八〉年生まれ）、石田退三（一八八八〈明治二一〉年生まれ）、石毛郁治（一八九五〈明治二八〉年生まれ）が、教員として短期帰属した経歴を記している（日本経済新聞社編　1980）。彼らの場合、出身は農業か漁業で、経済的に豊かでないために中学へ、あるいは中学までしか進学できず、母校の代用教員として数ヶ月から二ヶ年ほど勤務した後に、貯めた資金で大学まで進んだり、商人の道を選び丁稚奉公に出たりしているのである。これをみる限り、少なくとも一九一〇年代までは、立身出世のステップとしての、代用教員職への短期帰属が行われていたといってよいだろう。

ところがこのような記述は、石毛を最後に途絶える。つまり一九二〇〈大正九〉年頃からは、無資格教員のなかから、有資格教員を超える高い地位に上昇することは、皆無とはいわないまでも、それ以前に比べてはるかに稀となっているのである。こうした将来性のなさは、この時期の無資格教員・女性教員に一般的にみられるものである。この人々は、退職して家庭に入る、帰農するなどという〈教職〉自体を去る選択をする際にも、正教員の地位を最終的なゴールとすることで〈教職〉には踏み留まる選択をする際にも、かつてのようなエリート的職業とは異なる領域に、将来の道を見出しているのである。

以上のように、女性教員および代用教員らからなる短期帰属者と、有資格教員からなる長期帰属者との位置関係は、どの面においても後者がまさるようになっているのである。

3　長期帰属者にまさる短期帰属者たち
――有資格教員中の断層

有資格教員のなかの短期帰属者たち

こうして、無資格教員や女性教員という短期帰属者たちに対し優越的な地位を確立した有資格教員たちであったが、一転して有資格教員内でのありかたをみれば、とりわけその将来性に関して、必ずしも優越的な立場にあるとはいえないのが、長期帰属者の置かれた状況でもあった。

前節においてみたように、この時期には、無資格教員から出発して教員を超える高い地位へ上昇する人々はみられなくなっていた。しかしこのことは、教員を退職してより高い社会的地位に到達する人々自体がいなくなったことを意味するわけではない。ただそういう人々は、准・代用教員等のような「正教員に未だならない／なれない」人々のなかからではなく、概して「正教員である／になり得る」人々のなかから現れるようになるのである。教員組織から上方へ向けて離脱していく短期帰属者が、無資格教員よりもむしろ有資格教員の間から現れてくること、これは（一部の士族子弟を除けば）かつてみられなかった特徴である。

この新しいタイプの短期帰属者たちがめだって現れてきたのは、一九一〇年代の後半期である。先にも述べたとおり、この時期には教員人気が低迷し、教員世界からの離脱者が相次いだのであるが、「実業界が要求したのは、……いわば欠格教員でなく、どこまでも自らの利潤追求のために活用できる有為の人材であった。准教員や代用教員のように、学歴の低い、資質面で見劣りのする人びとより、むしろ正規の師範教育をへて比較的高い教養や知識を身につけていた正教員が歓迎されたというわけである」と海原徹は記し、この主張の論拠として「此等転職者の殆ど総べては、小学校教員として、最も能率の高い、且つ働き盛りの年輩者であって……」（『教育時論』一一三二号　一九一七年七月）、「よい口さへあらばどしどし止めてしまふ。故に現在は有資格者が逓減し……甚だしい学校になると代用教員が半分も居ると云ふ」（『創造』一巻三号　一九一九年八月）といった投稿・記事を紹介している（海原　1977　201）。このように、需要の面からみても、社会的地位を上昇させる転職を行い得るチャンスは、無資格教員よりもむしろ教員資格をもつ者たちに対して開かれていた。そして、この点で有利な立場にあった有資格教員たちは、すでに何年か教員としてのキャリアを積

表 6-1　教員の在籍年数別にみた学歴　(%)

在籍年数	学歴					備考
	初等	前期中等	後期中等	高等	計	
0〜5 年	0.0	62.5	18.8	18.8	100.0	N=16
6〜15 年	9.1	27.3	54.5	9.1	100.0	N=11
16〜30 年	0.0	53.8	42.3	3.8	100.0	N=26
31 年以上	14.3	42.9	42.9	0.0	100.0	N= 7

注）初職入職年 1905〜45 年。調査時点で 35 歳以上の男性。
学歴は基本的に旧制で，初等＝尋常小・高等小，前期中等＝中学・実業・師範，後期中等＝高校・高専，高等＝短大・大学以上。
1955〜85 年 SSM 調査データより作成。

んでいる場合でさえも、チャンスがあれば転職を試みたのである。

この傾向は、教員が不人気であった一時期に限らず、第二次世界大戦までの時期にかけて一般的にみられたようであり、また師範学校卒業者のみならず、否むしろより高い学歴をもつ人々が、教員職から早期に離脱する傾向にあったようである。こうした推測を支えるのは、次に示すＳＳＭ調査データである[8]（**表6−1**、**表6−2**）。利用されているのはこのデータ中の、一九〇五〜四五（明治三八〜昭和二〇）年に初職で小学教員の職に就いた男性の職歴等に関する情報である。ここから調査時点で三五歳以上であった者のみを抜き出せば、若干少ないが約六〇人分のデータが得られる。このデータに共通して含まれているのは、種別としてでなくランクとしての学歴に関する情報であるけれども、またこの四〇年間に進行した高学歴化の影響を考慮する必要があるけれども、これを利用すれば帰属期間の長短と学歴の関連を、ある程度知ることができるのである。

表6−1および**表6−2**によれば、短期帰属者には一方で、六

表 6-2　教員の在職年数別にみた学歴　（%）

在職年数	学歴					備考
	初等	前期中等	後期中等	高等	計	
0〜5 年	0.0	64.3	21.4	14.3	100.0	N＝14
6〜15 年	8.3	33.3	50.0	8.3	100.0	N＝12
16〜30 年	0.0	42.1	52.6	5.3	100.0	N＝19
31 年以上	10.0	50.0	30.0	10.0	100.0	N＝10

注）初職入職年 1905〜45 年。調査時点で 35 歳以上の男性。
学歴は基本的に旧制で，初等＝尋常小・高等小，前期中等＝中学・実業・師範，後期中等＝高校・高専，高等＝短大・大学以上。
1955〜85 年 SSM 調査データより作成。

〜一五年在籍・在職者中の初等学歴、あるいは〇〜五年在籍・在職者中の前期中等学歴（おそらく非師範学校であろう）のように、比較的低い学歴の人々が含まれている。この種の短期帰属者たちは、准・代用・雇教員として勤めた後に退職していく人々なのであろう。だが表中の短期帰属者には同時に、大学卒等の高等学歴をもつ者がかなりの高率で、しかも長期帰属者に格段にまさる比率で含まれている。短期帰属者に、低い学歴しかもたない准・代用教員的な人々とは異なるタイプの人々が含まれていることが、ここからわかる。

そしてこれらのデータ中の、学歴の高い短期帰属者の転職先は、概して専門職や官公庁・民間の事務などといったホワイトカラー系の職に就くものであることがわかっている。そのなかには技術者、大学教員、税理士や管理的公務員など、職業的威信の高い職業もみられるとともに、企業規模では従業員一〇〇〇人以上の大企業に勤務するようになった者も少なくない。つまり小学校教員にとってはかなり輝かしい職に向けて、高学歴者たちの転職はなされているのである。(9)

教員組織内に生まれた三つの階層

こうした有資格教員中の短期帰属者の出現は、有資格教員のグループそれ自体のなかでも、さらに二つのグループが分化していく可能性を示している。主に中等学歴――とくに師範卒の学歴――をもつ有資格教員（男性）である長期帰属者のグループと、彼らに比して高めの学歴をもつ有資格教員（男性）である短期帰属者のグループである。両者は、なるほど現状では同程度の地位にあるけれども、将来における地位を大きく異ならせていく可能性を持っている。

したがってこの時期の教員組織は、学歴およびジェンダーという尺度によって切り分けられる三つのグループから構成されるようになっているといえよう。一方において、有資格で男性の教員のグループと、無資格教員や女性教員のグループが、将来の可能性のみならず現在の社会的地位自体も異なるグループとして、分けられている。これは、ジェンダーにおける差と、教員資格における差――それは師範学校卒という前期中等学歴およびそれ以上の学歴の取得者と、進学がかなわず初等学歴に留まる者や、師範学校卒以外の前期中等学歴の取得者との学歴差でもある――から生まれたグループである。他方、この有資格・男性教員のグループ自体のなかに、将来の可能性において異なる二つのグループがあり、こちらは、前期中等と後期中等以上との学歴の差にほぼ対応するものとなっている。この三つのグループが階層的に重なり合うなかにあって、ちょうど上下から挟まれた中間的な場所に位置づけられていったのが、長期帰属者たちであった。

第六章の注

（1）次章でみる三ヶ島葭子も、女子師範中退であるにもかかわらず、彼女の父や伯父が教員をしており、そのつてで伯父の勤務先に近い小学校に紹介されたおかげで、代用教員として就職することができた。資格のない代用教員などの場合は、依然として「人脈・つて」が就職において重要な役割を果たしていたわけである。なお三ヶ島も、代用教員として勤務中の一九一二（明治四五）年に、准教員の資格を取得している。

（2）女性教員の勤続年数は、埼玉県の川越および周辺の小学校で、一九〇〇〜二〇（明治三四〜大正九）年頃の平均がおよそ二〜四年であった（新井　1974　56-57）。

（3）石戸谷哲夫も、「男子に比べて、女子は師範学校生徒も教員も、かなり上位の社会階層出身の者が多かった」と述べているが（石戸谷　1967　256）、論拠となるデータは引かれていない。これに対し望月厚志によれば、静岡県における一九〇一〜三九（明治三四〜昭和一四）年入学の女子師範生徒の父兄職業は、農業、公務自由業、無職業の順に多いが、農業の比率は師範生徒の父兄に比べてかなり低く、逆に公務自由業の比率は高い。輩出率でみても公務自由業、次いで無職業が極めて高く、農業ではなく商業からより多く入っているという（望月　1987　221-224）。これらはいずれも、女性教員の出身が男性教員よりも高めであったことを示すものといえそうである。

（4）もっとも女性教員のなかには、平野婦美子のように、男性と女性を等しく取扱う校長のもとで、着任まもないうちに主任等を任せられ、充実した教員生活を送った女性もいたけれども（平野　1940／上沼監修　1993）。この角度から女性教員の生き方に孕まれていた可能性をとらえようとする試みもみられる（寺崎・鈴木編　1993）。しかし他方で、東京府女子師範学校卒業生に対するアンケートには、学校に対する女性教員の希望の第一位に「人格を認められたきこと」がランクされており、これについての次のようなコメントも公表されている。「男子と相並んで教職に従事する以上は同等の教員なり、然るに恰も男子の附属物の如く、或は無能力の如く見做され、同一の意見にても、男子の之を主張する時には直ちに採用せられ、女子の主張する時は往々無視せらる。元来女子は、習慣上衆人の前又は長上に向つて意見を発表する事は余り好まぬものなるに、職務上止むを得ずして之を発表するが故に多少力も弱く、発表の方法も拙きを免かれざるべし、之が為に其意志の徹底せずして、採用せられざるやも計られざれども、前記の如く人格を認められたしとの希望が希望中の最高点を占むるを見れば、強ち独断的、感情的に止まらざるべし。」（東京府女子師範学校同窓会研究部　1917／寺崎編集・解説　1973　208-209）

（5）このような事情を反映してか、女性教員の既婚率は低い。一九〇三（明治三六）年頃の調査によれば、既婚者は一八九八（明治三一）年の二〇〜四〇歳女性全体では六七％であったが、女高師の一八七九（明治一二）年以降卒業生中の既婚者は四六％にすぎないという（『日本之小学教師』第六巻六一号（一九〇四年）：新井　1974　73より）。また一九〇九（明治四二）年の奈良女子師範卒業生の場合、卒業して四〜六年の時点における既婚率は二九・五％であり、この既婚者のうちで勤務を続けているものは四〇％にすぎなかった（校友会誌『佐保の青嵐』一九〇九年七月号：深谷　1974　48より）。

（6）記念誌には一九三九（昭和一四）年の卒業生一二〇名中の健在者等八〇名に行ったアンケートがある。それによれば、定年まで勤務を続けたもの六名、復職後定年まで六名、復職一八名、産休補助等五名で、残る四五名は途中退職となっている。また在職年数は七五名中のおよそ半数にあたる三五名が、一〇年未満と回答している（東京第一師範同窓会編　1990　450）。

（7）近似的なものとして、一九六五（昭和四〇）年および九五（平成二）年に行われたＳＳＭ調査のデータによる検討を行ってみた。このデータは全国の六〇余名の小学教員の履歴に関する情報を含んでおり、かなり大まかなものではあるが、そこからは地域移動の有無と、在籍年数の短期・長期との対応関係は、見出されなかった。むしろ、この頃にはほとんどの教員が出生地（ないし義務教育修了地）と同じ都道府県内で就職するようになっている傾向が読み取れた。

（8）SSM調査は、サンプルの履歴に関する詳細な情報を含む点に一つの特色をもつ。

（9）なお一九六五年調査から得られたサンプルについては、最終学校の種別まで知ることができるが、中等学歴を取得した一〇人のうち、八人までが師範学校の卒業であった。

第七章　教員たちの「近代的」人間関係

1 「協調」の誕生

一九一〇年代の教員間人間関係

「協調」を実現させるための三つの必要条件がほぼ一般化してきた一九一〇〜二〇（明治四三〜大正九）年頃の時期は、実際に「協調」が教員間人間関係を満たしていることを、教員たち自身が語り始めた時期でもあった。この時期に相次いで創刊された教員向け雑誌の寄稿文や、当時の経験を記した日記などは、教員たちが「協調」を——ときに息苦しいしがらみとして——意識するようになっていたことを、はっきりと示している。以下では、一九一〇年代の初め頃に小学校の代用教員（後に准教員）として勤務した三ヶ島葭子の日記や、一九一〇年代および二〇年代初頭の雑誌の寄稿などから、その様子を読み取ってみよう。

書き残された「協調」のすがた

三ヶ島葭子（一八八六―一九二七年）は、前章でみた高群逸枝と同様、小学校長の娘として生まれ、女子師範学校に就学したが、健康上の理由で中途退学を余儀なくされた。彼女は、一九〇九年から神奈川県（西多摩郡）の代用教員の職に就いた。歌人としての素養があることなどから校長に疎まれ、ついに学校という組織になじみきれずに去ったが、長期にわたってつけ続けた日記（倉片編1981）のなかに、在任中に関する詳細な記録を残している。(1) ここに引用する彼女の教員時代の日記は、一九一〇年代の始め頃の時期に関するものであるから、「協調」を支える三つの条件がほぼ一般化してきた時期、そして教員界をおそったあの転職・離職騒ぎの始まる数年前の時期の状況を伝えるものとして興味深い。

ちなみに三ヶ島が勤務したのは、西多摩郡小宮村にある尋常高等小学校（現・小宮小学校）で、現在の東京都の西端にある山村の学校である。日記によれば、一九一〇年代には教員数が五名と、決して大きい組織ではなかったが、この時期にはそのような小規模校にも校長職がすでに存在し主席なども置かれている。そしてそこには折々に、視学の影響力なども及んでいるのをみることができる。よって、参照連鎖となり得る組織構造（そこに権限の配分も伴う）は、すでに成り立っていたとみてよい。また、この学校の校長や主席が、三ヶ島の在任中に、「年功加俸」――最低五年在職することによって与えられる――を得ていることから、長期帰属もある程度行われていたことがわかる。

さて日記には、校長と同僚の教員たちが、何か行事があるごとに仕事の後で酒の席を設け、出席を強いることに対する苦痛が、繰り返し綴られている。「補習学校の開校式があって校長や村長がきまりきった告辞をしてあとで酒を呑んで騒いだ。……十二時にやっと帰ることを許されたなんて、自分にとっては獄に入ってゐる様な気がした（一九一二年一〇月一六日）。」「今日は夜まで引張られた。何かといへば酒を飲む。それもいいけれど新聞をみても顔をしかめるような人たちと一しょにさほどの話も聞かせられずにぽかんとしてゐる身の辛さ。動物園の獅子のやうな心をじっと抑えて外をも見ずにゐるのである。ああもう私には堪へられない（一九一二年一〇月二八日）。」「今日は校長と主席と二人へ年功加俸の辞令が下りたのでその披露というほどではないが心祝ひとして役場の書記を招んでお酒を初めたので夜まで帰ることが出来なかった（一九一二年一一月一三日）。」日記の日付は、こうした教員たちの会合が、半月とあけずに繰り返されていることを物語っている。

「協調」への圧力は、酒の席につきあわせるという場面だけでなく、学校の運営という場でも、三ヶ島にかかってきた。第一に、教員は法定の勤務時間が終わったからといって、直ちに帰ってよいものではないと思われていた。三ヶ島は、同じ職場の教員（おそらく校長）から、「学校の仕事は時間ではありませんぜ。少し用のある学校の先生はみんなあかりがついてから帰ります（一九一四年一月二二日）」と、いやみを言われている。

この点については、三ヶ島のような一九一〇年代の教員でなくても、同様の経験をしている。一九二〇〜三〇年代にも、教員は遅くまで学校に残って仕事をし、それから「一斉に」帰路につくのがしきたりであった。[2] たとえば竹内途夫は、自分が小学生であった昭和の初め頃の教員たちの日常を、懐かしみつつ次のように回顧している。「……本校の教師は、勤務時間がどうこうといってはおれず、いつも帰りは日が暮れてからであった。女性教師は学校の近くの民家に下宿していたが、男性教師は自転車で四里五里といった道程を通勤していた。その自転車には必ずニコニコランプが取り付けてあって、このランプを使用しないで家に帰るような日はなかった。……闇夜の校庭を横切ったニコニコランプの群れは、校門を出ると、北へ南へと散っていった。」(竹内　1991　41-42)

第二に、教員組織のなかにあっては、人と違う本を読み、人と違う趣味をもつことが、疎んじられる。[3] 三ヶ島は、歌人としての活動も続けていたから、短歌などに関する本や、新聞を読む習慣をもっていた。しかし同僚が下宿に訪ねてくるとなれば、雑誌、歌集などをみられて批判のたねにされるのを防ぐため、急いでそうした本を全部押入に隠した(日記　一九一二年一〇月二〇日)。そのように気を遣っていても、校長は前任校長の欠点を話題にしながら、「生徒が帰りや自分のすきの本でも読んでゐたのだろうさ」「ほんにさうかも知れない。だから歌も出来たらう(一九一三年一二月一六日)」と彼女にあてつけをしている。一九一〇年代の小学校は、自分たちと異なる者に対して攻撃的・排除的な態度をみせる人々から構成される――あるいは、そういう人々の言動を制する者がもはやいない――場となっているのである。

こうした雰囲気が支配していたのは、三ヶ島が勤務した小学校だけに限られない。この点について、当時の教育雑誌は興味深い投稿を載せている。「久し振りで旧友を迎へ一寸料亭で一杯傾けた事が、小さい町ではすぐ評判になり職員会の問題になる。少し頭髪を伸ばしたり、バンド附きのスプリングコートでも着やうものなら直ちに校長から白眼の投射を受ける。それ改造は危険思想だの解放は危いのと一々読みものまでも干渉を受けなくてはならないのか。」(『小学校』一九二二年四月：陣内　1988　249より)

そして「協調」が求められるのは、こうした細かな部分に留まらない。職員会議のような重要な場でも、教員が自分の意見をはっきりと述べることは、回避されるようになっている。三浦修吾は、一九一六（大正五）年までの一三年間にわたる教員経験を、次のように語っている。「あんなことをして、何になるかと思ふやうな事にばかり、学校は力瘤を入れてゐる。ソレ又校長が視学のご気嫌とりをやつてゐる。みんなが、校長の云ふなりになつて、ちつとも真面目に生徒の為めを考へやうとしない。蔭では校長のやり口を非難してゐながら、さて職員会などで、校長の前に出ると、忽ち猫の前の鼠のやうになつて、誰れ一人自己の意見を主張するものがない。皆一様に校長の云ふことに従つてしまう。自分は平生教員室で、みんながそれぞれ意見をもつてゐることを知つている。校長の遣り口に同意してゐるので無いことが分つてゐるので、何かの時に、自分が思ひ切つて、皆を代表した心もちで、意見を述べても、一人も之に応援をするものは無い。」(三浦　1917／上沼監修　1991　280)

教員は、服装からふるまい、そして発言内容に至るまで、他の教員と異ならないように気兼ねをしながら生きるようになっているのである。

教員のこのような意識は、彼らの評価をじかに左右しうる児童のふるまいを規制することにも反映されていく。警視庁警部不良少年係であった阪口鎮雄は、不良少年とみればすぐ退校処分にする学校があったり、不良少年が居ることを警察に隠しておいて、その二、三日後に除名にしている学校があることを述べ、「学校の名誉とか、自分の職務上の失態とか云ふ点ばかり考へて、其の生徒の教育と云ふ事を考へ」ない学校や教師の在り方を問題としている（『小学校』一九一六年二月：陣内1988　241-242より）。つまり児童のなかの逸脱者を排除する傾向も、この頃すでに現れているのである。

「協調」を支える対外的な脅威の予期

第二章において述べたように、「協調」が実際に行われるためには、この種のふるまいへの違反が重大な損害をもたらすという怖れ、いわば対外的な脅威の予期が、重要な鍵を握る。三ヶ島の日記には、そうした意識もまた、教員組織のなかに存在したことが示されている。

あるとき三ヶ島は、自分が校長の意地悪で辛い思いをしていることを父親への手紙に書いたが、どうしたわけか父親がそれを郡視学に知らせてしまった。その結果、郡視学が事実関係を校長に問い糺してくるという事件が起こった。校長はこれを非常に不快とし、以後数ヶ月にわたり彼女を無視し続けたあげく、職員一同を集めてその前で三ヶ島を激しく非難した（日記 一九一四年一月二一日）。校長のこのような反応は、郡視学という上位者からの評価が、校長にとっては非常に重要なものであったことを示している。

このとき校長は、次のように述べた。「たとへば長田君に何か不心得なことがあったとすれば、それは久保君に背負はせるといふことが出来ないで私にかかってくるのだし、諸君に一人でも成績の上つた人があればその喜びは私が頂戴することができるのですから、どうしてもみんなが一家族になつてやらなければならないと思ひます（一九一四年一月二一日）。」

この「長田君に何か不心得なことがあったとすれば……それは私にかかってくる」という言葉は、組織のなかで起こった不始末に対して、組織の外からの働きかけが予想されるということを意味している。それは一つには、地域の人々（児童やその保護者など）からの評価——非難・不信表明といったもの——であり、もう一つは、教員組織上の上司からもたらされる制裁——処分・叱責など——である。

ちなみに、職員の問題はすべて自分を通して行われるべきだと考えている校長と三ヶ島はその後も何かにつけ折り合わず、彼女の退職の申し出に際してもまた、校長は「職員として校長に話なしで村長や何かに暇を貰ふなんていふことは職務上の大失敗です。さうでせう。お父様のところへさへあんなことかいてやった位ですから私などは眼中におかないのでせう（一九一四年二月一七日）」と、根にもった発言をしている。

このように、「協調」への圧力は、個々の小学校とそれを取り巻く教育界全体に向けられた意識に支えられることで、より安定的に生み出されていた。教員たちが、「教育界のなかにある教員」という立場を自覚すればするほど、彼らは「協調」をより好ましいふるまいとして選び取ることになったわけである。

2　〈教職〉帰属者たちの人間関係

なぜ「協調」が細部にわたるのか

こうして一九一〇年代の教員たちの社会関係は、極めて微細な「協調」で埋め尽くされていった。しかしこれは、少し奇妙ではないか。もともと個々人を「協調」へと導く先の三条件は、重要な利害に関して譲歩することで相手に貸しを作ったり、相手からの高い評価を獲得したりする駆け引きに関する条件であったはずである。そのような重要な利害に関してのみ「協調」がなされるのならばともかく、「スプリングコートを着るかどうか」「新聞を読むかどうか」といった些細な事柄にまでいちいち「協調」が期待されるのは、どうみても行き過ぎである。これらの細部にまで及ぶ「協調」は、決して、あの三つの条件からじかに導かれるものではない。

なぜ教員組織においては、これほどの細かい「協調」がなされなければならないのだろうか。この点について明らかにするためには、先の三つの条件が教員たちの人間関係にもたらす特性を、もっと詳しくみる必要がありそうである。

そこで以下では、あの三条件が成立する過程でそれぞれもつようになった独自性――近代になって現れた特性――が、教員たちの人間関係にもたらした特徴をみていくことにしたい。たとえば、長期帰属が行われるようになるにあたり、教員は階統的に編成された教員組織のなかの、とりわけ上位の単位に強く帰属するようになったが、それが教員たちの人間関係にどんな特徴をもたらしたのか。また教員の帰属は地縁・血縁などでなく主に教員資格に準拠するようになったが、それによって教員たちの人間関係はどんな性格を帯びるようになったのか。さらに、教員組織はその内部に三つの階層を含むようになったが、それによって、この三層のちょうど中間で板ばさみ的位置に置かれた長期帰属者たちのふるまいには、どんな圧力がかかってきたのか。これらをみることにより、教員たちの「協調」の意味は、より明確になるに違いない。

上司への絶えざる配慮

まず、第四章でみたように、教員は階統的な組織のなかの上位の単位に、より長期的に帰属するようになっていった。また教員たちにとって、個々の小学校よりも都道府県単位の教員組織が、その人間関係の広がりとしてより実在的となってきていた。すなわち、個々の教員にとって最も重要な利害がやりとりされるのは、より上位の単位のほうにおいてだということである。小学校という下位の単位内でのやりとりは、それが上位の単位での交渉に影響をもつという理由による、二次的な重要性しかもたなくなる。たとえば個々の小学校で上司との関係を良好に保つことは、教員としての将来の地位を左右するものであるがゆえに、重要だというわけである。

こうした変化により、教員の人間関係にはある重要な特徴が生まれる。すなわち、個々の小学校のなかでふるまう教員たちの関心が、上位の単位へと集中し、ふるまいが常にこの上位単位の意向に配慮するものとなることである。たとえば教員たちは、上司の意向に非常に強い関心をもつようになるが(4)、これは上司すなわち小学校という単位における上位者が、より上位の教員組織での交渉に影響をもつという意味で、重要な利害を握っているからなのである。

加えてこの利害（昇進・増俸）が、彼らの豊かではない出身や日々の生活苦に照らしてとりわけ重要な利害となってきたことが、それに拍車をかける。当時の教育雑誌には、若くして校長になった教員がいかにしてこの点をうまくやったかを暴露的に綴った投稿も掲載されたが、そこには、妻に視学の細君を訪ねさせ贈り物をさせたり、視学の細君を介して郡長の奥方と交際を結ばせたり、視学の囲碁の相手をしてわざと負けたり、村長・学務委員を料亭で接待したりといった生々しい事例が挙げられている（『教育の実際』一九一六年：陣内　1988　256-257より）。このような関心の向けられる先は、主席・校長から郡視学・県視学・議員や村長までつらなっている。そして教員の生活は、「……校長に機嫌を伺ひ、主席に媚を呈し、議員や村長乃至は父兄有志にまで一々頭の上らない平訓導の生活……」（志垣　1919／上沼監修　1991　162）となっていくのである（なおここで父兄にまで配慮が向けられる点については、後にあらためて取り上げる)。以上のような事情が、教員たちに、以前にもまして強い、広範囲にわたる「協調」を行わせているひとつの背景と考えられる。

3　資格に準拠する教員たちの人間関係

地域に対する閉鎖性

第五章でみたように、長期帰属者たちは、教員資格を手がかりとして着任した人々である。このことが、教員たちの人間関係に、さらに幾つかの特徴をもたらしている。まず、資格を取得する過程や教員として着任する過程が、地域とのつながりをもたないものとなることによって、地域に対する有資格教員たちの閉鎖性が生じる。

有資格教員たちは、かつてとは異なり、地域との密な関係をもっていない。教員たちにとって、地域とは、教員としての長い人生のある時期に、一時的に滞在するだけの場所にすぎなくなっているからである。加えて彼らは、その土地の人々によって選ばれたわけでもない。さらに、農民子弟が都市部で着任する場合などは、その土地の人々との間によりも、ともに農村部の出身者であり、師範学校時代をともに過ごした相手でもあるかもしれない同僚たちとの間に、より多くの共通性をもってもいる。つまり教員たちにとって地域とは、長期的につきあう必要がさほどないばかりではなく、彼らの地位に関する直接的な決定権をもってもいない、そして場合によっては出身階層も異なる、端的な「外」となるのである。

なるほど資格に準拠することによって、人脈がまったく意味をもたなくなったということはない。しかし人脈はもはや、かつてのように地縁的・血縁的なものではなく、学閥的なものとなっている。すなわち有資格教員たちは、多くが、師範学校で寄宿生活をともにするなどして、「学縁」ともいうべき連帯をもっている。これが新たな人脈として、機能するようになるのである。そしてこれもまた、〈学校〉という職場を越えたつながりによって、非教員世界である地域等に対する閉鎖性をもたらしている。

屈折した「地域への配慮」

とはいうものの、地域は教員たちにとって、単に疎遠なだけではない。地域は教員たちに、なおある種の配慮を強いる。

もともと教員にとって、児童・生徒やその保護者たちという地域住民からの評価は、決して無視できない重みをもっている。なるほどかつてのように、地域住民が教員を採用するのではないし、地域と極めて重要な長期的関係をとり結んでいるわけでもないが、地域住民が教員に対して、教員としての権威を認めなくなったら、その教員はもはや教員ではいられない。地域の人々が、子弟を託してもよいと考える限りで、教員と児童らとの間には教育という営みが成り立つのである。その意味で、教員という職業は、地域からの評価を基礎として成り立っているといえよう。よって、教員にとって地域はなお重要である。地域は、教員が常にその評価に配慮しなくてはいけない相手であり続けている。(5)

しかもこの一九二〇（大正九）年頃までに、教員たちは以前にまして、地域からの評価に敏感となっている。それは、彼らが幾つかの意味で、地域に対するかつてのような優位性をもたなくなっているからである。

まず、出身との関連でみれば、かつては士族・僧侶・富農など、比較的社会的地位の高い家柄の出身であり、おのずと高い社会的評価を得ていた教員たちが、すでにこの時期には、中農以下の農民の出身を主流とするようになっている。(6) それに伴い、教員は、地域住民とほとんど同じ出身階層でありながら、「先生」と呼ばれるに足る実質を備えなければいけなくなった。これは教員たちを、地域からの評価に対し、一層敏感にしたはずである。

さらに一九三〇年代になると、農民の子弟が、農業一筋の生活に不安を感じ、地元を離れずに済む職を探し求めた結果として、小学校教員という職を見出すようになる。農業の副業として教員をやったり、いずれは農業に帰ることを予定して教員職に就いたりするようになるのである（廣田1991）。このような意味合いで農民の子弟が地元の小学校に就職した場合、現在・将来のことを考えて、ますます地域からの評価への関心を高めたと考えられる。

他方、学歴の面でも、当時の教員たちは、地域の人々とあまり変わりがなくなっていた。かつては、中等学歴取得者自体が稀少であったため、教員がもつ師範学校卒の学歴は十分尊敬に値した。ところが、この時期になると、中学校を中心とする前期中等学校進学者の爆発的増加のなかで、師範学校を出ることはもはやたいしたことではなくなっている。一九一八（大正七）年に雑誌『教育界』は、師範学校新卒業生に向けられた「若き教育者の進むべき道」と題するメッセージのなかで、次のように呼びかけている。「諸君は、修養心向上心を失ってはならない。兎角人間は、学校でも卒業すると一かどのものになったかの如くに自惚れて仕舞勝ちなものである。ことに教育者の如きは大抵師範の卒業生であり、そしてそれも多くは師範卒業生中でも二流三流なものばかりであるから、少し成績のよい新卒業生は一層自惚心が強くなるものである。……併し……師範卒業といふやうなことは、今日のやうに文化の水準が高いときには如何なる方面から見ても誇るに足るべき学歴ではないということ……を十分に自覚し、学問と実務の両面にわたり、どこまでも旺盛な研究的恒常的精神を以て当らなくてはならない。」（明治教育社編輯部編　1918／上沼監修　1991　76-77）師範学校の地位の低さはこの時期、すでに議論の「前提」となっているのである。

しかも前期中等の諸学校のなかでも、師範学校はこの時期、比較的低い位置付けを受けるようになっている。その背景には次のような事情がある（陣内　1988　154-161）。たとえば、師範学校は、高等小学校卒業年齢から師範学校入学可能年齢までに数年のブランクがあることによって、他の学校への入学に失敗した人々が入学する、敗者復活の場として性格づけられたこと。あるいは、以前に比べて師範学校入学者の年齢が引き下げられることで、かつてよりも経験の浅い未熟な者たちが教員資格を取得するようになっていたこと。これらの結果、師範学校卒という学歴は、もはやかつてのようには評価されなくなったのである。

こうして教員たちは地域のなかで、突出するどころか、同等かやや劣る学歴をもって生きていかなければならないようになった。(7) 世の中がますます、学歴を基準として地位を測るようになってきている時代にである。教員たちはこれで一層——「資格」に敏感な教員であるだけに——、自分たちの劣位を意識し、地域からの批判に神経質になったと考えられる。

さらに、教員という職業そのものが、専門職でありながら、当時はかなり薄給な職業であった。当時の被雇用者の俸給は、基本的に学歴との対応で決まっていたが、師範学校本科一部卒という、教員のなかではエリートである人々（小学校教員かどうかは不明）の初任給（臨時手当も含めて）は、一九一九（大正八）年頃には二七〜二九円である府県が多く、三〇円以上であるのは四七府県中のわずか四県にすぎない。ところが同年の中学校卒業者の初任給が三〇円を越える府県は、およそ六割もあり、実業学校卒業者の初任給が三〇円を越える府県は、およそ八割に上っている（陣内 1988 206-211）。つまり同じ前期中等学歴の取得者のなかでさえ、教員の俸給は見栄えのするものではなかった。

これは、右記のように変化してしまった教員たちの出身と共振して、教員たちを、とくに不況時には著しく、経済的に苦しい状態に陥らせた。教員職は今や、名誉職や副業としてではなく、生計を立てる唯一の手段として選ばれているからである。とりわけ不況が厳しかったのは、一九一八〜

一九（大正七〜八）年あたりであったが、当時の『教育時論』一二〇四号（一九一八年九月）には小学校長の妻の、次のような投稿が掲載された。「滋養の滋の字もありません。一汁一菜と申しますか前述の通りでは一汁一菜は愚か塩を嘗めていると言っても宜しいでせう。……夏季休業中子供の予習復習に要する学用品さへ供給が出来ず、親類縁者よりの時候見舞の返事さへ出せない有様です。」（海原　1977　174-175）食費にさえ困るありさまに、「四月になると娘の女学校入学のため学資が必要となり、やむなく雇人の解雇と貯金の中止を断行した……五月になると……今度は永年つづけてきた生活水準を思い切って引き下げ極端な粗食をはじめた、六月にはいよいよ生活の脅威にたえかね貯金の引出しをはじめ、七月現在残高はいくばくもなく、長男のごときはこの窮状をみかねて自ら減食を申出る仕末である」（『教育時論』一二四一号　一九一九年一〇月）という家庭もあった(8)（海原　1977　175）。

これは、傍からみてもみじめな状態であったから、おのずと教員の社会的威信は低められた。たとえば片桐佐太郎は、雑誌『帝国教育』に載せた論稿において、次のように述べている。「……小学校程度及び中等程度の学校教員の待遇は、著しく菲薄であって、安んじて力を其の職に尽さしめ、又優良の人物を斯界に招致する能わざるは言わずもがな、著しく生活難に襲われ、社会を呪い渾身の精を捧ぐること能わざる実況である。この苦境を見たる一般人士は、教員の転職を尊重せざるのみか、米一俵の先生とか、車夫の収入にも及ばずとか、軽侮の言さえ放つものもあるより、教員志願者は著しく激減して、漸次素質の低下を来しつつある……。」（片桐　1919／寺崎・前田編　1993　175

-176）

また水木嶽龍は次のように書いている。「一般に官尊民卑の反動からして官に就く者を安く見る傾向の余波からか、学校の先生と云ふと何だか人間が一段落ちる様に考へられてゐる様だ。わるく言へば融通のきかない、意気地のない人のする職業に考へられ、教員自身でも、他人から『あなたのお勤めは』と聞かれると、一寸返事に躊躇逡巡して、差支ない限りは宜い加減な事を言つて誤魔化す。殊に女教員の如き、学校に通勤の時なぞは、わざわざ袴を風呂敷に隠して他人から女教員と見られるのを嫌がると云ふが如き実例を一切ならず見聞するに至った。」（水木　1926／寺崎編集・解説　1973　161-162）

こうした教員の社会的地位の低さについては、子どもでも知っていたという。竹内途夫は昭和初期の教員について、「教師は怖かった。……が、偉い人間として子供たちが尊敬していたかというと、案外そうでもなかった。……小学校の教師が社会的にどのくらいの位置におかれていたかの検討はついた」（竹内　1991　37-40）と述べている。つまり職業そのものによってはもはや尊敬されず、教員としての威信を保てないのが、当時の小学校教員の置かれた状況だったわけである。

かくして地域からの評価を、以前にもまして意識するようになった教員たちは、評価を低めるおそれのあるようなふるまいを、地域には決してみせないように注意するようになる。地域に対し、不利な情報を極力流さないように努めるようになる。おそらく、教員たちが極力隠そうとする「指導の足並みの乱れ」といった細かな事柄は、それがこの意味での不利な情報の一つだからであろう。

地域がそうした情報から、教員への不信感を抱いてしまう可能性があるために、こうした事柄は隠されたほうがよいと判断されるのであろう。

なお、地域へのこうした配慮は、長期的関係への配慮ともかみ合っている。教員が地域から非難されるようなふるまいをすれば、この教員は「非難されないふるまい」に高い価値を置く教員組織のなかでの評価を落とすことになり、長期的関係に悪い影響を与えるに違いないからである。さらに地域に配慮することの重要性は、上司への配慮とかみ合って、一層強められる。学校が既述のように外からの評価にさらされる一つのまとまりとしてある以上、地域からの非難は、教員個人への非難に留まらず学校全体への非難となることも多いから、それによって上司にも迷惑がかかる。とすれば上司からの評価は一層下がるであろうし、場合によっては上司からの制裁的措置がもたらされることも覚悟しなければならないからである。

4　階層化された組織のなかの人間関係

長期帰属者のアンビヴァレンス

第六章でみたとおり、長期帰属者は教員組織のなかで、現状や将来の可能性に関して、ちょうど中間的な位置にある。この板ばさみの位置は、長期帰属者を、人間関係においてもアンビヴァレンスな状態のなかにおくこととなる。

長期帰属者は、一面においては、無資格教員や女性教員たちに対して、優越的な意識を抱く。無資格教員や女性教員たちに対する学歴や所得等の優越を共有しているし、教員資格をもつということは、「教員組織内における将来の地位は期待してよい」と約束され得る立場に到達したことを意味するようになっているからである。ゆえに有資格教員は、自らを一種の「選ばれた者」として意識するのである。

ところが他方において、彼らは、有資格教員のうちでも高学歴者ではない人々の群れでもある。つまり有資格教員のなかでも後期中等学歴あるいは高等学歴の取得者が短期帰属の後に技術者等の専門職や大企業ホワイトカラーなどへと上昇していくのを横目でみながら、教員の地位にずっと留まっているのが、長期帰属者たちなのである。准・代用教員等や女性教員などの短期帰属者に対しては優越する彼らも、有資格教員のなかでは、学歴的に劣る者であり、むしろ「取り残される者」なわけである。

そのためこれらの教員たちの自己評価は、屈折したものとなる。「軍人とならば、大将ともなり得るのである。政治家とならば、大臣ともなり得るのである。実業家とならば、富豪ともなり得るのである。然るに、永年教育に従事した所で、校長となるか、視学となるか、教諭となるか位のものである。」（明治教育社編輯部編　1918／上沼監修　1991　13-14）

学歴（資格）ヒエラルキーの上方に位置する者なら、すばらしい将来も開けていいように、教員ではそうはいかないというあきらめと自己卑下が、ここにはある。教員は、「……自分の教え子がもう大学を出て技師や郡長やになって、先生と口にこそ云へ心では侮蔑の舌をペロリと出している世の中……」（志垣 1919／上沼監修 1991 163）でただ現状に甘んじている自分に、劣等者としての視線を向けるようになるのである。(9)

こうした劣等意識ゆえに、長期帰属教員たちは、学歴や教養に関して異質性を帯びた者（とくに、より高い学歴や教養をもつ者）に対し、強い敵意を示すようになる。とりわけ、教員組織内の階層としては下位にあるはずの者が、より高い教養をほのめかすような異質性をもつ場合、上位の者はこれを排除しにかかる。先に引用した三ヶ島葭子の場合が好例である。彼女は、新聞・雑誌、短歌などといった教養をもっていたために、教員仲間になじまない、えらそうな態度の者として、「新聞をみても顔をしかめるような人たち」の一人である校長から、何かにつけ疎まれたのであろう。

至上価値としての「共感」

短期帰属者が現に存在するということ、また彼らが、今は同程度の地位にあるけれどもやがて教員職を見限って出て行く可能性があるということは、長期的関係が将来も安泰であるとは限らないことを、長期帰属者たちに気付かせる。また、長期帰属者たちは、そもそも「ある種の資格」を取得することによって着任したという経歴からして、別な種の資格を取得すれば教員たちの社会関係の外へ出ていくことが原理的に可能なことをよく知っている。自分が今、将来にわたり持続するものと信じて取り結んでいる関係も、明日は相手をもたなくなるかもしれないことを知っている。それで教員たちは、機会あるごとに宴会などを催し、一体感を共有し合うことで、互いが外に目を向けていないことを確認し合う。自らの意思で教員という職を選んだ自分と相手の、その「気持ち」の同質性を確かめ合うのである。三ヶ島を苦しめたあの夜中まで半ば強制的に続く宴会は、そうした意志を問う一つの踏絵あるいは儀式なのではなかろうか。そしてその他の細々とした「協調」への圧力も、教員たちの関係から離脱しない、抜け駆けをしないという意思の確認として、際限なく繰り返されるのではなかろうか。

以上にみてきたように、教員組織のなかに、重要な事柄に限らず微細な「協調」への圧力が満ちているのは、「教員としての人生」を引き受ける覚悟をした教員たちに対し、この組織がいわば構造的に、上司、地域そして同僚への配慮を要求するものであることに、少なからず拠っていると考えられるのである。

現代への展望：学校対地域の相互不信の構造

こうした教員たちの人間関係の性格は、現在の日本社会のあちこちにみられる学校と地域との関係を、根底において規定している。両者が、すれ違わざるを得なくなるような条件が、この数十年の推移のなかで、教員組織のなかに埋め込まれてしまったのである。ここではその典型として、第一章にもみたような、地域と学校との根強い相互不信について考えてみよう。これまでの分析結果に基づいてこれをみれば、学校が保護者等から事あるごとに厳しく糾弾されるのは、学校自身の性質によるのみならず、学校と地域の関係それ自体の性質にも因っていることがわかる。なるほど一方には、「学校のなかで極めてユニークな人間関係が展開されている」という学校固有の事情がある。しかし、このことが学外者によって決して好ましいものとはみなされず、ともすれば槍玉に上げられる背景には、学校外の人々すなわち地域が、そういう学校のやりかたや学校内の人間関係に、強い不信感をもっているという状況がある。そういう状況そのもの、学校と地域とのこうした関係そのものが、以上にみたような構造によってもたらされた部分をもっているのである。

教員たちは人間関係を営むなかで、地域というものを、自分らの「外」にありながら脅威となるかもしれない存在として位置付けてきた。地域は、教員が重要な関係をとり結ぶ相手でもなければ、教員の地位の存立に関する直接的な決定権をもつ相手でもない。そうではあるけれども、教員に対する評価・批判を通じて、教員の立場を脅かすかもしれない相手なのである。そのため教員は、地域に向かってコミュニケーションを図ることを、むしろできるだけ避けるようにしてきた。致命的な情報が流れることのないように、地域との間の敷居を高くすることで、教員組織を守ってきたのである。

しかも社会内における教員の微妙な立場は、教員たちが、外部からの批判に対する柔軟な態度を培うことに対しても、妨げとなってきた。外部の者が無資格者である場合、教員たちの優越感は、その言葉を「言いがかり」「文句」などとして受け入れにくくする。また教員たちの高い学歴に対するコンプレックスは、逆に論理的な批判や意見に対しても、「理屈」として反感をもたせるように仕向ける。これらの結果として、地域からのはたらきかけは、教員側によって切って落とされる。こうして地域側の不信感は助長され、両者の関係はしばしば、対話困難な状況に留め置かれてきたのである。

つまり第一章でみたような諸問題を生み出しているのは、新しい教員組織の誕生とともに生まれた、構造的な要因である。教員組織にはこの「事実隠しの体質」をはじめとする諸特性が初期設定されて、それが地域の側からの「糾弾」を誘発してしまっているのである。これらの問題について論じる場合、相手にすべきはたまたまそこに居合わせた特定の教員では決してなく、学校という組織の体質なのだという点は、あらためて見直されてよい事柄であると思われる。それらはおそらく、教員組織を存立させている原理そのものが変わらない限り、解決されない問題なのである。

第七章の注

（1）三ヶ島の日記については、小野健司が詳しく分析を行っている（小野　1994）。それは以下の議論にとって非常に参考になった。

（2）久冨善之は、現在でもなお、「学校職場で居残りが慣習化した場合、何らかの口実（家事や保育園など）がなければ退出しづらい雰囲気が生まれ、男性教員を中心に夕刻を過ぎても多くの教員が残っている」学校がしばしばみられることに触れている（久冨　1988/1990　69）。具体的には、小・中学校教員を対象とするアンケートに、「退勤時間になって帰ろうとすると、早すぎるといわれた」とか「勤務時間終了後（一五分以上経過していたが）帰宅しようとしたら『帰ってはいけない（もっと残っているように）』と云った」のような回答が寄せられている（油布　1988/1990　198-199）。一九八四～八五（昭和五九～六〇）年に行われた日米中学校の教員調査でも、「下校時間が過ぎても学校に残っている」「同僚とのレクリエーションなどに出席する」といった項目で日本の教員の「よくある」「ときどきある」回答の比率は極めて高い（佐藤　1988/1990　113-118）。

（3）柳沢弥右衛門は『校長生活』で、ある「模範学校」の例として次のように書いている。「校長は何の積りか、部下の教員が読書をすることを好まぬのだ　云ふ。授業が終わる、教案を書く、少し暇があると思つて、余分の本でも見て居ると、「君何故そんな本を読んで居る、明日の学科のことを調べ給へ」とやる。叱られた教員は渋々本をひつこましてしまふ……」（柳沢　1913/上沼監修　1991　288）。

（4）師範学校卒業生が、権威に対して非常に過敏であることは、すでに一九一〇年代当時から問題とされていた（黒羽　1994　154）。

（5）現代においても、教員は地域に対して神経質である。一九八〇年代の日米中学校教員調査によれば、日本の教員は生徒の母親からの要望を、あらゆる項目に関し、実際以上に強いものと認知している（佐藤　1988/1990　123　142-143）。

（6）陣内靖彦が指摘するように、師範学校は官費であったため、学費を払えないほどに貧しい層の子弟にとっては、選び得る唯一の進学先であった。むろん、前章に述べたとおりそういう貧しい層だけが入学したのではないが、中学校などに比べて、貧しい層の子弟が占める比率が高かった。また、この時期の師範学校入学者数が、景気変動につれて上下していることも、彼らの出身階層が景気変動の影響を受けやすい、比較的貧しい層であったことを示唆している（陣内　1988　152-154）。

（7）現代においても、他の学部に行けなかった学生が教育学部に入り、教育学部のなかでもエリート社員などになれなかった学生が教員になるという構造があることを、永井道雄が指摘している（永井　1957／寺崎・前田編　1994　263-269）。

（8）教員の生活の苦しさに注目する語り口は、従来の教員史研究の基本的トーンであり、古典的研究（玉城　1954；石戸谷　1967）にも、数々の具体的事例が紹介されている。

（9）「劣等感」は、教員一般の特徴としても指摘されてきた。それは社会的身分、教育程度の低さに由来するものとされる部分もあり（中島　1956　15）、明治初頭の士族らの敗北感に由来するとされてきた面もある（石戸谷　1967　49-51）。しかし本書では、教員組織中での差異から生まれる劣等感に注目している。

Ⅲ

第八章　教員組織論から日本社会論へ

1　教員組織を育む磁場を探る

日本社会のなかの教員組織

教員たちのふるまいの背景をみてくることにより、「協調」というふるまいの特性が、教員組織への帰属のなされかたと、密接に関わっていることが明らかになった。では翻って、この組織への帰属そのものの特性に注目したとき、見えてくるものは何だろうか。

教員組織は、異なる二つの帰属様態をもつ人々——長期帰属者と短期帰属者——を含む。短期帰属者のなかには、あらためて学歴を取得し直して教員組織に参入してくるものを除けば、ホワイトカラー的な職業へ向けて去っていくものと、農業などへ向けて去るものとがあるから、実質的には三つのグループが階層化された形で組織のなかにある。この三つのグループは、ジェンダーおよび取得した学歴の違いにほぼ対応しており、そのなかで長期帰属者のグループは、ジェンダーにおいては男性、学歴においては中程度であるという特徴をもちつつ、短期帰属者の二グループにちょうど挟まれた位置にある。一九二〇年代の日本社会のなかに、人々をこのような形で帰属させる組織――人の帰属期間の違いがジェンダーや学歴に対応するような組織――が誕生したということは、何を意味しているのだろうか。

短期しか帰属しない教員たちのライフコースがすでに示唆していたように、教員たちは決して、教員だけの世界に終始生きていくわけではない。チャンスがあればそこから脱出しようと試みる教員は常に存在したし、そういう教員たちが多数現れてきた時期も、一度ならずあった。むしろ教員の世界の内外を行き来するそうしたチャンスに取り巻かれる状況のなかで、この時期特有の長期帰属者たちのすがたも形成されてきたわけである。

とすれば、教員組織が右記のような性格をもつのは、まさにこの日本社会が、そういう組織を存立させるような構造を備えているためと考えられる。そこでこの章では、次の二点について考えてみたい。すなわち、教員組織がこのような現れかたをするのは、第一に、社会自体がどのような性格をもつものとしてあるからなのか。第二に、この社会のなかで教員たちが、どんな位置にありどんな意識をもつからなのか。これらの問題について考えるためには、この教員組織の外側にある諸組織にまで視野を広げることが必要であろう。それによって、教員たちの置かれた状況はよりよく把握され、この日本社会というものの特性も、より明確になると見込まれる。

大企業組織の分析へ

教員組織を取り巻く諸組織のなかから本章でとくに取り上げるのは、企業組織である。企業組織は、明治以降の日本社会において、ますます多くの人々が帰属する組織となってきており、現在の日本社会においても、大きな比重を占める組織だからである。加えて、教員たちのなかから、より高い社会的地位へ向けて脱出していく短期帰属者たちの行き先も、多くがホワイトカラー的職業であった。そのなかにはしばしば、企業という実業的な組織のなかに、新しい帰属先を見出すものがいた。

以下では、そうした企業組織一般のなかから——重工業系の——大企業組織を主に分析する。これは、それらの組織に関しては、当時のホワイトカラー、ブルーカラーに関する史料が比較的多く残されているためである。もちろん、日本社会のなかには、その他の大企業や中小企業組織もあり、さらに自営や農業従事者なども存在するが、本書ではこれらに立ち入って論じることは避け、重工業系大企業組織に議論を限定する。これらの大企業の組織的特性と、そこへのブルーカラーおよびホワイトカラーの在籍・在職の特徴、また彼らの社会的属性について、以下でみてみることにしよう。

なお一九二〇年代は、六大都市以外にも工業化される地域が広がり始めた時期であるが、記録の残る製造業、製鉄業、造船業などの大企業は、なお京浜、阪神などの工業地帯に多く見出される。教員分析で扱った神奈川県・横浜市はそうした工業地帯に含まれる地域であるから、横浜市の教員たちは実際にも、これらの大企業組織に転職しやすい居住環境にあったといえるだろう。

2　組織ごとに異なる学歴の水準

大企業ブルーカラーの学歴特性

一九二〇年代の大企業ブルーカラーとは、どのような人々であったのだろうか。この時期、大企業ブルーカラーには、ある重要な特徴が備わるようになっている。それは彼らが、ほぼ同一のレベルの学歴、つまり初等——尋常小学校または高等小学校卒の——学歴をもつ人々だということである。氏原正治郎は、京浜工業地帯の重工業系大経営に関し、一九二〇年代から一九五一（昭和二六）年までの時期に入職した労働者を調査しているが、その報告書によれば、被調査者のうち七割強が高小卒であり、残りが中等卒（二割弱）と尋小卒（一割強）であった（氏原　1966　367）。つまり八割以上が、初等学歴なのである。全国的には、一九二七（昭和二）年に船舶車輌製造業に従事するブルーカラー約一万人を対象として行われた調査で、彼らの学歴が、無教育・尋小中退六%、尋小卒四

表 8-1　戦前期大企業ブルーカラーの学歴構成　（%）

本人初職	学歴						備考
	無学歴	初等	前期中等	後期中等	高等	計	
熟練	0.0	72.1	23.8	3.3	0.8	100.0	N＝122
半熟練	0.0	77.0	19.0	2.4	1.6	100.0	N＝126
非熟練	5.3	73.7	18.4	2.6	0.0	100.0	N＝ 38
計	0.7	74.5	21.0	2.8	1.0	100.0	N＝286

注）初職入職年 1920〜45 年の男性。
学歴は基本的に旧制で，初等＝尋常小・高等小，前期中等＝中学・実業・師範，後期中等＝高校・高専，高等＝短大・大学以上。
1965〜95 年 SSM 調査データより作成。

二％、高小中退および卒四六％、中学中退以上七％であったことがわかっている（中央職業紹介事務局編 1927）。こちらの場合、九割以上が初等学歴である。また一九六五（昭和四〇）〜九五（平成七）年のＳＳＭ調査データで、[1]一九二〇〜四五（大正九〜昭和二〇）年に初職で大企業ブルーカラーとなった人々（ただし男性）の学歴をみても、その約四分の三が初等学歴、二割強が前期中等学歴という傾向を読むことができる（表8-1）。なるほど、調査の対象となった人々が学歴を取得した年代がいつ頃であるかによって、高学歴化などを反映し、学歴構成比には違いがある。しかしいずれの調査でも、初等学歴が圧倒的多数を占めている点では、共通性がみられる。

大企業ホワイトカラーの学歴特性

これに対して、大企業ホワイトカラーは、学歴に関してもまた別な特徴を共有する人々であった。神奈川県では、東芝の前身である芝浦製作所の場合、やや遅れる一九三九（昭和一四）年の調べで、職員すなわちホワイトカラーの学歴構成比は次のよ

表 8-2　戦前期大企業ホワイトカラーの学歴構成　（%）

本人初職	学歴						備考
	無学歴	初等	前期中等	後期中等	高等	計	
専門	0.0	0.0	35.7	42.9	21.4	100.0	N＝ 28
管理	0.0	0.0	33.3	0.0	66.7	100.0	N＝ 3
事務	0.0	17.9	49.1	18.9	14.2	100.0	N＝106
販売	0.0	50.0	25.0	8.3	16.7	100.0	N＝ 12
計	0.0	16.8	44.3	22.1	16.8	100.0	N＝149

注）初職入職年 1920〜45 年の男性。
学歴は基本的に旧制で，初等＝尋常小・高等小，前期中等＝中学・実業・師範，後期中等＝高校・高専，高等＝短大・大学以上。
1965〜95 年 SSM 調査データより作成。

うになっている。大学卒九・八九%、専門学校卒一一・〇八%、（前期）中等卒七〇・一六%、小学卒八・八七%（芝浦製作所編 1940 159）。つまりほとんどが前期中等卒以上であり、とくに前期中等学歴の取得者が多いのである。より広域的に、一九六五（昭和四〇）〜九五（平成二）年のSSM調査データから、一九二〇〜四五（大正九〜昭和二〇）年に初職で大企業ホワイトカラーとなった人々の学歴をみても、やはり彼らの学歴はかなり高く、とくに前期中等は五割近い比率を占めている（表8-2）。つまり大企業ブルーカラーが初等学歴取得者を中心としていたのに対し、大企業ホワイトカラーは主に前期中等およびそれ以上の学歴——社会全体の高学歴化により、後年ほど学歴は高まるが——をもつ人々なのである。

もっとも表8-2でみると、同じホワイトカラーでも、業種によってかなりの違いがある。ホワイトカラー中の二大グループの一方である専門の場合、後期中等四三%、高等二一%と、極めて高い学歴に集中している。しかしもう一方のグループである事務では、後期中等以上は合計でも三三%に留まり、むしろ前期中等に半数近くが集中する。つまり、専門となる人々は六割強が後期中等以上の学歴をもつのに対し、事務となる人々は七割弱が前期中等以下の学歴なのである。この違いは後段の重要な論点となるが、ここではとりあえず、大企業ホワイトカラーが全体として、前期中等卒以上の学歴の取得者からなっていたことを確認しておくに留める。

教員たちをふるい分ける学歴

教員組織における短期帰属者たちが、学歴ごとに異なる行き先をもつ背景には、以上にみたような、隣接する諸組織の側の事情がある。教員たちが、転職先としてホワイトカラー的職業をめざす場合、彼らはまず前期中等卒以上の学歴をもたなければならない。ゆえにこの経路を辿る人々は専ら、前期中等卒以上の学歴をもつ者――有資格教員たちはまさにそういう人々である――のなかから現れてきた。他方、高小卒の学歴しかもたない代用教員らは、同じく教員たちの組織を去るにしても、そのように高い学歴が要求される職業領域には、入っていかなかった――入れなかった――のである。

では、教員組織を取り巻く諸組織に備わるこうした特性は、なぜ、前期中等卒以上の学歴をもつ者をすべて、ホワイトカラーへと引き寄せないのだろうか。彼らのうちで、特定の者だけが、教員組織に踏み留まる者――長期帰属者――となるのはなぜなのか。あるいはまた、ブルーカラーへの道は、初等学歴をもつ者に対して開かれているのであるから、無資格教員たちはもっと多くがブルーカラーへの道を歩んでもよいはずであるし、有資格教員たちもブルーカラーとなるのに困難はなかったはずであるのに、なぜ教員たちは、このような道を選ばなかったのだろうか。それは、当時の大企業組織に帰属するということが、より複雑な意味をもっていたからである。

3　長期帰属する大企業勤務者たち

大企業ブルーカラーとその組織

まず、この時期の大企業ブルーカラー——企業によりまた時期によって、職工、工人、工員などと呼ばれた——の組織の特性をみてみよう。

神奈川県に立地する大企業組織において、教員組織と同様の、参照連鎖ともなり得る組織構造が形成されてきたのは、今世紀に入った頃からであった。たとえば芝浦製作所では、この名称を掲げて発足した一八九三（明治二六）年からすでに、職員たちの業務分担を定めた簡単な職制を備えていたが（**図8-1**）、その後改変を重ねて一九二三（大正一二）年には、部・課・係の区分に基づき細分化された組織構造（**図8-2**）をもつようになっている（芝浦製作所編　1940　137　141）。同所では開業当時から、この階統的な組織の末端に、一作業場ごとに一人の世話役を置いて、一般職工たちの指導・監督をさせていた。そして、後に（明確な時期の記載はないが）これを「組長」と改称し、職

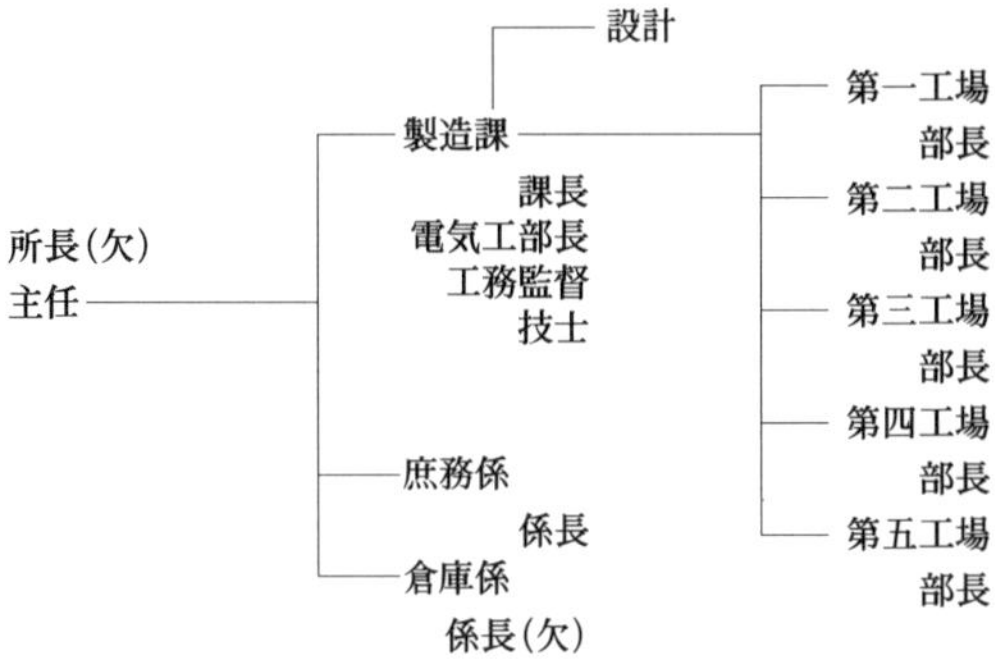

注）芝浦製作所(1940年)137ページより。

図 8-1　芝浦製作所組織図（1903 年 11 月）

工一〇名から二、三〇名ごとに一人の組長を置いて直接監督にあたらせた（同　170）。この組長以下の組織が、ブルーカラーたちの組織となっている。

一般に、当時の大企業組織には同様の組織構造が備えられつつあり、右記の「組長」をはじめとして様々な名称の中間管理職(2)を組み込んだ制度（いわゆる職長制度）が形成されてきていたが、これは職長に、人事などの重要な権限を配分するものであった。

この背景には、日清戦争頃まで、職工たちのかなりの部分が、企業に直接雇用されるのではなく、企業と直接契約を結んだ責任者――親方――たちによって調達されていたという事情がある。親方はこの職工たちを三～五年の修業年限および数年の義務年限のあいだ手元に置き、一人前に育て上げていた（農商務省商工局　1903／大河内　1971　245）。

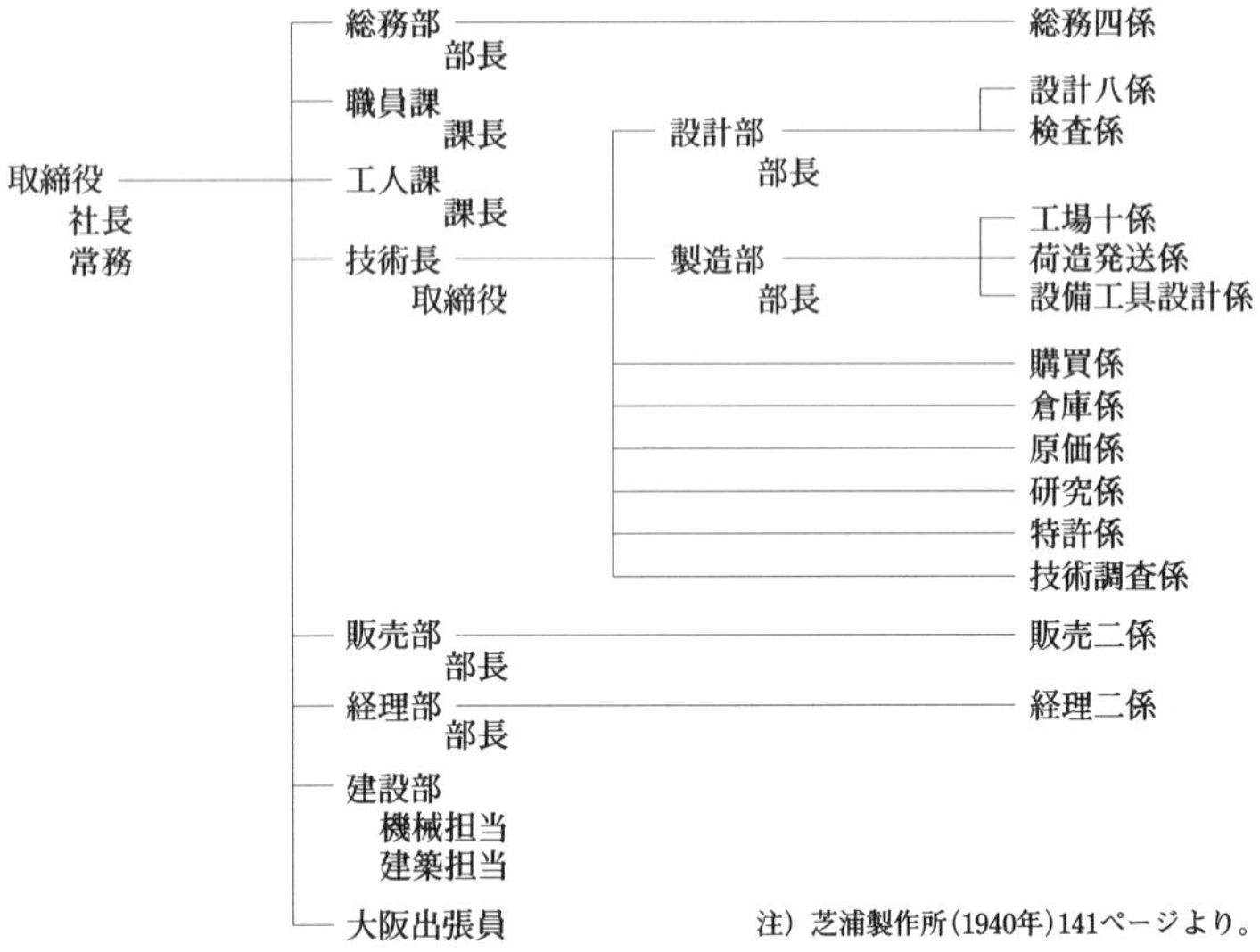

注）芝浦製作所(1940年)141ページより。

図 8-2　芝浦製作所組織図（1923 年 12 月）

彼らに対する仕事の割り振りも賃金の配分も、親方の裁量下にあり、ときには親方が企業から、職工たちの賃金をまとめて預かっていくこともあった（兵藤　1971　81-83）。つまり個々の職工にとって、人事権をはじめ給与や仕事の割り振りに関するまでの広範な権限は、親方の手中にあったわけである。

　ではなぜそのようであったか、その一つの理由は、日清戦争以前には重工業がまだ緒についたばかりで、職工にとって他の雇用機会がなかった（したがってたとえ親方に対する不満があっても転職できなかった）ことである（兵藤　1971　84）。これに加え、当時の生産が主に手工的熟練に依存しており、工学的知識のみをもつ技術者には、労働者の技能を判断したり採用・配置を決めたりすることが不可能であったという理由も、重要である（兵藤　1971　79-80）。兵藤釗は、一八九〇年代に三菱長崎造船所に籍を置いたひとりの技術者の著書から、職長が重んじられた理由についての次のような叙述を紹介している。「第一に工事に会社が経験のなかったこと、第二には会社が直接職工に接することの困難であったこと、この二つが主要原因であった。この会社側の欠陥を補ふには、第一の要求に対して技術上の手腕ある人間を使はねばならぬこと、第二の要求に対しては、乱暴な職工の操縦の力ある人間を求めねばならぬこと、この二つであった。さうして勿論、この二つは同時に同じ人間に求めねばならぬという困難な条件があった。簡単に言へば、職工の親方株に工場を委す必要が会社側にあったのである。」（桝本　1923　65）

職長制度のなかには、以上のような仕組みが、そのまま再編されていた。たとえば長崎造船所の場合、「造船所ニ於テ職工雇入ノ必要アルトキハ工場支配人ノ承認ヲ経テ各工場主任技士ニ於テ其配下ノ組長小頭ニ命ジ其心当リヲ探サシメ造船所トシテハ直接ニ広告ヲ為シ若クハ口入業者ニ申込等ノコトナシ……其募集シ得タル人員ハ之ヲ造船所ニ紹介シ臨時職工若クハ臨時人夫ノ資格ヲ得セシム造船所ニ於テモ亦此新雇人ヲ其紹介人タル小頭若クハ組長ノ組下トシテ之ニ配属セシメ以テ紹介ノ労ニ酬ユル所アルナリ」とある（三菱合資会社　1913　4）。

したがって、一九一〇（明治四三）年頃までには、大企業組織にはブルーカラーの小組織を組み込んだ参照連鎖ができており、これらブルーカラー小組織のリーダーは、メンバーたちの重要な利害を掌握していたということができる。

長期帰属を始めたブルーカラー

さて、この大企業ブルーカラーの帰属の傾向に、新しい展開がみられたのは、教員組織において、新しいタイプの長期帰属者が一般化してきたのとほぼ同じ、一九二〇年代であった。

全国に分布する様々な企業に関するデータが、この時期に大企業ブルーカラーの定着性――主に特定の企業組織への在籍に関して――が上昇したことを示している。重工業部門の三菱神戸造船所、住友製鋼、呉海軍工廠などでは、そもそもこれに先立つ一九一〇年代には、第一次世界大戦の好景気も反映して労働者の離職率が極めて高く、とくに一九一六〜一七（大正五〜六）年を中心として、極めて高い水準にあった（兵藤　1971　329）。これが一九二〇年代に入ってから急速に低下し始め、一九二〇年代の後半には、一九一〇年代のいかなる時期にもなかったような低水準に落ち着いてくるのがみられる。三菱神戸造船所では、かつて約七〇%であった離職率が二〇%に低下し、住友製鋼では約一一〇%が二〇%に、呉海軍工廠でも約二〇%が一〇%に、それぞれ低下してくるのである（同　329　405）。

一九二〇年代には、三〇人以上の従業員を擁する製造業で働く労働者の在籍年数（就業年数）にも、長期化の傾向が現れている。**表8-3**にみるように、一年未満の者の比率は、一九二四（大正一三）年に一九%であったものが、一九三〇（昭和五）年には一〇%に低下しており、他方一〇年以上である者の比率は、一九二四（大正一三）年に一七%であったのが、一九三〇（昭和五）年には二三%に上昇しているのである（間　1964　106）。一九二三（大正一二）年の室蘭製鋼所、一九二四（大正

表 8-3　就業年数別製造業労働者の構成（30 人以上）

就業年数＼年	1924	1927	1930	1933	1936	1938	1949	1954
	(%)	(%)	(%)	(%)	(%)	(%)	(%)	(%)
6ヶ月未満	9.1	6.8	4.7	9.3	9.9	20.2	6.0	8.8
6ヶ月～1 年	9.4	8.3	5.7	9.8	10.7	11.1	10.3	7.3
1 年～3 年	25.4	25.3	25.3	19.8	27.1	21.2	33.7	24.3
3 年～5 年	17.1	17.6	16.8	14.5	13.9	12.5	23.0	16.5
5 年～10 年	22.0	23.6	24.4	22.8	16.5	11.2	13.9	27.3
10 年以上	17.0	18.4	23.1	23.8	21.8	23.8	12.6	15.8
合計	100.0	100.0	100.0	100.0	100.0	100.0	100.0	100.0

原注）1. 戦前は原則として 30 人以上の事業所の労働者についてのもの，戦後は 1949 年のほか 1954 年についても 30 人以上分に集計して合わせた。
2. 1924 年の 10 年以上は 9 年以上。

（出所）戦前は内閣統計局『労働統計実地調査』，戦後は労働省『個人別賃金調査』（『労働統計調査月報』9 巻 9 号，30 ページ）。

注）間（1964 年）106 ページ第 24 表より作成。

一三）年の八幡製鉄所など、製鉄業におけるブルーカラーにおいても、一〇年以上の在籍年数（勤続年数）をもつ者は平均で一九％程度に上っている（『社会政策時報』六九号　1926　103-104）。

大企業ホワイトカラーとその組織

大企業に、部・課・係の階統的な組織が作られてきたことについては、図 8-2 で芝浦製作所の例をみたとおりである。この構造は、末端にブルーカラーを組み込みながらも、主にホワイトカラーたちの権限を細かく配分するものとして設計されている。

そもそもこのような組織が必要となったのは、企業が大規模化して、多数のブルーカラーを管理する事務的な作業が、それ自体として一つの業務となってきたことによる。大企業組織に多数のブルーカラーが採用されるようになったのは、一九一〇年代以降であったが、この時期は同時に、ホワイトカラーへの需要が生まれ、それに応じてホワイトカラーの人材が多数大企業に流入した時期でもあった。芝浦製作所では、工員数が初めて急激な伸び——一九一五年の一二四一人から三一八八人へ——を示した一九一七（大正六）年に、職員数も急激に増加を始めている。一九一五（大正四）年の五〇六人から、一九一七（大正六）年の八一七人へ増加しているのである（芝浦製作所編 1940 160 169）。社会全体としても、この時期にホワイトカラーの比率は一気に増加してきており、「サラリーマン層」として当時の人々の意識に上るようになっている。その増加の程度を『工場統計表』にみれば、一九二〇〜四〇（大正九〜昭和一五）年にかけて、職工数が二・五倍に増えたのに対し、技術員数が三・〇倍に、事務員数は四・六倍に増えていたという（労働統計研究会 1957 73-77）。このデータで、技術員数がかなり増加しているのは、ブルーカラーたちの作業の青写真を設計する専門家たち（技術者など）に対する需要が生まれてきたことを示すものであろう。そして事務員数が非常に大きく増加しているのは、ブルーカラー管理をはじめとする事務的な業務への需要が、極めて大きかったことを示すものである。芝浦製作所の一九二三（大正一二）年の職制（図8-2）を見直せば、職員課・工人課といった人事担当の部門とならび、総務部、販売部、経理部などが独立して設けられている。つまり（製造部門はもちろんのこと）、製品の販売、経理や従業員の人事などの、多岐にわたる事務仕事が大企業内で行われるようになっていたのである。

長期帰属するホワイトカラー

表 8-4　大企業勤務者の在籍・在職年数平均

初職	年数（年）	
	在籍	在職
専門	10.9	14.1
管理	14.3	20.0
事務	11.2	12.0
販売	8.4	9.8
熟練	7.8	7.9
半熟練	8.2	8.5
非熟練	6.9	9.6

注）初職入職年 1920〜45 年の男性。
1965〜95 年 SSM 調査データより作成。

このホワイトカラーたちは、長期帰属傾向を示している。その帰属の程度がどのようであったかを知る一つの手掛かりが、一九六五（昭和四〇）〜九五（平成二）年のSSM調査データにある。このデータは、調査時点でまだホワイトカラーであり続けているサンプルも含むから、厳密な在籍・在職年数のデータとはいえないが、参考にはなるだろう。このデータによれば、一九二〇〜四五（大正九〜昭和二〇）年に初職に就いた男性のうち、大企業に勤務する者は、専門職の場合一〇・八年、事務職では一二・六年という在籍年数を示している（表 8-4）。これは、同じ時期における大企業のなかの二大グループである熟練の七・八年、半熟練の八・二年に比べればかなり長い。大企業ブルーカラーが長期帰属をし始めたとされる時期に、それを三〜四年も上回る在籍年数が大企業ホワイトカラーの平均であったというのは、重要なことであろう（在職年数についてもほぼ同様の傾向が読み取れる）。

しかもホワイトカラーの場合、在籍年数が比較的揃っている。神奈川県の調査によれば、京浜工業地帯の重工業系大経営における男性職員の在籍年数（勤続年数）は六〜一〇年未満二一％、一〇〜一五年未満二一％にピークをもつのに対し、男性労務者の在籍年数は二〜四年未満三〇％、四〜六年未満一八％を第一のピークとし、第二のピークとして一〇〜一五年未満一七％となっている。つまり、ブルーカラーのうちで長く在籍するのは一部に限られているのに対し、ホワイトカラーはほぼ揃って長く在籍する傾向を示しているのである（神奈川県企画審議課編　1952　27）。

4　二重化された組織

長期帰属の背景をなす組織側の諸要因

前節にみたように、一九二〇年代には、教員組織のみならず大企業組織においても、長期帰属が行われ始めていた。しかし、誰もがどの組織にも長期帰属できるわけではなかった点が重要である。各組織には、そこにおいて長期帰属できるものを選り分ける仕組みが備わっていた。以下では、この仕組みについてみることにしよう。果たして教員、大企業ホワイトカラー、大企業ブルーカラーの各組織は、どのような方法により、誰を長期帰属へと導いていたのだろうか。

昇給・昇進・表彰——長期帰属にメリットを与える制度的要因

人々をある組織に長く留まらせるためには、この組織に長く留まることが、何らかのメリットをもつのでなければならない。さもなければ人々は、そこに留まる意欲をそもそも持ち得ないであろう。以下では、第二章の方法的枠組みを受け、経済的あるいは社会威信といった面でのメリットについて、みていくことにしよう。これらの面について、各組織は様々な制度的なバックアップを行っていた。

たとえば教員組織の場合、教員たちを長く留まらせるための制度的バックアップが、多面的に行われていた。昇給によって教員を引き止める給与体系等の導入が、その一つである。学制施行当初は、各地域それぞれに俸給が決められ、教員をなんとか定着させようと数ヶ月に一度の昇給を行っていた例もあったが、これは弊害も多かったため、やがて統一的な制度が固められてきた。一八九六（明治二九）年からは、公立小で五年以上勤続の教員（正・准）には年功加俸を与える制度が導入され（神奈川県教育センター編　1978　957）、永年勤続の表彰も始められた。横浜市の長津田小教員であった関根啓三郎の場合、およそ一〇年勤続した一八八九（明治二二）年に県から教育勤労賞が、一八九六（明治二九）年に年功加俸が、およそ二〇年勤続した一九〇一（明治三四）年に再び県から教育勤労賞が、また三〇年目にも功労表彰状等が、また三五年目には文部省と村から、勤続の賞が与えられている。おそらくこうした昇給には、なんらかの昇進（昇格）が伴うこともあったに違いない。

こうした制度的なバックアップは、長期帰属に、幾つかのメリットをもたらす。まず昇給は、経済的なメリットをもたらす。昇格は、社会的な威信の上昇というメリットをもたらす。また表彰は、それ自体名誉であるから、社会的な評価というメリットをもたらすとともに、それに添えられる金一封は経済的なメリットの意味合いももつ。そうしたメリットによって、人々を長期帰属へと導く効果をもつのである。(3)

大企業のホワイトカラーおよびブルーカラー組織にも、同様な制度が整えられてきた。つまりこの場合は特定企業に長く在籍するということに、それなりの見返りを期待できるようになってきた。

ホワイトカラーに関しては、昇格の制度はかなり古くから導入されていた。明治初頭の官員においてすでに、その輝かしい昇進は、人に羨まれる一つの大きな理由であったが、一歩遅れてスタートした民間の大企業においても、この制度が積極的に模倣された。その代表格である銀行業をはじめとして、一九〇〇（明治三三）年頃までには、高等教育機関の卒業者の会社勤めには、「ほぼ官員なみの待遇をミニマムとして、一〇年たてば支配人、二〇年で重役、頭取といった出世コースが準備されていた。」（影山　1977　183）

先ほどから紹介している重工業系大企業の一つである芝浦製作所は、こうした態勢を推進した三井財閥の傘下で、職員層の充実を図ることで日露戦争後の不況を見事に乗り切っていった優良企業の一つであったという（影山　1977　184）。この場合、昇格の制度が取り入れられたのは、一九一〇（明治四三）年前後の時期であったことになる。長崎造船所の例をみても、三菱の傘下に入ってまもない一八九八（明治三一）年頃の記録ですでに、傭使（月給傭使）から技士あるいは事務への昇任の記事が現れている。一九〇二（明治三五）年からは、傭使からいったん技士補となってから技士になるというコースが現れてくる。さらに一九一一（明治四四）年からは、技士から技師への昇任の記事が現れる（三菱造船株式会社長崎造船所編 1928）。年を追って昇格の階梯が増え、また複雑にもなっているのである。

こうした昇格には、昇給もまた伴う。たとえば一九二三（大正一二）年の大学卒職員の場合、入職後まもない二三歳時に月額一〇一円であった給与が、三七歳では三一七円に上昇している計算になるという(4)（労働統計研究所 1957 78）。つまり三倍以上の昇給である。これは職員一般に関する数値だが、そのなかに含まれる重工業系大企業の職員たちの実態も、ある程度同じようであったと思われる(5)。

ブルーカラーに関しても、一九一〇年代から、昇格の制度が導入されている。たとえば王子製紙では、図8-3のような制度が、一九一六（大正五）年から導入されていた。『王子製紙労働組合運動史』には、「工員は……、永年勤務して成績のよい者の中から職務と身分を兼ねた工頭に昇格させた。工頭は三段階にわかれ、年功の古い者や三等工頭までにはもう少しという者に、年功工頭、工頭心得、工頭待遇の辞令を出して、工員以上の職権を附与した。工員から職員になることは殆どできなかったから、工頭は工員間の垂涎の的であった」（王子製紙労働組合編 1957 71）とある。職員というホワイトカラーのなかの地位序列には接続していかないけれども、工員には工員のなかの地位

[職務] 工場長代理 ── 係長 ── 主任 ── 係員（直接責任職員） ┆ ── 工　頭 ── 普通工員 ── 見習工

[身分] 社員 ── 准社員 ── 雇員 ── 准雇員 ┆ ── 一等工頭 ─ 二等工頭 ─ 三等工頭（年功工頭・工頭待遇・工頭心得） ─ 工員

←── 職員(月給制) ──→ ┆ ←── 工員(日給制) ──→

注）王子製紙労働組合編(1957年)70ページより作成。

図 8-3　旧王子製紙の職制と身分

序列が準備され、そのなかでの昇進には在籍年数が重要な基準とされる仕組みが、企業側によって整えられてきたのである。一般的にも、職長の地位に就くものには永年勤続者が多かったという（大内 1942 40）。ちなみに王子製紙では、この方針は一九四三（昭和一八）年の改正において、一層明確な形で盛り込まれる。これについては、後に詳しく述べることにする。

職長は、長く在籍したことによって年功加給を受けるから、自ずと俸給も高めになるが、のみならずしばしば役付手当を付加されることで、結局一般工員らの一・五～二倍の収入を得ていた（大内 1942 39-40）。つまり昇格には、実質的な昇給が伴った。長崎造船所のように、一八九八（明治三一）年から、「小頭」となった者に「二人扶持」つまり倍の俸給を支給する制度を始めた企業もある（三菱造船株式会社長崎造船所編 1928 43）。

さらに一九二〇年代からは、「定期・少額昇給」をうたった規則が、各企業ごとに明文化された(兵藤 1971 442-446)。それまでにも小頭等の裁量のもとに工員らの昇給を行う慣行は存在したのだが、それはとくに勤続年数に照準したものではなく、むしろ技能の程度を、かなり曖昧な形ながら、考慮したものであった(6)(間 1964 465)。それに対して、昇給を企業全体として不公平の少ない形で行うという方針が、勤続年数と関連づけたルールとして定められてきたのが、一九二〇年代だったのである。

神奈川県の場合をみてみよう。一九五一(昭和二六)年に、神奈川県の重工業系大経営に対して行われた調査には、約五〇サンプルの労働者(つまりブルーカラー)のデータがあるが(氏原 1966 352-356)、その年齢構成からみて、そのほとんどが一九二〇～三〇年代に初職に就いた人々と考えられる。そのなかで、一九五一年時点で労働者組織の役付き(伍長・班長など)になっている一七名は(戦後入社である一名を除き)いずれも、同一企業に一四～二八年もの長期間在籍した人々である。この人々の、調査時点での在籍年数の平均を算出してみると、一八・七年となった。これに対し、同種職の経験年数すなわち在職年数が長くても、最近職場に入ってきた者、つまり在籍年数の短い者は、役付きになっていない(同 373)。そして在籍年数が長いほど、日給も高い傾向がみられる(同 377)。つまり昇格・昇給のいずれもが、長期帰属(とりわけ在籍面での)とかなり強い関連をもって行われていたことがわかる。(7)(8)

退職金についても、制度化の動きがみられる。芝浦製作所の場合、ホワイトカラーについては、一八九七（明治三〇）年に、退職金に関する規定が設けられた。しかしこの規定は、満三年以上の勤続者のうちで、在籍年数（勤続年数）二〇年以上で五五歳以上の退職者、または社の都合による解雇者といった条件を満たすものにのみ退職金を与えるという、非常に窮屈なものであった。これが一九二五（大正一四）年に大きく改められて、より間口の広いものとして制定された。ブルーカラーについても当初は先のホワイトカラー規定の準用のみがなされていたが、一九一五（大正四）年に初めて規則として制定された(9)（芝浦製作所編　1940　189）。

長期帰属のメリットを得るのは誰か

では、こうした制度的なバックアップは、誰に対して、長期帰属のメリットをもたらすものだったのだろうか。教員の場合、年功加俸は正・准教員に対してなされていた。つまり特定の資格をもつ者が、バックアップの対象であった。初任給の格差からみても、昇給によって最もはかばかしい結果を得るのは、師範学校卒を典型とする男子正教員であった。昇進・昇給の速度も、資格また性別によって異なっていたようである。先に引用した東京府女子師範学校卒業生の言葉のように、たとえば女性は本科一部卒であっても「給料は四十五円、男との差十円。五円昇給するには女子は最低二年かかる状態」（東京第一師範同窓会編　1990　401）であった。そして男性のなかでも、師範卒の正教員はそれ以外の中等学校卒の教員――高学歴化に伴い、高小卒のみならず中学卒の教員も、資格をもたない限りで教員組織内で「ひけをとる」ようになっている――に対し、数段たちまさっていたようである。水木嶽龍は、次のように嘆じている。「同じ仕事に従事して同量同質の努力を盡してゐる人を捕へて、今迄の経歴のみを重く審議して、正教員と云ひ、准教員と称し、代用教員と云ふ区別をつけて、斯くの如く待遇にまで著しい相違をつけるところは未だ他に於て見た事がない。経歴が教育をするのであるか、師範出の者が常に中学出のものより数等秀れてゐると確言し得るか、前者は単に教育の方法に必要なる時候を養成されてゐるに過ぎない、本人の頭の中まで比較してこの差別をつけたのではない以上師範出だからと言つて必ずしも長い間継続して中学出に比し、最大の効果を発揮し得る能力があると断言し得ないではないか。同じ貧しい乍らも其の間に初めから待遇に差別があって、終生教員たる限りは、此の差別が有形無形について廻る。

平教員から校長になるには現在では早くても十年はかゝる。運がわるければ白髪を頂いても尚且つ一校を受持ち自己の経綸を行ふ事を得ずして白墨の粉に埋まつてゐる人も決して珍らしくない。其の校長になるにも先の出身学校の区別に依て深く支配され、当然校長となるべき者として、自他ともに許されてゐる人々が冷やかに取扱はれて後に取残されるが如き事例があるが、これ位後進の気を腐らすものはまたと他にあるまい[10]。」（水木　1926／寺崎編集・解説　1973　164）

これらの資料からみて、長期帰属へ向けて最も強く方向づけられていたのは、有資格の人々であり、これを学歴に置き直すならば主に師範学校卒の学歴を取得した人々（男性）であったといえるであろう。

では大企業のホワイトカラーやブルーカラーの場合はどうか。既述のとおり、一九二〇年代は、各職業に就く際の採用基準として、学歴がかつてない重要性をもつようになった時期であった。学歴によって、就ける職と就けない職とが、かなりはっきりと分けられるようになっている。そのなかにあって、大企業ホワイトカラーは基本的に前期中等卒以上の学歴の取得者という属性をもつ。

だがその内部でも、さらに学歴による違いが存在した。すなわち、高い俸給の職業に就き、よって昇給の効果も大きなものであり、かつより速い速度での昇進を約束されていたのは、より高い学歴をもつ者であった。たしかに今世紀の初め頃、中学校卒業者が企業に入り始めた頃には、中学卒の学歴は高く評価されることができた。しかし高学歴化に伴い中学卒の学歴が珍しくなくなり、後期中等ないし高等学歴まで取得する者が増えてくる一九二〇年代になると、もはや中学卒のような学歴は評価されなくなっていくのである。

大学卒事務職員の昇給についてはさきにみたが、そもそも大学卒は（前期）中等卒などに比べて初任給が格段に高かった。当時の初任給の違いは、一九二五（大正一四）年の資料によれば、三菱では大学卒八二円に対し高専卒では七二円、さらに（前期）中等卒ではわずかに四〇円であった。住友では、大学卒八〇円に対し高専卒六五円、そして（前期）中等卒三五円といった開きがあった（労働統計研究会 1957 79）。したがって昇給の結果も、大学卒と（前期）中等卒とでは大きく隔たったものとなるのである。

加えて、昇給の速度にも違いがあったようである。先にみた大学卒職員の場合、二三歳から三七歳までに三倍以上の昇給を達成しているが、これに対して労務者の場合は、二三歳に五〇円であったものが三七歳には七一円となっており、昇給の程度は一・五倍にさえ達しない。このように昇給の程度にも差があるとすれば、（前期）中等卒職員の昇給率も、大学卒職員に劣るものであった可能性が大きい。次に示すような昇格の制度をみても、この推測がおそらく当っているであろう。

王子製紙においては、やや時期を下る一九四三（昭和一八）年に、昇格に関して明確な制度が図8-4のように定められた（王子製紙労働組合編 1957 71-72）。職員的な従業員の身分は一方で、学歴や資格と明確に関係づけられるようになった。身分階梯のうちのどのステップを踏むべきか、何ヶ月ないし何年で次の身分に昇格できるかが、その人の最終卒業学校の種別によってかなりはっきりと定められた。たとえば官大（官立大学）などの卒業者は、わずかに六ヶ月で准社員の地位にまで上るが、甲種（甲種実業学校）の卒業者であったりすれば、同じ六ヶ月で昇格しうるのは雇員までであり、その後さらに四年も経たなければ准社員まで到達することができない。さらに女子の場合は、甲種と同じレベルである中等（前期中等の諸学校）を卒業したとしても、六ヶ月後に到達するのは雇員ならぬ准雇員の地位である。そこから雇員の地位に到達するまでに、女子の場合はさらに三〜四年もかかる。このように、一方で学歴が、他方ではジェンダーが、昇格のしかたを規定している。そしてこうした昇格には、昇給や賞与の違いも伴ってくるのである。

なるほどこの事例は一九四〇年代のものだが、この企業ではすでに一九一六（大正五）年頃から、大学卒職員は勤続年数が浅いうちに主任（これは職務であって身分ではないが）を任されることもあったという（藤田 1959 153）。よって図8-4に示されたような体系は、ここで新たに作り出されたと

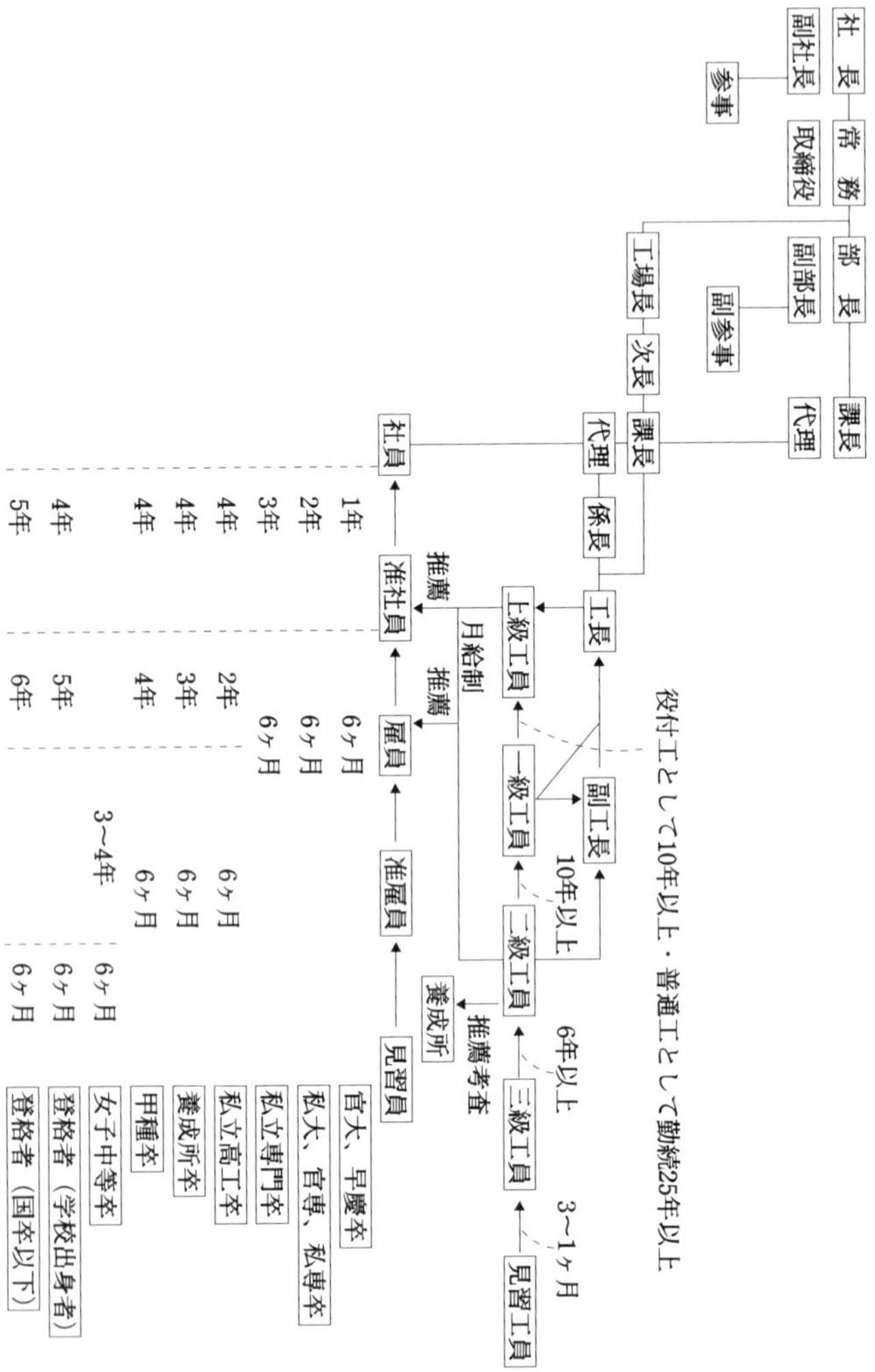

図 8-4　旧王子製紙の職制・身分と昇進速度

注）王子製紙労働組合編（1957年）72ページより作成。

いうよりは、従来のものを明文化する意味合いの強いものであったとみることができる。同様の制度が、長崎造船所でもみられる。こちらの企業では、一九〇〇（明治三三）年前後にすでに職員内での昇格の制度が形成されていたことを先にみたが、通常の「傭使→技士補→技士」や「傭使→事務」のルートとは別に、新卒で直ちに技士、事務等になる人々もいた。そしてそうした人々が卒業したのは、工科大学などの、高等教育機関だったのである（三菱造船株式会社長崎造船所編　1928　53-54 ほか）。

このように、初任給の額や昇給の速度、さらに昇進のしかた（経路、限界）や昇進速度に関してまで、学歴による違いが絡んでいた。したがって長期帰属のメリットは、原則として前期中等卒以上の学歴の取得者に与えられたとはいえ、なかでもより高い学歴の取得者に対して、より多く与えられる仕組みになっていたとみることができる。

大企業ブルーカラーは、また別な形ではあったが、やはり学歴の如何によって、獲得できるメリットが異なっていた。彼らの大半は初等学歴の取得者であったが、そのなかでも比較的高い学歴をもつ者——高小卒の者や、数少ない前期中等卒以上の学歴の取得者——には、長期帰属のメリットがより得やすい仕組みになっていた。その一つは、企業内教育の制度と関連するものである。たとえば芝浦製作所では、一九一五（大正四）年に、教習係を新設し、大学・専門学校・実業学校などといった前期中等卒以上の学歴の持ち主に、将来の中堅幹部養成を目的とする組織的教育を行うことにした。一九三二（昭和七）年頃からは、高小卒程度の学歴をもつ者から選抜して、徒弟工教育を開始しているが、これもやはり、優良な工人を養成するためのものであった（芝浦製作所編　1940

171-181)。

ちなみにここでいう徒弟工とは、一般には養成工という名で知られている、ブルーカラー中のエリートである。養成工制度は一般に、一九二〇（大正九）年前後から導入されたもので、主に高小卒業者を対象としていた。彼らを卒業後直ちに採用して、入社後数年間に、企業内で企業の負担により様々な知識・技術を教え込み、基幹労働力として育て上げるのである。（兵藤　1971　226-229）。この時期、三井物産造船部（一九一八年）、神戸製鋼播磨工場（一九一八年）、住友鋳鋼所（一九一九年）などが、次々と同様の養成施設を設け、企業内教育を行い始めている（同　407）。

ブルーカラーたちは、養成工として教育されることにより、各企業の独自な知識・技術を習得する。これは、作業工程などが企業ごとに異なる日本の大企業の特徴を背景としており、他の企業では通用しないような性格のものである。したがってブルーカラーたちは、この種の教育を受けることで、他の企業へ転職する可能性を実質的にせばめていった。その一方で彼らは、他のブルーカラーに比べてより多く、将来の地位を約束されていた。それは、すすんで組織内に留まるという選択をする上での、十分な理由となったはずである。

そしてもう一つは、職長制度と関連するものである。なるほど職長に選ばれるための基準は、基本的には勤続年数であった。たとえば芝浦製作所では、一九〇五（明治三八）年から、尋常小学校全科卒業程度の者に、長期勤続を条件として、将来組長となるべき人材を育てる教育を施している（芝浦製作所編　1940　171-181）が、これは飛び抜けた学歴がない者にも長期帰属のメリットを与える方式である。

概して「職長」は、長期勤続の結果として到達される地位であるが、その多くは、ブルーカラー一般の大勢と同じく初等学歴をもつ人々であり、あるいは彼らが「主に永年勤続の結果その地位をかち得たる者」であることによって、社会全体の高学歴化が進むなかにおける年配者として「学力の如きは、一般職工よりもむしろ劣っている者が多いよう」（協調会 1932 157-165）でさえあった。たとえば一九二九（昭和四）年における工場の職長の学歴は、高小中退および卒が四九％、尋小中退および卒が四二％となっており、中学中退以上は八％でしかない（協調会 1929 17）。前掲の図8-4に示されたように、王子製紙でも、工員は一定期間の勤続によって昇格する仕組みになっている。そうした昇格には、昇給、賞与も付随してくる。この勤続という要素に加えて成績を加味することで、個々人の昇格が決定されていたという。

しかしこのような大勢のなかで、学歴を考慮する企業も皆無ではなかった。大内経雄は一九三〇年代を中心とする各企業の職長規則を分析し、職長昇格の基準が、企業ごとに、一定の学歴、はたらきぶり、そして勤続年数を様々に組み合わせた形で設定されていたことを明らかにしている（大内 1942 50-56）。なるほどこれは、職長の要件として突出した学歴を要求するものではないが、どちらかといえば高めの学歴の者に、より有利な処遇をするような制度とみることができる。

以上のように、企業ごとにまた強度において多様性はみられるものの、各組織はそこに含む人々をほぼ二種に選り分け、女性よりは男性に、また相対的に高い学歴の者に対して、より大きいメリットを与えるような仕組みをもっていたのである。

長期的関係を支える組織の二重性

これはいわば、原理的な必要に基づくものである。人々を組織に引き止めるための方法が、将来のより大きなパイの約束によるものである場合——これは人々を長期的関係のなかに取り込むということだが——、各人が様々な不満を表明せず、苦境に堪えていけるのは、将来確実に見返りが得られるからにほかならない。だが現実の組織が、常に将来の明るい展望をもっているとは限らない。とすれば、一部の者に将来を約束するためには、代わりに、残る多数の者たちを、将来を約束された関係から閉め出さなければならない。この多数者たちからはねた上前を回すことでようやく、選ばれた一部の者は、将来にある程度の保証を得ることができる。その意味で、組織を長期的関係の支配するものとして営んでいこうとする限り、長期帰属者のグループを恒常的なものとして分けておき、並行してそれと混じりあわないような短期帰属者のグループを確保しておくこと——組織の二重化——は、不可欠なのである。

教員組織も、例外ではない。教員たちは小学校が生まれて以来のほとんどすべての時期において、彼らの俸給をいかにして捻出するかに頭を抱える当局のもとで勤務してきた。教員を直接雇用する市町村も、政府の教育行政当局も、増加を続ける教員たちの全員に昇給や昇進を確約できるほど、余裕をもってはいなかった。また実際、財政的に困窮した市町村が代用教員等や女性教員を雇用することに熱心であったのは、それによって少しでも出費を抑えるためであった。教育界のなかでも、「男子をして一生涯を託せしむるだけの、待遇を与ふる程には目下の民度では資力がない」ため、「其の待遇なども、男子よりも薄くて辛抱が出切る」「女教員を置くに若くはない」（帝国教育会長沢柳政太郎）（『教育時論』一〇八三号　一九一五年五月）とか、女性教員が「菲薄なる報酬に甘んずるが如き」は「男教員の企及しがたい」「最も歓迎すべき取柄である」から、「されば今日優良なる男教員が、比較的豊富なる報酬を得て、教育会に翱翔しつつあるは、一面女教員とか、准教員とかがあるからだともいへばいはれるし、若し今日の経済を以って女教員を廃し、男教員のみでやって行かうとすれば、男教員の報酬は今日の平均より、よほど低くなるものと覚悟せねばならぬ道理である」（茨城師範教諭　楡山善五郎）（『教育時論』一一五六号　一九一七年五月）などと、公然と言い放つ人々がいた（海原　1977　219-220）。そこに当時の女性教員の意味付けを、はっきりとみることができる。(11)

暮らせる・解雇されない――長期帰属を可能にする制度的要因

人々を長期帰属へと導くためには、長期帰属が貫徹できるという保証のあることも重要である。たとえば、「簡単には解雇されない」ということがそれである。将来のメリットを期待して長期在籍を始めたのに、一方的に解雇されこの蓄積を中断されてしまうかもしれないとしたら、人々は組織に長く留まろうとはしないであろう。あるいは、「一定程度の経済的水準が達成されている」ということも重要である。いくら将来には賃金・俸給が上がるからといっても、現在の状態があまりにひどければ、将来まで待つことがそもそもできない。

実はこの種の制度的バックアップも、組織が二種類の人々を擁すること――二重化された組織となること――によって達成されている。ある種の人々を解雇せず、最低限の賃金・俸給は保証する（そして将来の昇給も確実にする）ことができるというのは、不況などにより万一この組織が人員の雇用を続けられなくなったときに、解雇しうる人材ストックが備えてあるおかげなのである。

教員の場合、この種の制度的バックアップが整ったのは、すでにみたとおり一九一〇年代である。この時期には、正教員と並んで准・代用教員が多数採用され、また女性教員の採用も盛んになり始めていた。こうした二種の教員の並行的採用が、正教員の無期限的な採用を可能にし、学校経営の経済的しわよせを准・代用教員等や女性教員に被せることで、経営を破綻させずに持続させる仕組みを作動させているのである。

大企業においては、この面での制度的バックアップは、一九一〇年代から、常用工と区別される臨時工、正規の職員と区別される臨時職員が雇用されることによって整ってきた。これは、景気変動（当時は景気の変動が激しかった）に対処して人員整理を行う場合に、長期帰属を予定されている者たちではなく、もともと長く留まってもらうつもりのない一群の人々のなかから退職者を出すというやりかたの、基礎をなすものである。また、短期帰属者を福利厚生の諸制度に関しても多くの面で対象外とすることで、長期帰属者予備軍のほうの福利厚生を可能な限り万全とする効果をもつものでもある。(12)

芝浦製作所の場合、はっきりとこのような目的を打ち出しつつ臨時職員の制度が作られたのは、一九一六（大正五）年であった（芝浦製作所編 1940 161）。もっとも以前から職員のなかに、「使用人」と呼ばれる本職員と、「芝浦限職員」と呼ばれる概して臨時的な職員との事実上の区別はあったのだが、これが明確な意図のもとに制度化されたのが、一九一六（大正五）年なのである。臨時職工の制度も、一九一五（大正四）年に作られている。一般的には、こうした解雇用の人材の雇用が行われ始めたのは第一次大戦後であり、普及したのが一九二〇年代であったという（兵藤 1971 429-433）から、芝浦製作所のケースは、なかでも早いほうに属するのであろう。

芝浦製作所で、これらの制度の導入後、初めて職員数が減少するのは一九二七、二八（昭和二、三）年であり、激減するのは一九三一、三二（昭和六、七）年である（同 160）。工人数も、一九二七〜三二（昭和二〜七）年にかけてはずっと減少を続けている（同 169）。これらの時期の解雇にあたっては、臨時職員・工員の制度が効果を発揮したのであろう。

とはいえ、来る不況に際してどれほどの解雇人員が必要となるかは、企業も厳密には予測できない。たとえば長崎造船所では、すでに早くから常雇と臨時雇の職工を区別していたが、一九〇九（明治四二）年度の不況で工場都合による論旨解雇をした八〇〇余名のなかには、およそ三分の一の永年勤続者が含まれていたという（三菱造船株式会社長崎造船所編 1928 138-139）。翌一九一〇（明治四三）年から採用された無期限の常傭工制（間 1964 453）に対しては、それに呼応する臨時雇の職工を当時はおよそ八〇〇人ほども雇用していたが（三菱造船株式会社長崎造船所編 1928 183-184）、それでも一九三〇～三一（昭和五～六）年には臨時工の解雇だけでは不況を乗り切れず、再び常傭工まで含む解雇を行わざるを得なかった（三菱造船株式会社編 1957 28）。川崎造船所の一九二七（昭和二）における大量解雇の対象も、工場長や伍長など、役付きの労働者にまで及んでいる。この企業の調査者は「勤続年数の長い事は又年齢の一般に高い事を意味している。此等の連中は、常に社長から『川崎の至宝』だと称賛せられていた。処が家産の傾くや先ず最初に売られるものは実は此等の骨董品であった」（『社会政策時報』八五号 1927 122）のように表現している。組織の二重化による処理能力が限界に至ると、企業は長期在籍者優遇という方針そのものに逆らうような選択をもしなければならなくなるということである（川崎造船所の場合、この「骨董品」たちに高い解雇手当を支給することで、先の方針をかろうじて守っている）。こうした苦い経験に懲りて、諸企業は、この時期の不況の後になると一層大量の臨時工を――不況時の解雇用人材として――雇用するようになったという（間 1964 507）。

同じ時期に、女子の雇用も始まっている。芝浦製作所の事例をみると、以前から電話係や給仕としては女子が雇用されていたが、「寧ろ簡易な仕事には女子の方が都合がよい事が判り」女子事務員が計算などの業務に採用されたのが一九一六（大正五）年、女工が雇用されたのが一九一五（大正四）年であった（芝浦製作所編 1940 162 170）。不況対策として、女子という人材が開拓されたのである。たとえば住友合資会社では、女子事務員を「補助傭員」と呼んで、男子事務員とは身分的にも差別していた（前田 1928 67）。彼女らは、昇給の見込みも小さかった。そうした事情は、彼女らに、「若し一生独身で、事務員を勤めたとしても、殆ど出世の道は開かれさうもない。よぼよぼのお婆さんになる迄、僅かな日給しか貰えないのであらう。そんな生涯に何の楽しみがあらうか。矢張り女はお嫁に行く外為方がないのかしら……」（水上　1924／阿部　1941　388）と語らせている。

この女子労働力が、比較的容易に解雇できる労働力であったのは、当時の女子労働力が、事務員の場合は既述のように、新中間層あるいは比較的豊かな農家の子女であって、前期中等程度の教育を受けた人々が多かったためである。当時の女子中等教育は彼女らを、結婚後は家庭を守り子育てをすることに大きな価値を置くように方向づけるものであったから、企業の側は、彼女らを長期在籍者の予備軍として扱う必要がなかった。企業として、結婚退職を不文律ないしは内規として定めても（松成ほか　1957　53）、それに対する異議申し立てが広範囲に起こってくることはなかった。女工についても、また別な意味で、長く企業に留まる可能性はもともと小さかった。農民の子女などである彼女らは、数年間すれば農村に帰って花嫁修業にいそしみ、あるいは実際に結婚して農家の嫁となり農業専従となる。したがって、企業側にとっては、臨時職工とほとんど同じに扱うことのできる労働力であった。

そして彼女らは、安い労働力でもあった。教員組織のなかで女性教員がそうであったように、女子職員、女工の給与・日給は極めて低く抑えられている。芝浦製作所の場合、男工の日給が五五〜六〇銭であるのに対し、女工の日給は二二〜二五銭にすぎなかった（芝浦製作所編　1940　170）。内務省社会局による『職業婦人の実態調査』（内務省社会局　1925）によれば、女子事務員の給与はおよそ三〇円であったが、これは（前期）中等卒男子事務員の六割程度でしかなかった（松成ほか 1957 52）。その結果として実際、女子は比較的早く退職していく。右記の調査によれば、タイピスト、交換手、事務員などの勤続年数は、一ヶ年未満のものが二五％、一〜二年のものが二二％など、かなり短いものとなっている。

長期帰属できるのは誰か

このようにみてくると、諸制度が長期帰属のためのバックアップの対象としているのは、まず特定のジェンダーに属する人々であることがわかる。教員、ホワイトカラー、ブルーカラーのいずれにおいても、男性であることによって、長期帰属の可能性は、より確かなものになっている。

教員の場合は、これに加え、特定の学歴（そしてこれに対応する資格）を取得した者のみが、この可能性を最終的につかんでいる。長期帰属によるメリットを与えられる者も、そもそも長期帰属の可能性を保証されている者も、正教員の資格をもつ者、つまり概して前期中等――とりわけ師範学校――以上の学校を卒業した男性だからである。

これに対して大企業の場合は、もう少し複雑である。一方で、長期帰属によるメリットを与えられるのは、かなりの程度に、学歴が相対的に高い者である。ホワイトカラーであれば前期中等よりも後期中等やそれ以上の学歴をもつ者が、より大きなメリットを得る。ブルーカラーであれば、前期中等卒以上の学歴または初等のなかでも高小卒の学歴をもつ者のほうが、それぞれの養成機関に受け入れられることによって将来の約束を手に入れる。とはいうものの、すべてにおいて学歴という区分が貫徹されているわけではない。先にも述べたとおり、職長への昇格などは、学歴と強い関わりをもたないまま進められていたからである。

他方、長期帰属の可能性が保証されるという面では、学歴との対応は一層弱いものとなる。長期帰属の可能な者とは、常雇として採用された者のことだが、企業のなかには、常雇・臨時という二種類の雇用形態を、学歴の如何によっては区別していないところもある。造船業の場合、初めにすべての工員を臨時工として雇用し、そのなかから性格、技術程度、働きぶりなどに関して有望と見込まれた者を、あらためて常用工として雇用していくという方法をとっていた（『社会政策時報』七五号 1926 131)。三菱製紙でも、その一九〇〇（明治三三）年制定の規則には「職工雇入ノ際ハ総テ臨時雇トシテ之ヲ雇用す」「臨時雇中見込アルモノハ之ヲ常雇ニ引直スベシ」とある（財団法人日本経営史研究所編 1999 138)。また、初めから常傭工として雇用する場合には、その人物をみることが重視された。この時期に、「紹介」「縁故」などの人脈的要素が見直されるようになったのも、こうした関心と関わっているという（間 1964 504)。このように、かなり曖昧な部分を含みつつ、学歴と長期帰属との関係が作り上げられているのである。

図8-5　教員・ホワイトカラー・ブルーカラー組織における帰属の大枠

組織への帰属の大枠

以上にみるように、人々が入っていく先に準備されているものとして、帰属のしかたに関する組織側条件の大枠が存在する。それは図8-5のように表されよう。この図には、次の二つの特性が示されている。第一に、この組織そのものに帰属するための学歴の最低基準があるということ。教員となるためには前期中等または初等学歴（とくに高小卒程度の）が必要である。ホワイトカラーとなるには基本的に前期中等卒以上の学歴が、そしてブルーカラーとなるには基本的に初等卒以上の学歴が求められる。第二に、教員、ホワイトカラーおよびブルーカラーのいずれの組織においても、人の帰属のしかたには二種類のものがあるということ。つまり長期帰属、短期帰属という二つの選択肢が用意されているのである。短期帰属の領域の一部は、女性教員、女性事務員、女工など、女性というジェンダー要因によってくくり出されている。そしてもう一部は、正教員に対する准・代用教員等、正職員に対する臨時職員、常傭工に対する臨時工のように、雇用形態の違いによって区分されている。こちらの区分を実質的に規定するのは、かなりの程度まで、学歴である。教員の場合、学歴の違いが資格の違いに変換され、それが雇用形態の違いに直接的に結びつく。つまり前期中等——とくに師範学校——卒以上の学歴をもつ者を中心とする正教員が長期雇用の対象となり、初等学歴および師範学校卒以外の前期中等学歴をもつ者の一部からなる准・代用教員が、短期雇用の対象となる。学歴と長期帰属・短期帰属との対応が、ここでは比較的明瞭である。これに対し、ホワイトカラーおよびブルーカラーの組織における学歴と長期帰属／短期帰属との対応は、先に述べたように、比較的緩やかな性格のものである。

5　教員たちの選び取ったもの

個々人による最終的選択

諸組織がそれぞれ中等学歴、あるいは初等学歴一色に染められているのでなく、このように二重化された構成をもつことによって、これらの組織への参入が、参入しようとする人々自身にとってもつ意味合いは、それぞれ異なってくる。

教員組織からの流れが特定の形で現れてくるのは、図にみるとおり、各組織に二種類ずつ準備された諸々の可能性を目の前にして、個々人が——まさに合理的にふるまう個人として——長期帰属のメリットとデメリットを考量し、最終的に決断を下した結果である。帰属先の決定にあたって、個々人の意識という要因は極めて重要である。たとえば「ある程度の生活水準が達成されている」という条件にしても、最終的にはあくまで相対的なものだからである。客観的に必要とされる水準があるわけではなく、本人が満足できる水準であるかどうかが、重要なのである。そうした意味で、長期帰属がなされるかどうかは、本人が自らの状態をどう把握しているか、直接見聞きする他の人々の状態をどう把握するかなどに、深く関わってくる。

教員たちの意識構造

では教員たちの意識は、このような形で準備された諸々の可能性を目の前にして、どういう問題関心に基づき、最終的な選択をしたのだろうか。たとえば、前期中等卒とりわけ師範卒の正教員が、長期帰属という選択をするということ。これは、どういう考量の結果なのだろうか。これを、第二章でも取り上げた二つの主要な利害関心——経済的地位・社会的地位——に照らして考えてみよう。

当時、教員という職業は、明治初頭のホワイトカラー（官員など）にみられたような、所得面・威信面での優越をあまりもたなくなっていた。当時の教員は、たとえ正教員であっても、むしろ安月給と低い威信に甘んじる存在として意識される面が強かったようである。したがって教員が、現状に満足しているから離職する気はないという意識状態にあったとは、考えにくい。

しかし、いくら安月給・低い威信であっても、正教員の経済状態や社会的地位は、「ブルーカラーよりまし」である。したがって経済的・社会的な条件を比較考量すれば、教員——とりわけ有資格の教員――からブルーカラーへの転職は、やはり好ましい選択ではない。また、教員――有資格教員――の経済状態と社会的地位は、現在ある組織のなかにおける立場を考量すれば、「無資格教員よりまし」であった。後者は、同じ職場で働く者同士であるだけに、より日常的に比較する対象となっただろう。

加えて、教員は、当時の社会における教育の重みを、よく知っている人々である。そのためか、教員の子弟は概して、当時の社会の水準に比べてかなり高い学歴を達成している（中村 2000 57）。これは、教員がその子弟にそれだけの教育を与えるための支出を必要としたことを意味している。とすれば教員は、たとえ現状に不満でも、安易に退職、転職などできない立場にあったと推測できる。ブルーカラーになっては決してできないであろう「子弟の教育」をするためには、あえて教員職に留まるというのが妥当な選択であったと考えられるのである。

では、彼らはなぜ、揃ってホワイトカラー組織へ向けての脱出を図らなかったのだろうか。こちらは、経済的・社会的地位が正教員に比べて格段に劣るというわけではない。同じか、やや高めであったかもしれないのに。

それは、いかに参入が可能だからといっても、あるレベル以上の学歴をもたない限り、ホワイトカラー組織での「成功」は難しかった――一生役付きになれずに終わる可能性もあった――からではないかと思われる。ＳＳＭ調査データには、一九二〇～四五（大正九～昭和二〇）年の間に（初職で）小学校教員となったサンプルが五〇余り含まれている。これらのサンプルの学歴と、ライフコース

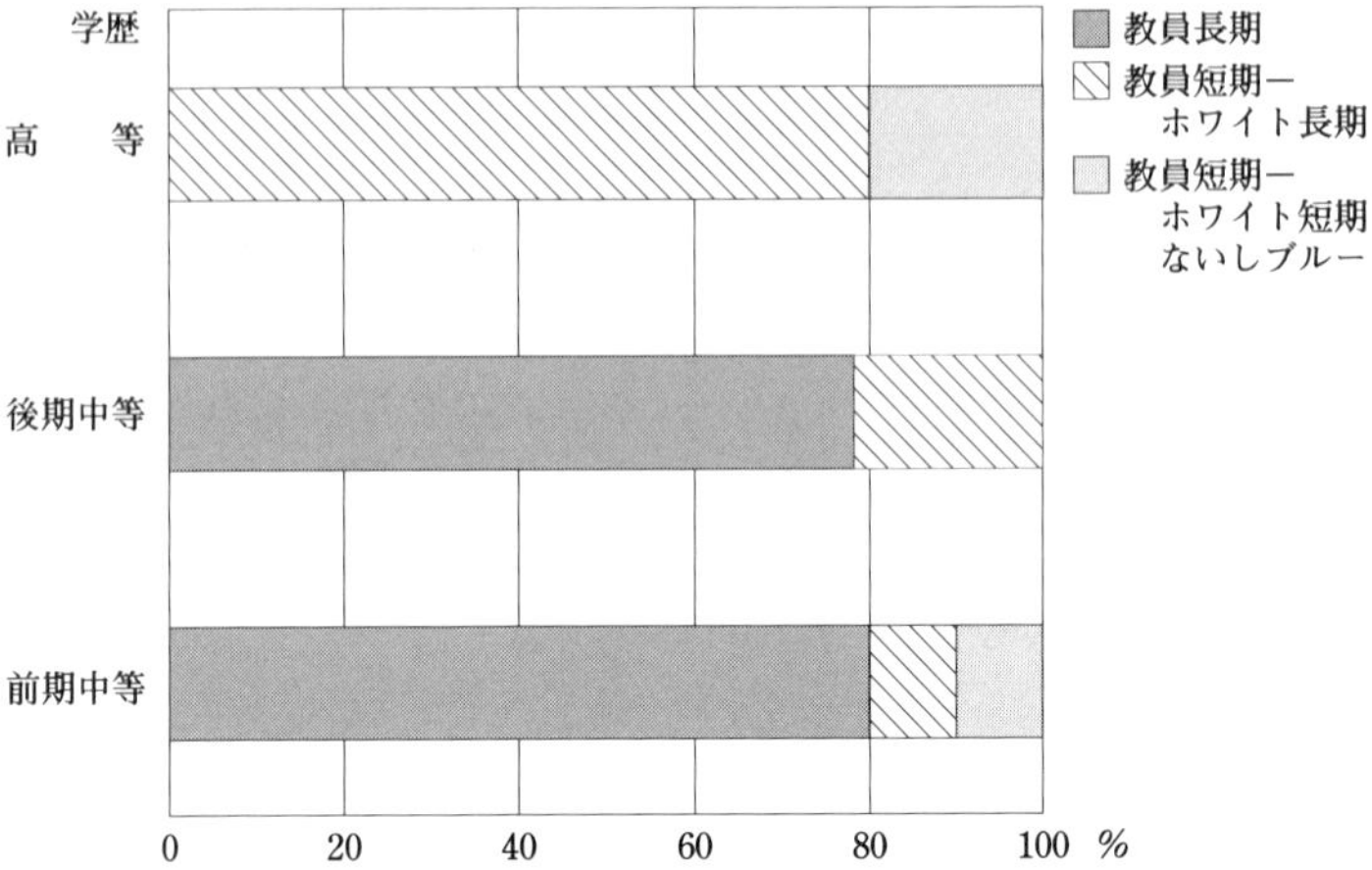

注）初職入職年1920～1945年である男性。
「長期」とは15年以上に及ぶもの。「教員短期ーホワイト長期」とは、15年以内に教員から転職し、ホワイトで15年以上勤務しているもの。「教員短期ーホワイト短期ないしブルー」とは、15年以内に教員から転職し、ホワイトに転じたが以後15年以内に転職しているか、ブルーに転じたもの。
1955～1995年SSM調査データより作成。

図 8-6　教員の学歴とライフコース

との対応について調べてみたところ、前期中等、後期中等、高等の各グループ間には、次のような違いがあることが明らかになった。すなわち、図8-6のように、高等学歴をもつ教員の場合、一五年を超えて教員職に留まる者は皆無である。その八〇%は二〇~三〇歳代のうちに教員組織からホワイトカラー組織へと転出し、こちらの組織のなかで一五年を超える長期帰属をしている（残る二〇%にあたる一名は、官公庁勤務の製図工として長期帰属をしている。製図工は熟練とはいえ、かなり専門性の高い職業であるから、ブルーカラーよりは専

表 8-5 師範学校卒業生の 30 年後の職業(神奈川県師範学校 1933 年卒業生)

学歴	現職									
	教員	教育関係	県議	市議兼農業	医師	官公事務	民間事務	自営	農業	計
師範学校	57	6	1	1	0	2	3	7	1	78
旧制高校以上	5	0	0	0	1	0	0	0	0	6

注)『神奈川県師範学校卒業三十年記念誌』(1964 年)より作成。

門に近い性格とみるほうがよいかもしれない)。後期中等学歴をもつ教員の場合は、七八%が教員として長期帰属をしているが、残る二二%はホワイトカラー組織における長期帰属者となっている。ところが、前期中等学歴をもつ教員の場合、その八〇%が教員として長期帰属をしており、その点では後期中等学歴をもつ教員と同じだが、ホワイトカラー組織のなかで長期帰属者となり得ているのは一〇%のみで、残る一〇%はホワイトカラー組織に入ったものの長く留まることなく、頻繁に職業を変えたり、果てはブルーカラーとなったりしているのである。

またこれに関連して、『神奈川県師範学校卒業三十年記念誌』(一九六四年)にまとめられたデータが、大変興味深い結果を示している。これは、神奈川県師範学校を一九三三(昭和八)年に卒業した人々が、卒業後三〇年を経た時点で、それまでの各自の経歴を綴ったものである。そこからは、師範学校卒業者のなかでも、師範卒を最終学歴とする人々には、教員としての人生なかばで転職する人々がかなり少ないことが読み取れる。**表8-5**にみるように、一九六四(昭和三九)年に健在である九〇名のうち、師範学校を最終学校とする者のほとんどは、卒業三〇年目になお教員職に留まっているか(五七名)、あるいは教育庁の事務所長や教育委員会、教育長など教育関係の要職であり教員としてのライフコースの延長上で就き得る職にあるか（六名）のいずれかである。あわせて卒業者の少なくとも七〇％が教育関係職ということになる（なお、調査時点で教育関係でない職に就いている者のなかには、終戦の前後に教員などから転職した者が多いため、戦争がなければもっと多くが教員として留まっていた可能性がある）。上級学校には進まなかったが教員にもならなかった人々は、公務員・事務などのホワイトカラー（五名）か、販売や熟練などの自営（七名）になっている。これに対して、師範学校を卒業後、さらに高等教育まで進んだ人々は、教員（五名）または医師（一名）となっている。こちらの教員五名中には、大学教員も一名含まれている。この資料は、先のSSM調査データと同じく、前期中等学歴をもつ場合には、（とくにこちらは師範学校卒ということもあり）教員として長期帰属をする傾向があることを示すとともに、前期中等学歴とそれ以上の学歴とでは、教員以外の入職先が異なってくることを示している。

これら二つの資料から、教員たちの選択は次のように解釈できる。まず、前期中等卒以上の学歴があるならばホワイトカラー組織に参入可能だからといっても、後期中等卒以上の学歴をもたない限り、参入した新しい組織のなかの位置は、とくにこの一九二〇年代以降には、下積みの位置でしかない可能性がある。したがって前期中等卒教員のホワイトカラー組織への転出は、教員組織のなかでの優越者の位置を捨て、ホワイトカラー組織のなかでの劣等者の位置に甘んじる危険を孕んでいる。個々人がこの「得られるであろう相対的な位置」まで考慮するとき、ホワイトカラー組織はかなりの人々によって、選択の対象外とみなされざるを得なかったのではないだろうか。

とはいえ前期中等卒のなかでも、師範学校卒ではない人々の場合、彼らの資格の取り方が（検定によるなど）師範卒正教員とは若干異なるために、教員組織のなかで、師範卒の教員に匹敵する将来を見込めるとは必ずしもいえない。そのような場合には、あえてホワイトカラーの領域へ踏み出していくことも、師範卒教員に比べて、選びやすい選択肢となったと思われる。

では有資格教員のなかでも、後期中等卒以上の学歴をもつ人々は、ホワイトカラー組織へ向けて離脱していきがちであるということ。このような選択は、いかにして生み出されたのだろうか。先の**図8-6**にも示されたように、これらの高い学歴をもつ教員たちにとっては、ホワイトカラー組織という転職先が——それもかなり組織内で高い地位に就く見込みを伴って——準備されている。なるほど現在の組織においても優越者たり得ているけれども、移った先の組織においても、同様の位置に就くことは十分期待できる。とすれば、現在の組織に留まった場合の経済状態や低い威信からみて、さっさと教員職を離れ、ホワイトカラー組織に移るのが、賢明な選択である。とりわけ長期帰属することによるメリットを確保するためには、帰属期間ができるだけ長くなるように、早い時期に決断したほうが有利であるに違いない。

では初等卒や師範学校以外の前期中等卒で資格をもたない教員たちの選択は、どういう考量の帰結と考えることができるだろうか。彼らは、教員組織のなかにある限り、長期帰属のメリットを与えられる見込みがほとんどなく、常に劣等者の位置に留めおかれている。しかるに彼らの学歴は、別な組織——たとえばブルーカラー組織——のなかで長期帰属していくには十分なものである。経

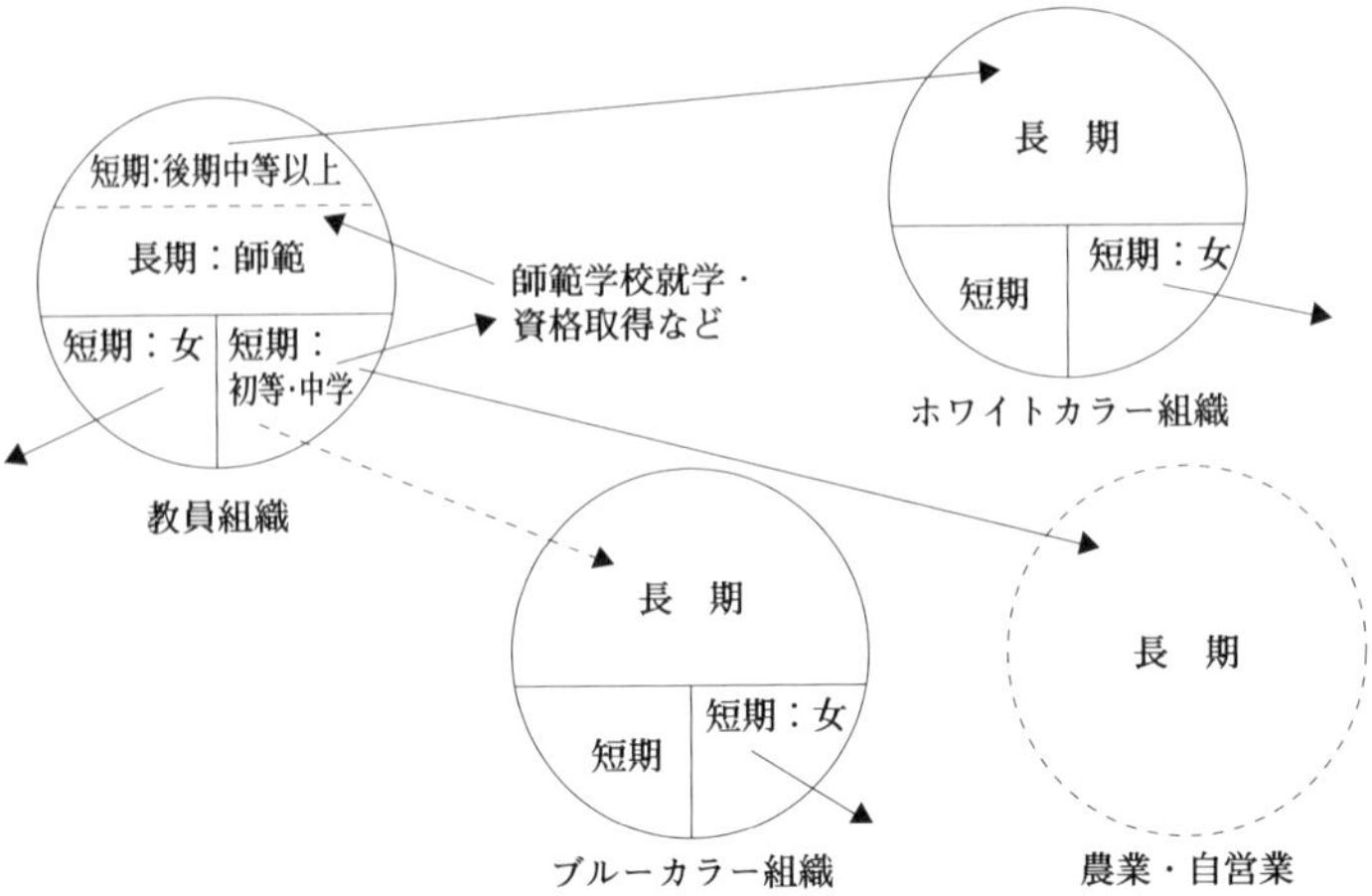

図 8-7　教員たちの実際のうごき

済的・社会的地位も、もともと正教員よりも低い位置に置かれていた彼らにとっては、ブルーカラーの地位を選び取ったからといって、そう極端に下降することはないであろう。その意味では彼らにとって、ブルーカラー組織への移籍という選択肢が、かなり現実味をもったものとなり得る。

とはいうものの、いったん教員として数年を過ごした後で、ブルーカラー組織に転入したとしても、養成工のような新規学卒者を対象とする長期帰属のメリットにはありつけない。幹部候補生となるだけの学歴があるわけでもない。その場合、ブルーカラー組織のなかでも下積みにしかなれない危険も大きい。加えて、彼らの出身においては、ブルーカラーはあまりなじみのあるものではない。彼らの大半は、農家の生まれだったからである。なかには継ぐべき（または継がねばならない）農地をもつ者もいる。そうした場合、彼らには、農業の世界で長くやっていくという、もう一つの可能性が用意されているのである。

さもなければ、彼らにとって可能な選択は、いったん学歴を取り直すこと、つまり師範二部などを出て、あらためて教員組織に参入するという選択である。それによって彼らは、教員組織のなかのより恵まれた部分に属する者として、現状に比べればよい条件で再出発することができるからである。

こうした事情により、教員たちの実際のうごきは、**図8-7**のようなものとなる。つまり教員組織においては、師範卒の有資格教員らが長期帰属の道を選ぶのと並び、より高い学歴をもつ人々がホワイトカラー組織へ向けて転出する短期帰属者となっており、より低い学歴（または師範学校卒以外の前期中等学歴）をもつ代用教員らは、師範学校等を経由して教員組織に再参入するか、さもなくばブルーカラー組織や農業（あるいは自営業）へ向けて転出する短期帰属者となっているのである。

短期帰属者のもう一つの顔

このように、一九二〇年代の日本社会には、長期帰属の場が複数用意されていた。それは濃淡の違いはあるものの、ジェンダーと学歴を重要な基準として切り分けられた場であり、それによって人々のうごきの可能性に、組織の側から大枠を課していた。その一方で、人々の側には、ある比較考量の基準が共有されていた。それは所得や威信に関する相対的なランキングの意識である。第一に、社会内の他の組織と比較した場合の経済的・社会的な地位がどうであるのか。第二に、現在の組織のなかにおける相対的な地位がどうであるのか。そして第三に、参入先である組織のなかにおける相対的な地位はどうであるのか。個々人はこれらを比較考量することを通じて、どこかの組織における長期帰属者の地位を、選び取っていったのである。

したがって教員組織の構成員を、長期帰属者と短期帰属者という二種類の「人種」に区分するのは、必ずしも適当な分け方とはいえない。むしろ、教員組織をふさわしい長期帰属の場とする人々が一方におり、そして別な組織をふさわしい長期帰属の場とし、したがって早々に教員組織を去っていく人々が他方にいるといったほうが、実態にも当事者の意識にも、より近いであろう。もちろん、ライフコースの全体を通じて各組織を転々とする人々も――自ら好んでか、不本意な結果としてかはわからないが――皆無ではない。しかし、教員組織から転出していった短期帰属者たちは、たとえばホワイトカラー組織において、あらためて長期帰属することが可能であったわけであり、またそういう可能性の大きい人々が、実際に転出することを選んでいたのである。あるいは農業の領域へ参入することを選んだ人々もいたが、それはそうすることが、たとえばブルーカラー組織に参入することに比べて、長期帰属の可能性がより大きいものだったからである。つまり、教員組織というある角度から切り取った場合に短期帰属者であるものも、別な角度からみれば多分に長期帰属者の顔をもっていた。また長期帰属者への志向をもっていたのである。

こうしたメカニズムに照らして見直すならば、教員たちの在籍・在職年数が、ジェンダーや学歴の高さとの間に対応をもつ理由は、理解しやすいものとなろう。すなわちこの社会では、まずジェンダーがいずれであるかということが、組織内で長期帰属者としてやっていく可能性があるか否かを規定している。女性というジェンダーは、少なくとも教員組織、大企業組織といった職業集団に関する限り、どこにおいてもそうした可能性をもたないものとしてある。よって教員組織においても、女性教員は短期帰属者として現れてくることになる。

ついで男性というジェンダーのなかでは、学歴が何であるかということが、どのような組織（どのような所得・どのような威信）のなかで長期帰属者となる可能性をもつかを規定している。高等学歴をもつ者には、ホワイトカラー組織の長期帰属者となる可能性が約束されている。ゆえに教員組織のなかの後期中等ないし高等学歴取得者は、そこに長く留まることのない人、すなわち短期帰属者となる。初等学歴をもつ者は、農業等やブルーカラー組織に関して長期帰属者となる可能性が与えられている。そのため教員組織のなかの初等学歴取得者は、やはり長く留まることのない、短期帰属者のグループを形成する。これら二種類の人々にとっては、本来の居場所は教員組織ではないわけである。

それに対して前期中等学歴——とりわけ師範学校卒のような——の取得者には、他の組織で長期帰属者となる可能性がわずかしか開かれていない。よって彼らは——彼らこそが——教員組織のなかの長期帰属者のグループを形成していくのである。

第八章の注

（1）職業八分類における熟練・半熟練・非熟練。

（2）大内経雄はその実態、名称等についてに詳しく論じている（大内　1942）。

（3）表彰等が、教員職に留まることに対して与えられ、一つの学校に留まることに対して与えられたわけではなかったという点は、興味深い。ここにも、学校よりも都道府県単位の教員組織へと教員たちを係留する作用を見出し得るからである。

（4）ここでは河田蜂郎編 1923『会社員給与調べ』東京経済社、内閣統計局 1922『労働統計実地調査』東京統計協会などの資料がもとになっている。

（5）もっとも藤田若雄がサラリーマンに関する著書のなかで述べているように（藤田　1959　158-167）、少なくとも昇給のシステムのほうは、入職当初の給与を相応額よりあえて低く抑えるシステムであるから、人々は「見返りを楽しみに」というよりは、「長期帰属しなくてはもとがとれない」という必死の思いで、同一の職場に留まるのかもしれないけれども。

（6）間宏によれば、一九〇五（明治三八）年の横須賀海軍工廠の職工規則に、「工事ニ勉励ノ者」にも増給するとある。このような官営の組織は、一九二〇年代よりもかなり以前から、年功を評価に加えていた（間　1964　472）。

（7）もちろん、長期帰属だけが、昇格・昇給の規定要因だったわけではない。たとえば中途採用でも、ある程度の経験を積んだブルーカラーは、やや長期帰属の未経験者よりは高い日給を得ることがある。兵藤釗は、日給が勤続年数のみによって規定されるという説には批判的である（兵藤　1971　455-456）。

（8）芝浦製作所では、一八九四（明治二七）年から、半年精勤した者に日給六日分を給与する職工皆勤賞が設けられていたが、紆余曲折をへて一九一九（大正八）年から、職員、工員に共通する形で二五年勤続表彰が始められた。

（9）こういう制度が導入されても、第一次世界大戦まで、離職・転職が少しは減ったものの止むことはなかった（兵藤 1971 231）のは、景気の影響を無視できないためであろう。好景気がある程度収束するとともに、導入を完了した諸制度が複合的に働き始める大戦後に、ようやく制度の効果は現れてきたのである。

（10）水木のこの文章は、その名も『明治大正脱線教育者のゆくへ』と題された書のなかの一節である。この書物は当時の現状にあきたらない教員たちに、教師以外の生き方、成功法があることを説くものであった。

（11）当時の女性教員採用に関する意見は、石戸谷哲夫が詳しく紹介している（石戸谷 1967 254-255）。

（12）間宏は、「彼ら［臨時工（引用者注）］は、部分的には恩情主義のいわば「おこぼれ」は与えられても、本質的な意味で家族主義管理は適用されなかった。なぜなら、家族主義管理は、長期雇傭を前提としていたからである。そして、臨時工の存在が、家族主義管理の対象となった常傭工にたいして、ある種の安定感あるいは満足感を与えたであろうことは十分想像できる」と述べている（間 1964 64-65）。また別な箇所でも、臨時工の意義に関し言及している（間 1964 495 506-507）。

第九章　日本にはどのような近代的組織が生まれたか

1　組織編成における近代的要素

日本における近代的組織のありかたを問う

第七章までにおいては、教員組織の特性とそこへの帰属の特性を論じ、またこの帰属の特性によってもたらされる人間関係の特徴を論じた。第八章では、こうした組織および帰属の特性が成り立つ背景を、視野を広げてこの日本社会の特性のなかに探ってみた。この作業を通じて、教員組織にみられた特性は、実は明治以後――つまり通常近代と呼ばれる時期――の社会の諸組織に共通する特性であることが明らかになった。以上を踏まえ、この章では、次の三つの点についてまとめの議論を行いたい。第一に、ここに見出された諸組織の特性は、通常「近代的」と呼びならわされている諸特徴と、どう関連しているのか。この点については、これらの諸特性がたしかにいわゆる「近代的な」特性として位置づけ得ることが確認される。第二、第三としては、第一章で掲げた二つの課題を巡る議論がなされる。すなわち「協調」をどのような意味で「近代の」現象ととらえ得るのか、および「日本的」とは何かについての謎解きであるが、これら二つの議論は第一の議論を踏まえ、日本社会の諸組織のもつ近代性に絡めて展開されることになる。

さてこの節では、第一の論点を取り上げることにしよう。

近代的な組織の特徴

近代的な組織とは、通常どのように理解されているか。かつてデュルケームは『社会分業論』(Durkkeim 1893＝1971) において、近代社会の成立のポイントを「分業」という角度からとらえた。異質的な諸分子を結合させる分業こそが、近代社会を組み立てる根本原理であるとみたのである。この原理は個々の組織においても現れ、分業に基づく近代的組織を作り出す。それは、専門分化した各部分の協働を本質とする組織である。他方、こうした組織を貫く原則としては、M・ウェーバーによって主張されたように、「合理性（目的合理性）」が重要となる (Weber 1922＝1972)。つまり組織が全体として、経済的利潤の追求という目的に向けて合理的――つまり「資本計算において合理的」――に作動し得るような仕組みが、組織の各領域に備わってくる。この利潤追求にとって効果的であると見込める（＝計算可能）ような組織的選択が、なされるようになるのである。この分業化・専門化および合理化は、近代的組織を論じるときにはずすことのできない重要な特徴である。

日本の組織の近代的編成

では、これまでにみてきた日本社会の教員組織——そしてこの社会の他の諸組織——は、右に述べた意味での近代的組織であったといえるのだろうか。結論からいえば、それは十分に近代的な組織であった。教員組織を例にとるならば、一方において、〈学校〉という場をおおう組織の規模が拡大するにつれて、その内部では主任職・教頭職・校長職などが分化してきた。担任制も定着して、これらが階統的に編成された。これらの職のそれぞれに固有の権限が与えられ、各職に就いた者が責任をもって任務を実行する、分業的で専門化した体制が整ってきたのである。これらの効果として、教師たち相互間でも、相手のやり方に批評がましいことを言うのはタブーとされ、各自の領域に踏み込まないような形でのやりとりが、なされるようになったのであった。そして視野を広げれば、個々の〈学校〉の組織はそれ自体、〈教職〉という場をおおう都道府県単位の教員組織のなかで、同様の分業的体制に組み込まれている。

他方では、こうした組織が全体として、経済的な意味において目的合理的なしかたで運営されるようになった。なるほど教員組織はそれ自体が経済的な利潤を追求するわけではないが、教員に支払い得る限られた予算の枠内で、いかに効率よく人を雇い働かせるかを意識しつつ営まれるようになったのである。

その具体的な現れが、たとえば小学校教員の給料の安さである。教員としてある程度の威信を保つためには、それなりの余裕も必要であるのに、予算からみて許容し得る以上の給料が支給されることはなかった。あるいはまた、組織がもつようになった二重性である。一部の教員に一定額の給与を保証するためには、たとえ正規の教育を受けていなくても、ごく安く雇用できる別な教員たちが不可欠である。はっきりとこうした意味付けを伴って、准・代用・雇教員や女性教員らが雇用されるようになってきたのであった。

長期帰属システムという合理的選択

そして日本の組織の場合に特徴的なのは、そうした目的合理的な選択の一つとして、長期的関係と、それを支える長期帰属のシステムが採用されたことである。つまり、特定の組織に長く留まることがもはや決して自明ではない状況のなかで、あえて長く留まる人々のための座席を作り出したということである。教員組織でいえば、正規の教員とそれ以外の教員との二重性が創出され、正規の教員の給与が、長期帰属へ導くような形で設定された。同じ頃に採用された「資格に基づく採用」という方法も、こうした処遇の格差を正当化するロジックとして、また同時に、いざというときには情実などにとらわれず機械的に退職を要求できる制度として、活用されていった。

以上のような意味で、教員組織はたしかに、近代的性格をもつ諸特性を備えることによって、目的合理的な、その意味で近代的な組織として成立している。そして教員組織の特性はそのまま他の諸組織――大企業ホワイトカラーやブルーカラーの諸組織――の特性でもある。こちらでは、より明確に、経済的利潤の獲得がめざされている。したがって一九二〇年代の日本社会には、この種の近代的組織が、かなり広範に成立してきていたということができる。

なるほど、このような性格の組織は、明治以前にもなかったわけではない。近世にも、社会のごく一部を占める大店（商家）などには右記の教員組織や企業組織と同様の特徴がみられた。しかしこれは、商家というのが当時の社会のなかで、他に際立って高度に機能化された組織だったからである。そこには一定の規模があるし、この多人数組織を利潤追求という目的に即して能率的に機能分担していく必要性もある。武士の組織にもそうした面がみられる。しかし、その他の大多数の小商業・工業や農業従事者は、大規模組織とは無縁であり、したがって右記のような組織と帰属の諸特徴とも無縁に生活していたのである。

2　人のふるまいにおける近代的要素

教員組織のなかの近代的ふるまい

このように、日本社会の諸組織が実質的にも「近代的」と呼び得るものであるならば、この近代的な組織編成の関数である「協調」も、まさに近代的な現象と呼び得るはずである。しかし見かけの上では、「協調」はいかにも非近代的なふるまいである。果たして「協調」は、いかなる意味で近代的であるのか。この節では、この第二の論点を取り上げることにしよう。

一般に、人のふるまいの近代性とは、いわゆる合理的個人としてのふるまいに現れてくるとされる。すなわちウェーバーによって論じられたように、合理的、それもとくに目的合理的――ここでも経済的な意味合いがかなり強く読み込まれている――にふるまう個人こそが近代的な人間類型なのであり、そうしたふるまいこそが近代的なふるまいなのである。

たしかに教員組織のなかでは、いかにも近代的にみえる人のふるまいや人間関係が現れている。たとえば教員たちは、〈学校〉という小さな場のなかでのふるまいを、〈教職〉というより大きな場における高い評価や俸給等につなげ得るように、意識的に構成しているのだった。これは十分、目的合理的なふるまいである。この特徴は、教員たちが、個々の小学校よりもむしろ都道府県単位の教員組織という、より大きな場を基本的な帰属先とするようになったために、生じてきたものであった。彼らにとって、小学校のなかで接する人々との関係は、それがより大きな単位における関係よりも早く終わってしまうがゆえに、重要性の低いものであり、またその成功がより大きな単位における高い評価などを帰結すると見込まれるゆえに、その限りで、意義のあることなのであった。そのため、この直接的関係に対しては、ただ手段的にのみ関わっていくという、いわば「打算的な」あるいは「うわべだけの」つきあいがなされるようになったのである。人間関係のこの特徴は、前節にみた近代的組織の特徴と、目的合理的な人のふるまいとが合わさって生み出されたものである。

しかもこのようなふるまいは、身近な人間関係それ自体を大切にするよりも、これを個人の目的のためにいわば「手段的」に利用していくという意味で、悪しき意味での近代人――ばらばらの個人――をほうふつとさせるふるまいともなっている。その意味でもいかにも近代的なふるまいといえよう。

あるいはまた、教員たちは組織を取り巻く地域の人々との親密さを失ってきているのであったが、これも同じように説明できる現象である。まず教員たちにとって地域はもはや、端的な「外」でしかなく、教員たちが親密な意識を抱く対象ではなくなっている。そして地域の住民と教員との間には、より大きな単位における評価にいかに役立て得るかという関心に左右される、よそよそしい関係が支配的となっている。それはこの組織が、既述のごとく専門分化した近代的組織であることによる。またそれに加えて、社会そのものの専門分化により、教員が一つの専門職として専ら資格に基づいて採用されるようになって、従来のように地域の意向に従う教員選出がもはやなされないという事情にもよる。そうした諸条件のなかで、人が合理的にふるまうときに、地域と疎遠な教員たちのふるまいが、現れてくるのである。その意味でこれも十分近代的な人のふるまいである。

「協調」はどう理解されうるか

では、教員たちのもう一つの重要なふるまいである「協調」は、いかにして近代的なものとして説明できるのだろうか。教員たちは、物事を決定するにあたり、互いに譲り合い、自己主張を貫くということがない。のみならず日常の些細なふるまいにおいても、他者と違ったことをするのを嫌い、同じようなことを同じように行うようにと気を遣っている。まるで自分の利害など重要ではないかのようである。そのためこのような特徴は、これまでの日本人論・日本社会論では、西欧近代的なものから大きく隔たる特性と位置付けられてきた。また近代化の理論のなかでも、たとえばリーヴィーの分類に従えばこれは集団主義に一致するもので、集団主義とは前近代的特性の一つなのである（友枝　1981　169）。

「協調」をとらえ返すためには、そもそも教員たちが「協調」をするのはなぜだったのかを、思い起こしてみるのがよい。彼らの「協調」は、ある目的合理的な計算に基づいて行われている。つまり、ふるまう教員たち一人ひとりにとっては、現在「協調」という選択をすることこそが、将来の見返り——増俸や昇進——を期待し得るという意味で、目的合理的なふるまいなのである。では、そもそもなぜ「協調」が合理的選択であるのかといえば、それは教員組織が、その編成原理の要として、長期帰属という方式を選び取ったからである。そしてこの方式の選択は第1節でみたように、この組織の極めて目的合理的な判断によってなされたものなのである。

集団主義的で、それゆえ前近代的な志向をもつふるまいとみえる「協調」は、実は組織レベルでの合理的選択と、個人レベルでの合理的選択とがかみ合うことによってもたらされた、いわば「二重の合理性」の帰結なのである。

近代性をどうとらえるか

かくして「協調」は、まさに組織のありかたへの目配りを通じ、また、組織のレベルと、そのなかにある個人のレベルとの関連をみることによって、理解可能となった。そうであるとすれば、日本社会の諸組織における近代性とは、最終的にどのようなものとみるべきなのだろうか。

通常、社会の諸特性――個人主義、集団主義などといった特性――は、伝統的（前近代的）要素か近代的要素のいずれかに分類される傾向がある。そして、なるほど現在では、「近代的な諸要素がすべて揃わないならば近代社会ではない」といった極端な二元論は主張されないものの、たとえばリーヴィーの理論（友枝 1981 169）にみるように、「より多くの要素が揃うほど、より近代化されている」という、やや柔軟なとらえ方としては、なお健在である。こうしたとらえ方に習えば、日本社会は、「少しだけ」近代化された状態にあるということになる。

しかし、その近代性の尺度は、すでにみたとおり決して一定ではない。ある場合には組織の特性が近代的であるかどうか、別な場合には人のふるまいの特性が近代的であるかどうかが論じられており、統一された視点から議論がなされているのではない。よってこの問題はまず、どの視点からの議論であるかを明確にするところから、始められなくてはならない。

また、実はこうした諸特性対比の元祖であるパーソンズもすでに、一つの社会的な単位が近代的要素のみによって埋め尽くされることはないことを認めていた。西欧ないしアメリカの社会における親族のように、多くの面で近代的要素がみられるようになった場合においても、非近代的な領域が一掃されることはなく、それどころか一定の機能（感情表出の場を確保する、といった）を担っていることが、指摘されているのである（Parsons 1951＝1974: 190-191）。その意味で、完全に近代化された社会はおよそあり得ない。どの社会に関しても、近代化は常に不完全・未完成なのである。そうなると、たとえば近代西欧社会も、「完全な意味での近代社会ではない」といわねばならないが、果たして、このような形で近代性をとらえることは、有意味なことであろうか。

こうした疑問に対し、近代とは理念型である、と言い切ってしまうことも不可能ではない。これは、社会学的にオーソドックスな手法でもあるかもしれない。だがその場合には、その理念型の意味が問題になってくる。リーヴィーらの議論では、「近代的要素の種類または数が多ければ多いほど、その社会ないし組織はより近代化されている」という理屈になるが、近代的な特性を示している部分や局面が多いことが、どうしてその組織ないし社会の全体が近代的であることの証拠になるのだろうか。社会・組織とはそもそも、個々人やそのふるまいが相互に関係づけられている総体のことである。そういう社会や組織の性格がどうして、個々人の特性やふるまいの特性を単純に加えることによって測定しうるのか。社会・組織が関係性の総体であるなら、その近代性はむしろ、この関係づけの原則というレベルで見極められるべきではないのだろうか。

関係づけの原則における近代性

よって本書では、この関係づけ原則というレベルに視点を定めよう。このレベルにおいて近代性を論じるならば、日本の諸組織は十分に近代的な性格を示している。すなわち、そこにたとえ「協調」のように集団主義的で前近代的な面をもつ要素が混じっているとしても、この要素は組織の運営という文脈でも、組織内における個人のふるまいの文脈でも、目的合理的な意味合いをもつように関係づけられているのである。

そのように言えるのは、「協調」についてのみではない。日本の教員組織のなかに含まれている、近代的とは通常みなされない特性には、「ジェンダーによる区分」というものもあった。教員たちの組織や企業組織は、そこに人を帰属させる仕方（帰属の期間、処遇等）を、その人が男性であるか女性であるかによって異ならせている。これを、組織のなかに残る属性主義的要素——よって前近代的要素——と位置付けることは、一見正当のようである。

しかし、このジェンダーによる区分という要素の取り込まれ方をみるならば、それが極めて目的合理的な意味をもつものであることが明らかになる。そもそも女性は、職業的組織の外では、家族という別な単位において再生産機能を担うというある重要な役割を期待されている。この役割を十分に果たそうとするならば、同時に職業的組織においても正規雇用者に期待される役割を果たすことは、非常に困難である。つまり女性にとっては、組織が提供するジェンダー別の就労形態は、再生産をやり抜くという目的にとってかなり合理的なものである。他方、こうした状況を前にして、どこからか臨時雇用者を調達する必要をもつ職業的組織が、女性というカテゴリーに属する人々をそのターゲットに選ぶのは、そうした処遇に対して抵抗される可能性が小さいといった点からみても、しごく合理的なことなのである。この点についてはすでにフェミニズム論あるいは女性論のなかで指摘されている（鎌田・矢澤・木本 1999 13；木本 1995；沢山 1990 110）。それらは、日本の企業社会や労働を、近代の問い直しという文脈のなかで位置付け直したときに、近代的な組織ないし社会の編成の仕方と、ジェンダーという属性主義的要素との重要な関わりあいが浮かび上がってくることを、明らかにしているのである。

つまり重要なのは、前近代的要素が幾つあるかではない。それらの要素がどのような原則によって関係づけられているのかが重要なのである。

「事実隠し」の近代的性格

関係づけの原則として近代性をとらえる方法は、「協調」のみならず他の諸現象に対しても、発見的な意義をもつことができる。その一例として最後に、近年の日本社会で問題となっている、学校や企業組織における「事実隠し」という現象を取り上げよう。学校における「事実隠し」については、その「構造的」性格をすでに第七章で指摘しておいたが、このとらえかたが実は日本の諸組織一般に関して通用するものであること、およびこの構造的特性が、実はある種の「近代性」の現れであることが、以下であらためて確認されるだろう。

二つのレベルの合理性が、長期帰属という方式を巡ってかみ合わせられている日本の組織においては、上位の単位における良好な関係が志向されるあまり、直接対面する者同士の人間関係は、常に、問題点・失敗などを上位の単位に知られないように配慮するものとなる。個々人が個人として合理的にふるまえばふるまうほど、上位者によって失点としてカウントされるおそれのある不都合な事実は、徹底して隠される。また、上位者に対するこうした配慮には、地域からの評価への配慮も絡まっているため、もはや疎遠な「外」である地域に対し、不利な情報を流すことは極力回避される。「外」にすきをみせることは、学校の場合は教員自身のみならず教員組織自体の威信をゆるがせるもととなるし、企業の場合も、消費者の信用を落として売れ行き不振等をもたらし、企業全体を脅かすことになって、結局は上位者に迷惑をかける（警察にも、病院にも、同様の事情がある）。ゆえにそのような不利な情報は、組織の内部に留めておくよう、細心の注意を払わねばならないとみなされる。細分化された組織のなかの小さな諸単位ごとに、問題を一歩も外へ出さないような努力がなされているのである。

ところがこれは、組織のレベルでは、とんでもない帰結をもたらすことがある。この一、二年の間に起こった、大きな組織絡みの事件をみると、その多くがこの微細な「事実隠し」の結果として生じた――部分が小さくない(1)――ものであることがわかる。たとえば雪印乳業の食中毒事件では、作業ラインで生じた問題を「外」にのみならず上位者にも知らせないままうやむやにしていた。それが各レベルで行われたため、食中毒の危険が、さもなくば認識されたはずの各部署において、看過されてしまった。三菱自動車では、欠陥車に関する顧客からのクレーム情報やリコール情報を、組織的に握りつぶしていた。そのため発端の事故や告発等が起こってからかなり後になっても、社長はそれにまつわる諸事実を知らなかった（朝日新聞二〇〇〇年八月二八日付）。こうした情報操作は、かなり長期にわたり行われていたという。そしてこの隠蔽に主に関与していたのは、品質保証部の課長以下であり、部長も「うすうす認識していた」（朝日新聞二〇〇〇年八月二三日付）という。つまり中間管理職も含む人々が、恒常的かつ積極的に作業を担ったのである。事実は結局、内部告発から明るみに出た。これに関し当時の新聞は、「風通しがよければまず社内で問題提起し、解決策を求めていくはずだが……」（朝日新聞二〇〇〇年八月二九日付）とコメントしているが、実際には風通しはよくなかったために、結局告発という方法に訴えざるを得なかったのである。「事件」が生じてしまった後でさえも、関係者は事実を「外」に対してひたすら隠そうとする。事件発生後の記者会見などにおいて、非常に曖昧な回答しかなされないのは、いつもみられる光景である。

これらの事件には、日本の組織のもつ体質の「古さ」が関わっているとしばしば言われる。先にもみた集団主義的な要素が、ついに事件を引き起こすまでに至ったという解釈がなされる。しかし、いったい組織をどう「近代化」すればよいのかについて、明瞭な展望は示されていない。それならば、むしろ事態を「二重の合理性」の帰結ととらえたうえで、手掛かりを求めていってはどうか。すなわち日本の組織が極めて近代的な組織となっていること、この合理的に編成された組織のなかで、個々人が合理的な選択をしたことが、結果的に「事件」という形になってしまったとみることから、問題の所在と、解決の手掛かりを、考えていけるのではないか。

まず、「事件」は「古さ」ではなく組織そのものの編成原理に由来するものだということである。このような「意図せざる結果」が、個人レベルと組織レベルの関わりのなかから、いわば構造的に生じ得るという「合理的個人の社会的なジレンマ」の、日本的な文脈における現れが、あれらの事件であったとみることができるであろう。ちなみにこれらの事件の場合、組織のレベルでも個々人のレベルでも合理的であるはずのふるまいが、いずれのレベルにおいても、予測されなかった結果をもたらしている。組織は、社会的信用失墜などにより痛手を被る。またこうして組織が不安定化すれば、それは最終的には、再び個々人にはねかえる。リストラや営業停止等といった、個々人にとって望ましくない結果をもたらすのである。

これが構造的な問題である以上、特定個人の処分、たとえば「事件」の責任者の引責辞任などが解決にならないばかりでなく、「古い体質の除去」も、単独では根本的な解決にならないことが予想される。「古い体質」を不可欠の部品として組織は動いているのであるから、単にそれを除去すれば、組織全体が機能不全になることもあり得なくはない。解決があり得るとすればそれはおそらく、組織そのものが、このいわゆる「古い部分」を取り込む必要のない体質に変わることであろう。すなわち「古い部分」に代わる目的合理的な部品を見つけることが、あの「社会的なジレンマ」を起こらないものへ、あるいは少なくともより被害の小さい形で起こるものへ、変えていけると思われるのである。

3　「日本的」の意味するもの

「日本的」なるものの局所性

次に、「協調」がいかなる意味で「日本的」人間関係と呼ばれるのかという点に関する議論に移ろう。問題はこのふるまいが、「日本的」という形容詞を冠せられながら、実は諸組織のなかの一部にしかみられないというところにある。実際には、教員、ホワイトカラー、ブルーカラー等のなかでも、様々な人間関係を営む人々がいる。そのなかで、「協調」しあう人間関係は、長期帰属者たらんとする一部の人々にのみ関わる人間関係なのである。

ではなぜ、この種の人間関係は一部にしかみられないのだろうか。この問題を、やはり近代的な組織編成という観点から、読み解いていくことにしよう。

結論からいうならば、それはこの長期的関係が、それ自身のみではおよそ存立し得ない性格のものだからである。ある範囲の人々の間に、将来の見返りを確実に保証しつつ長期的関係を営ませるためには、経済的環境等の変化に対してもこの関係を守れる仕組みが不可欠である。そういう仕組みは、景気変動に応じて切り捨てることのできる短期帰属者たち——彼らは長期的関係を営んでいない——をもつことで、動いている。長期的関係を営むことでやがて組織内で確固とした地位を確立していく見込みのある一部の人々が、近代的人間関係を営んでいる横には、景気変動等に左右されつつやがてこの組織を去っていく多くの人々がいる。現在でも、教員組織には常勤と臨任とがあり、大企業組織でも、正・常用と、派遣・パートタイム・臨時などとが区別されている。つまり、「日本的」人間関係が成り立つのは、同じ組織のなかに、非「日本的」人間関係を営む人々が存在する限りにおいてだということである。

したがって、いわゆる「日本的」人間関係が諸組織のなかでも一部の人々にとってしか実在的でないのは、まだ全域に広まっていない不完全な状態だからでは決してない。組織のなかに、かくも異なった存在形態をもつ人々が共存していることを大前提として、日本の組織における「日本的」人間関係は可能になっているからである。(2)

それなのになぜ「日本的」なのか

では、日本社会の諸組織の一部にしかみられない人間関係が、それにもかかわらず「日本的」と呼ばれるのはなぜなのだろうか。

岩田龍子は、日本企業ならその全体で長期雇用が実施されているとみるような風潮を批判して、日本企業における長期雇用は中核部分でしか行われておらず、周辺部分では短期雇用がむしろ一般的であることを指摘している（岩田 1985 58-63）。尾高邦雄も、長期雇用は大企業の、しかも「常用・正規」の労働者のみに当てはまる特徴であると述べている（尾高 1984 28-36、57）。こうしたことをわざわざ繰り返して断らなくてはならないほど、一般的な日本人論――日本人自身が著したもの――には、長期雇用は日本企業に一般的にみられる特徴であるという考え方、また日本的人間関係は日本人が一般的に関わっている関係であるという考え方が支配的である。

なぜこの日本人論的な書物や議論において、この独特の人間関係がためらいなく「日本的」と呼ばれてしまうのだろうか。なぜこの人間関係が日本の諸組織を覆いつくしているかのように考えられ、あるいはこの人間関係こそが日本の代表であるかのように、みなされてしまうのか。

この問題は、諸組織間における人々の帰属の特性から理解しうると考えられる。まず、「部分」でしかないものがなぜ「全体」のようにみなされてしまうかについては、この日本的人間関係について論じる人々が主に、自ら長期帰属型のライフコースを歩んできた人々であるという点が指摘できよう。いわゆる日本的経営論を含む日本人論は、経営学などの研究者の枠内にとどまらず、現に実務に携わっている企業人によっても受容され、再生産されたことが知られる（吉野 1997 167-201）が、これらの担い手たちは概して、企業のなかでも経営陣や、主導的なポストに就いている人々であった。つまりホワイトカラーとして現在長期帰属中の人々なのである。

また、おそらくより重要と思われるもう一つの理由は、次のようなものである。特定の組織に限らず社会全体としてみた場合、特定の組織のなかで短期帰属的である者も、別な組織においては長期帰属者となりうるし、またしばしばそうなることを目的としつつ、ある組織を早々に去っている。つまりある場面では短期帰属者である者も、別な場面では長期帰属に基づく「日本的」人間関係のなかにあり得るのであり、個々人のライフコース全体をみれば、その大半が、いずれかの組織における長期帰属者としての人生であることが珍しくない。そのため、現在短期帰属している者たちのうちで、自分を短期帰属者として認識する人々――短期帰属者として生きると自認する人々――は、それほど多くないのである。

そしてこれは、「日本的」人間関係が日本社会における人間関係の「代表格」とみなされる理由でもある。すなわち短期帰属者自身が、短期帰属を自らの本来のありかたとはみなさず、あくまで仮の姿とみなしていること。本来は長期帰属し、したがって「日本的」人間関係を営むはずのものと考えていること。これらは、長期帰属が理念的には、この社会の大多数によって受け入れられている帰属のしかたであることを意味する。「日本的」人間関係は、この社会の多数者によって、理念的に志向されている関係の形なのである。

組織内の二重性がはらむ様々な不公平や不平等の問題が、長らく人々の意識下に押さえ込まれてきたのも、人々の共有するこうした考え方に、一つの原因をもつと思われる。たとえ現時点で短期帰属者であっても、やがて自分はその状態を脱していくという想定がなされているため、この短期帰属者たちの現状に関する問題提起には至らないのである。パートタイム労働やアルバイトの問題点が久しく看過されてきたのも、それらの地位が、長期帰属者たちによってのみならず、彼ら自身によっても、正規の地位とみなす必要のないものとして扱われてきたことに、一つの重要な原因をもっているといえるであろう。

このように、日本社会には、ある特定の関係を「日本的」（全体・代表）とみなさせるような物の見方が普及している。そうした見方――長期帰属者たちと、長期帰属志向者たちによって共有される見方――が、原理的にはどのような社会にも現れ得る近代的人間関係を、「日本的」な関係として現象させているのである。

したがって、「この社会の人間関係のどこが日本的なのか」という問いには、従来とは異なる答えを与えねばならない。この問いには、これまでにも多くの研究者が取り組み、また悩まされてきた。しかし実は、この問いの出発点そのものが、日本人の目に映る幻影であったとしたら、すなわち、問いが投げかけられる対象は「近代の日本人が典型とみなしている人間関係」にほかならないのだとしたら、そのどこが日本的かという問いは、決して答えに行き着くことはない。もしもこうした状況のなかであえて何かを「日本的」と呼ばなくてはならないとすれば、次のように言うしかないであろう。「日本的」であるのは、日本人の行っているみなし、すなわち人間関係に対するこの視線そのものであり、さらに遡ればこの視線をもたらす組織特性、すなわち「長期帰属」という方式を取り込んだ組織と社会の編成それ自体なのである、と。

第九章の注

（1）　もちろん、不況を引き金とした解雇による人手不足、熟練した人材の不足等により、安全性をチェックする体制がうまく機能しなかったという面も、見落とすことはできない。

（2）組織のなかにみられるこうした二重性については、主に労働経済学などの立場から分析がなされてきており、その人間関係における意味ではなく、景気変動に対する安全弁（不況時には臨時工等を減らせばよい）としての意味が、主に注目されてきている。

あとがき――「協調」の行方

近年、被雇用的な世界のなかで、一生の職という考え方が弱まってきたという言葉をよく耳にする。本書の表現でいえば、長期帰属の志向の弱まりである。定年前に自ら進んで退職してしまう中高年が現れていることや、いわゆるフリーターの増加から、正社員という立場を選び取ろうとしない若年層の増加がうかがわれることなどが、その根拠のようである。もしもこれが事実だとすれば、本書で扱ってきた「協調」――それはこの長期帰属に支えられている――は、まもなく衰退していくもの、したがってそう重要ではないものということになってしまう。だが、本当に長期帰属への志向は弱まっているのだろうか。

必ずしもそうは言えないだろう。というのは、これらの退職者や非正社員たちは、好きこのんで長期帰属から遠ざかっているとは限らないからである。一方において、フリーターの増加は、不況のあおりなどで就職できなかった人々がやむを得ず行った選択という面をもっており、すべてのフリーターが、信念に基づいてこの就業形態を選択したわけではない。他方、早期退職者たちのなかには、長期帰属の価値を否定したからというのではなく、早期退職への圧力からやむなく辞表を出した人々も含まれている。また、できれば組織に留まりたいが実際の昇進の可能性などについて考量した結果として、転職をよりよい選択肢と判断した人々が含まれている。彼らは会社の経営状態や、自分と同等の地位・役職にあり同程度の働きぶりの人々が中高年を対象とする雇用調整（巷にいうリストラ）で解雇されていく状況から判断して、あるいはいわゆる役職インフレ――つまり同期の者が多すぎて、年功を積んでも役職に就く可能性が低くなっているという現状――から判断して、将来の見返りは見込み薄だと組織に見切りをつけたのである。つまり長期帰属を断念する人々は、企業組織やそのなかにおける長期的関係が、機能不全状態に陥った場合に現れている。そのせいで組織からはじき出された人々や、そういう機能不全をみてとってこの組織から早々に離脱する人々のうごきを、長期的関係そのものを否定するうごきととらえるべきではない。

つまり、長期帰属への志向そのものは維持されているが、その実現可能性の面でいろいろな問題が生じてきたのが、現在の状況と考え得るであろう。むろん、この問題が今後も解消されず、むしろ他の組織にも広まっていくようであれば、長期帰属の志向も弱まり消えてしまうであろうけれども。

では志向のレベルではともかく、実態としては、長期帰属は消滅しつつあるのであろうか。こちらについても、必ずしもそうとはいえない。むしろ現状は、長期帰属者と短期帰属者への、帰属の二極化の進展であるように思われる。教員の場合に限って言えば、そこに占める長期帰属者の比率は、近年でもかなり安定的であり、減少の傾向はみられない。他の諸組織でも、むしろ近年になってから、かつてない熱意をもって長期的関係を営む人々が現れてきたという可能性が考えられるからである。リストラや倒産等の危険を意識し、そのなかであえて生き残ろうとするとき、彼らの人間関係はほんのわずかの失点をも許さないものとなり、細心の注意を注がれるものとなるのではないか。過去数年の間に起こった幾つかの事件の背景にも、各部署における事故・失敗等を徹底して隠しおおせようとする、長期帰属者たちのそうした必死の思いをうかがうのは、うがちすぎであろうか。

また、近年の企業再編のうごきによって、長期帰属という方式の機能不全が回復する可能性もある。この二〇年ほどの間に、企業では雇用調整と併行して、永年増え続けてきた課長代理や課長補佐、課長心得などの名目的な役職を一気に簡素化する試みが断行されている。これらの処置による組織全体としてのスリム化により、この限られた人数での簡素な昇進が復活するかもしれない。そうすれば、その枠内で、再び長期的関係が活発に行われ始めるという事態も、決してあり得ないことではない。

なるほど近年には、短期帰属者たちが、これまでのようにひっそりと存在することをやめ、一つのライフスタイルとしての主張をもつようになった。それが、長期帰属という生き方を疑わない風潮に疑問を投げかけ、別な生き方を提案する力をもっていることは確かである。しかし、短期帰属のあり方がこのように変化したことで、逆説的だが、長期帰属者が今後も当分の間は存続していくことが、保証されたようにも思われる。ライフスタイルとなった短期帰属の志願者は、今後も安定的に供給されることが予想され、したがってそれが、長期帰属者の存続を可能にする組織の二重性を支えていくと考えられるからである。

そうだとすれば、長期帰属者と短期帰属者との共存はなおも続こう。そのなかで、「協調」は将来にも、存在し続けるのではないかと思われる。

労働事情などにみる最近の変化は、極めて激しいものとなっており、その速度も増しているように思われる。その只中に置かれている「協調」の行方を、今後、注意深く見守って行きたいものである。

*

最後に、本書の執筆にあたっては、多くの方々にお世話になった。「まえがき」でも述べたとおり、本書は、社会的な帰属と移動を一つの切り口とする点で、前著と同じ方法的地平に立っている。そのため、前著に関して研究会や書評などを通じてご指摘いただいた疑問点や問題点は、本書を方向づける上で非常に貴重な道しるべとなった。ただ本書で直接扱うことのなかった幾つかの項目に関する批判には、お答えすることができなかったけれども。本書のデータを収集する段階では、横浜市内の幾つかの小学校の校長先生、副校長先生、また神奈川県教育センターのスタッフの皆さんに、資料入手の便を計っていただいた。そして最後に、勁草書房編集部の徳田慎一郎氏には、構想段階から著者を何かと励まして、単なるアイディアであったものを一つのストーリーに構成するエネルギーを与えていただき、また遅れがちな執筆を辛抱強く待っていただいた。以上の方々に対し、この場を借りて厚く御礼申し上げたい。

二〇〇二年四月

中村牧子

索引

あ行

か行

さ行

た行

な行

は行

ま行

や行

よ行

ら行

わ行

文　献

○著書・論文・調査報告など

天野郁夫編　1991　『学歴主義の社会史――丹波篠山にみる近代教育と生活世界』有信堂.

新井淑子　1974　「職業婦人としての苦悩」中内敏夫・川合章編『日本の教師 4　女教師の生き方』明治図書　53-94.

朝日新聞神戸支局編　1991　『少女・15 歳――神戸高塚高校校門圧死事件』長征社.

千葉正士　1962　『学区制度の研究――国家権力と村落共同体』勁草書房.

中央職業紹介事務局編　1927　『職業別労働事情 3　機械工業』中央職業紹介事務局.

土居健郎　1971　『「甘え」の構造』弘文堂.

Durkheim, Emile 1893 *De la division du travail social : étude sur l'organisation des sociétés supérieures*, Félix Alcan. ＝　1971　田原音和訳　『社会分業論』青木書店.

藤沢市教育文化センター編　2000　『藤沢市教育史　資料編第 6 巻』藤沢市教育委員会.

藤田若雄　1959　『サラリーマンの思想と生活』東洋経済新報社.

深谷昌志　1966/1981　『良妻賢母主義の教育』黎明書房.

深谷昌志　1969　『学歴主義の系譜』黎明書房.

深谷昌志　1974　「寺子屋の教師から学校の教師へ」中内敏夫・川合章編『日本の教師 4　女教師の生き方』明治図書　15-52.

後藤光治　1988　「教師の価値意識」杉尾編著『教師の日常世界』北

大路書房　49-139.
濱口惠俊　1982 『間人主義の社会日本』東洋経済新報社.
濱口惠俊　1993 『日本型モデルとは何か――国際化時代におけるメリットとデメリット』新曜社.
播磨造船所50年史編纂室　1961 『播磨造船所50年史』播磨造船所.
服部清道編　1970 『藤沢市史資料　第15集』藤沢市教育委員会.
間宏　1964 『日本労務管理史研究』ダイヤモンド社.
土方苑子　1994 『近代日本の学校と地域社会――むらの子どもはどう生きたか』東京大学出版会.
平野婦美子　1940 『女教師の記録』西村書店（上沼八郎監修　1993 『昭和前期教師論文献集成25』ゆまに書房).
廣田照幸　1991 「農家の生活世界と学歴」天野郁夫編『学歴主義の社会史――丹波篠山にみる近代教育と生活世界』有信堂　188-211.
菱村幸彦　1989 『法律からみた学校経営のノウハウ』教育開発研究所.
Homans, G. C. 1961 *Social Behavior : It's Elementary Forms*, original ed., Harcourt Brace.
兵藤釗　1971 『日本における労使関係の展開』東京大学出版会.
石戸谷哲夫　1967 『日本教員史研究』講談社.
石戸谷哲夫・門脇厚司編　1981 『日本教員社会史研究』亜紀書房.
伊藤真弓・青木松則・楠原彰編　1993 『少年O君の死――11歳の自死がのこしたもの』柘植書房.
岩田龍子　1985 『日本の経営組織』講談社.
陣内靖彦　1988 『日本の教員社会――歴史社会学の視野』東洋館出版社.
影山喜一　1977 「ホワイトカラーの推移――明治・大正を中心として」間宏責任編集『日本の企業と社会』日本経済新聞社　165-203.
鎌田とし子・矢澤澄子・木本喜美子　1999 「総論：ジェンダー研究の現段階」鎌田とし子・矢澤澄子・木本喜美子編『講座社会学14 ジェンダー』東京大学出版会　1-29.

神奈川県編　『神奈川県統計書』（各年版）　神奈川県.
神奈川県企画審議課編　1952　『京浜工業地帯調査報告書　産業労働編　総論』神奈川県.
神奈川県教育委員会編　1952　『教育調査統計』神奈川県教育委員会.
神奈川県教育庁行政調査課編　1956　『昭和 30 年度教育調査統計報告書』神奈川県教育庁行政調査課.
神奈川県教育センター編　1978　『神奈川県教育史通史（上）』神奈川県弘済会.
神奈川県教育センター編　1979　『神奈川県教育史通史（下）』神奈川県弘済会.
片桐佐太郎　1919　「初等中等学校教員俸給は如何なる程度を以て最も適当とすべきか」『帝国教育』1919 年 9 月号　帝国教育会　24-31.（寺崎昌男・前田一男編　1993　『日本の教師 22　歴史の中の教師Ⅰ』ぎょうせい　175-186.）
川口彰義　1983　「管理される学校と教職員」牧柾名・神田修編『学校からみた教育政策――子ども・父母・住民サイドで考える』有斐閣　165-193.
川井景一　1875　『神奈川県地誌略』（川井景一出版）.
川島武宜　1967　『日本人の法意識』岩波書店.
木本喜美子　1995　『家族・ジェンダー・企業社会』ミネルヴァ書房.
久冨善之編著　1988/1990　『教員文化の社会学的研究』多賀出版.
久冨善之　1988/1990　「教員文化の社会学・序説」久冨編著『教員文化の社会学的研究』多賀出版　3-84.
久冨善之編著　1994　『日本の教員文化――その社会学的研究』多賀出版.
倉片みなみ編　1981　『三ヶ島葭子日記（上）』至芸出版.
協調会　1929　『本邦工場鉱山職長制度概要』協調会.
協調会　1932　『職長及職長指導者の教育』協調会.
黒羽亮一　1994　『学校と社会の昭和史（上）』第一法規出版.
前田一　1928　『続サラリーマン物語』東洋経済新報出版部.

牧柾名・神田修編 1983 『学校からみた教育政策――子ども・父母・住民サイドで考える』有斐閣.
枡本卯平 1923 『国家の将来と工場管理の標準』早稲田大学出版部.
松成義衛・泉谷甫・田沼肇・野田正穂 1957 『日本のサラリーマン』青木書店.
明治教育社編輯部編 1918 『若き教師の進むべき道』明治教育社.（上沼八郎監修 1991 『明治大正教師論文献集成 34』ゆまに書房.）
水上滝太郎 1924 「女事務員」→阿部章蔵 1941 『水上滝太郎全集 5』岩波書店.
三菱合資会社 1913 『労働者取扱方ニ関スル調査報告』三菱合資会社.
三菱造船株式会社編 1957 『創業百年の長崎造船所』三菱造船.
三菱造船株式会社長崎造船所編 1928 『三菱長崎造船所史』三菱造船長崎造船所.
三浦修吾 1917 『学校教師論』内外教育評論社.（上沼八郎監修 1991 『明治大正教師論文献集成 29』ゆまに書房.）
水木嶽龍 1926 『明治大正 脱線教育者のゆくへ』東京啓文社.（寺崎昌男編集・解説 1973 『近代日本教育論集 6 教師像の展開』国土社.）
文部省編 『文部省年報』（各年版).
森谷宏 1989 『教育紛争の予防と解決』日本教育新聞社出版局.
望月厚志 1987 「近代日本における「教師層」の供給源――静岡県師範学校の事例をもとに」『教育社会学研究』（日本教育社会学会編）42 東洋館出版社 215-229.
村上泰亮・公文俊平・佐藤誠三郎 1979 『文明としてのイエ社会』中央公論社.
永井道雄 1957 『教師 この現実』三一書房.（寺崎昌男・前田一男編 1994 『日本の教師 23 歴史の中の教師Ⅱ』ぎょうせい 263-281.）
永井聖二 1981 「現代の教員社会と教員文化」石戸谷哲夫・門脇厚

司編『日本教員社会史研究』亜紀書房　577-618.
内務省社会局　1925　『職業婦人の実態調査』内務省社会局.
中島太郎　1956　「近代的教職観とその法制上への影響」細谷恒夫編『教師の社会的地位』有斐閣（寺崎昌男・久木幸男監修　1998　大空社）3-36.
中村牧子　1988　「日本社会における〈法〉と〈秩序〉」（東京大学大学院社会学研究科修士論文）.
中村牧子　1994　「紛争処理手続きをめぐる比較社会論――中世後期以降の日本社会を中心として」『社会学評論』（日本社会学会編）178　206-220.
中村牧子　1999　『人の移動と近代化――「日本社会」を読み換える』有信堂.
中村牧子　2000　「新中間層の誕生」原純輔編『日本の階層システム 1　近代化と社会階層』東京大学出版会　47-64.
中根千枝　1967　『タテ社会の人間関係――単一社会の理論』講談社.
中内敏夫・川合章編　1974　『日本の教師 4　女教師の生き方』明治図書.
日本経済新聞社編　1980　『私の履歴書　経済人 1～3』日本経済新聞社.
農商務省商工局　1903　『職工事情』／大河内一男　1971　『生活古典叢書 4　職工事情』（解説・大河内一男）光生館.
尾高邦雄　1984　『日本的経営――その神話と現実』中央公論社.
大橋昌平　1981　「小学校創設期における教員社会――五日市観能学校と教師たち」石戸谷哲夫・門脇厚司編『日本教員社会史研究』亜紀書房　41-82.
王子製紙労働組合編　1957　『王子製紙労働組合運動史』王子製紙労働組合.
小野健司　1994　「学校制度確立期における教員文化」久冨善之編著『日本の教員文化――その社会学的研究』多賀出版　118-138.
大内経雄　1942　『職長養成』東洋書館.

Parsons, Talcott 1951 *The Social System*, Free Press. ＝　1974　佐藤勉訳『社会体系論』青木書店.
労働統計研究会　1957 「戦後日本の『中間層』について――その統計による分析」『経済評論』(1957 年 11 月) 日本評論社　54-83.
佐藤郡衛　1988/1990 「教員の指導観の実証分析――日米中学校教員比核調査を通して」久冨編著『教員文化の社会学的研究』多賀出版　85-146.
沢山美果子　1990 「教育家族の誕生」『叢書　産む・育てる・教える――匿名の社会史』第 1 巻編集委員会編『〈教育〉――誕生と終焉』藤原書店　108-131.
芝浦製作所編　1940 『芝浦製作所六十五年史』東京芝浦電気.
渋谷義雄　1978 『田奈小の史実にみる学制の定着度』(昭和 52 年度横浜市教育委員会科学助成金補助) 横浜市立田奈小学校.
志垣寛　1919 『教員物語』弘道館. (上沼八郎監修　1991 『明治大正教師論文献集成 35』ゆまに書房.)
杉尾宏　1988 「風景としての教師世界」杉尾編著『教師の日常世界』北大路書房　1-48.
杉尾宏編著　1988 『教師の日常世界――心やさしきストラテジー教師に捧ぐ』北大路書房.
鈴木勲　1975/76 『学校経営のための法律常識』第一法規.
『社会政策時報』(協調会編) 69 号 (1926), 75 号 (1926), 85 号 (1927) 協調会.
永井聖二　1988 「教師専門職論再考」『教育社会学研究』(日本教育社会学会編) 43　東洋館出版社　45-55.
高田稔　1993 『神奈川の寺子屋地図』神奈川新聞社.
高群逸枝　1931 『女教員解放論』自由社. (寺崎昌男編集・解説 1973 『近代日本教育論集 6　教師像の展開』国土社.)
高野桂一編著　1993 『学校経営のための法社会学――学校現場の「生ける法」を見直す』ぎょうせい.
竹内途夫　1991 『尋常小学校ものがたり――昭和初期・子供たちの

生活誌』福武書店.
竹内利美　1956 「教師の職業的特性と社会的地位」細谷恒夫編『教師の社会的地位』有斐閣（寺崎昌男・久木幸男監修　1998　大空社）53-118.
「田奈の郷土史」編集委員会編　1964 『田奈の郷土史』同委員会.
玉城肇　1954 『日本教育発達史』三一書房.
寺崎昌男編集・解説　1973 『近代日本教育論集 6　教師像の展開』国土社.
寺崎昌男・鈴木そよ子編　1993 『日本の教師 18　女性教師として生きる』ぎょうせい.
寺崎昌男・前田一男編　1993 『日本の教師 22　歴史の中の教師Ⅰ』ぎょうせい.
寺崎昌男・前田一男編　1994 『日本の教師 23　歴史の中の教師Ⅱ』ぎょうせい.
東京女子師範学校同窓会研究部　1917 「女教員問題の研究」（寺崎昌男編集・解説　1973 『近代日本教育論集 6　教師像の展開』国土社）.
友枝敏雄　1981 「近代化論」安田三郎・塩原勉・富永健一・吉田民人編 『基礎社会学Ⅴ　社会変動』東洋経済新報社　154-179.
氏原正治郎　1966 『日本労働問題研究』東京大学出版会.
海原徹　1973 『明治期教員史の研究』ミネルヴァ書房.
海原徹　1977 『大正期教員史の研究』ミネルヴァ書房.
Weber, Max 1922 "Soziologische Grundbegreffe", *Wirtschaft und Gesellschaft*, Tübingen. ＝　1972　清水幾太郎訳『社会学の根本概念』岩波書店.
山田雄一　1985 『稟議と根回し』講談社.
柳沢弥右衛門　1913 『校長生活』敬文館.（上沼八郎監修　1991 『明治大正教師論文献集成 24』ゆまに書房.）
横浜市編　1903 『横浜市統計書　第 1 回』横浜市.
横浜市教育委員会編　1956 『横浜市学校沿革誌』横浜市教育委員会.

横浜市教育委員会編　1976a 『横浜市学校沿革誌』横浜市教育委員会.
横浜市教育委員会編　1976b 『横浜市教育史（上）』 横浜市教育委員会.
横浜市教育委員会編　1978 『横浜市教育史（下）』 横浜市教育委員会.
横浜市教育委員会　1981 『教育統計調査――昭和 55 年度』横浜市教育委員会総務部調査課.
米田俊彦　1991 『近代日本中学校制度の確立――法制・教育機能・支持基盤の形成』東京大学出版会.
吉田民人　1974 「社会体系の一般変動理論」青井和夫編『社会学講座 1　理論社会学』東京大学出版会　189-238.
吉野耕作　1997 『文化ナショナリズムの社会学――現代日本のアイデンティティの行方』名古屋大学出版会.
油布佐和子　1988/1990 「教員集団の実証的研究――千葉県 A 市の調査を手掛かりとして」久冨善之編著『教員文化の社会学的研究』多賀出版　147-207.
財団法人日本経営史研究所編　1999 『三菱製紙百年史　資料編』三菱製紙株式会社.
続川崎市教育史編集委員会編　1977 『続川崎市教育史　学校沿革誌編』川崎市教育研究所.

○学校沿革史・記念誌・学報など

神奈川県師範学校編　1911 『神奈川県師範学校一覧』神奈川県師範学校.
神奈川県師範学校学友会編　1910 『学報』第 1 巻　神奈川県師範学校学友会.
神奈川県師範学校学友会編　1912 『学報』第 3 巻　神奈川県師範学校学友会.

（編者なし）『神奈川県師範学校卒業三十年記念誌』昭八会.

長津田小学校　1919　『学校沿革誌』（未刊行）.

東京第一師範同窓会編　1990　『師範教育百二十年のあゆみ』日本教育新聞社.

横浜市立日吉台小学校（記念誌編集委員会編）　1973　『創立百周年記念誌』横浜市立日吉台小学校.

横浜市立市沢小学校（創立百周年記念誌編集委員会編）　1974　『いちさわ小　百年のあゆみ』市沢小学校創立百周年記念会.

横浜市立鴨居小学校（記念委員会編）　1995　『鴨居　創立百二十周年記念誌』横浜市立鴨居小学校.

横浜市立金沢小学校（百十周年記念誌編集委員会編）　1984　『かなざわ』百十周年記念事業実行委員会発行.

横浜市立中川小学校（百周年記念事業実行委員会編）　1976　『なかがわ』（発行者記載なし）.

横浜市立根岸小学校　1963　『根岸小学校90周年記念誌』横浜市立根岸小学校.

横浜市立杉田小学校（百周年記念事業実行委員会編）　1973　『この遠き道　杉田小百年のあゆみ』百周年記念事業実行委員会.

横浜市立田奈小学校（創立百周年記念祝典実行委員会編）　1972　『田奈小学校創立百周年記念誌』創立百周年記念祝典実行委員会.

横浜市立戸塚小学校（創立百二十周年記念事業委員会編）　1993　『戸塚　戸塚小学校創立百二十周年記念誌』横浜市立戸塚小学校.

横浜市立谷本小学校（編集責任者　内野慶太郎）　1973　『やもと』横浜市立谷本小学校創立百周年記念実行委員会.

著者略歴
1962年　東京都に生まれる
1993年　東京大学大学院社会学研究科博士課程単位取得退学，社会学博士
著　書　『人の移動と近代化――「日本社会」を読み換える』（有信堂，1999年），原純輔編『日本の階層システム1　近代化と階層』（共著，東京大学出版会，2000年）
論　文　「近代都市形成期における都市流入」『都市問題』91-9（2000年9月）ほか

学校の窓から見える近代日本
「協調」の起源と行方

2002年9月20日　第1版第1刷発行

著　者　中《なか》村《むら》牧《まき》子《こ》
発行者　井　村　寿　人

発行所　株式会社　勁《けい》草《そう》書　房
112-0005 東京都文京区水道2-1-1　振替 00150-2-175253
電話（編集）03-3815-5277／FAX 03-3814-6968
電話（営業）03-3814-6861／FAX 03-3814-6854
大日本法令印刷・青木製本

ISBN　4-326-65271-3　Printed in Japan